FOR2

FOR pleasure　FOR life

情緒的面貌、情緒的力量、情緒的管理
情緒如何影響思考決策？

情緒的三把鑰匙

LEONARD
MLODINOW

雷納・曼羅迪諾——著
黎湛平——譯

EMOTIONAL

HOW FEELINGS SHAPE OUR THINKING

獻給Irene Mlodinow（1922-2020）

目次

引言／9

第一部 情緒的面貌：何謂情緒？

第一章 思考與感受／23
何謂情緒？我們對「感受」的理解如何隨著時代演進？

第二章 情緒的目的／53
情緒進化的目的。從昆蟲到人類，不同動物的情緒表現有何不同？

第三章 身心連結／75
生理狀態如何影響思考和感受？

第二部 情緒的力量：愉悅，動機，靈感，決心

第四章 情緒如何引導思考／109
情緒是一種能左右訊息處理方式的心理狀態

第五章 感受從何來／143
大腦如何建構情緒？

第六章　動機：想要和喜歡／165
欲望和愉悅的起源。大腦活動如何促成行動？

第七章　決心／203
情緒如何化為鋼鐵般的意志？

第三部——情緒的管理：情緒傾向與情緒控制

第八章　情緒特徵／233
評估你的感受傾向，以及對潛在情緒刺激最常表現的反應模式

第九章　情緒管理／273
如何調節情緒？

結語　道別／301

誌謝／307

註釋與參考資料／309

引言

當孩子的脫序行為超過某個臨界點，有些家長會「叫暫停」，給孩子一點時間冷靜下來；或者他們會拉著孩子坐下來，聊聊「聽話」或「不亂發脾氣」何以如此重要。有些家長會打孩子屁股。這些，我的母親——猶太大屠殺的倖存者——都不會做。在我惹出大麻煩、或嘗試把電晶體收音機沖下馬桶的時候，我媽會突然抓狂、崩潰痛哭，然後對我尖叫。「我受不了了！」她會這樣喊。「真希望我當時就死了！幹嘛讓活下來？我為什麼沒被希特勒殺掉？」

她的憤怒咆哮令我覺得很難受。但說也奇怪，身為小孩子的我竟然認為我媽的反應很正常。每個人在成長過程中都會漸漸學會許多事，但印象最深的經驗與教訓（有時甚至得花好幾年治療才能改掉這些習慣）往往都是「不論爸媽怎麼嘮叨、怎麼講你，他們說的都是對的」，以及「不管家裡發生什麼事都不奇怪，都很正常」。是呀，我確實知道我朋友的爸媽絕對不會開口閉口都是希特勒（他們不曾經歷猶太大屠殺）；不過，我想像他們也會吐出類似的牢騷，譬如「我幹嘛活下來？我乾脆被那輛公車撞死算了！」或是「為什麼不讓那個龍捲風把我捲走就好？」以及「為什麼不讓我心臟病發，直接死掉！」

終於，某天吃晚餐的時候（那時我讀高中），我腦中突然冒出「我媽跟別人的媽媽不一樣」這個念頭。她說起那天稍早她去看心理醫生的事。為了向德國政府申請大屠殺賠償，她必須申請就診證明——戰爭爆發時，納粹政府沒收她家的大部分財產，害她變成窮光蛋；但顯然，賠償依據不光只看財務數字，也包括她因為受迫害而產生的情緒問題。對於必須看心理醫生這件事，我媽非常無奈；她很確定德國政府一定會駁回她的申請，因為她的心理狀態十分健康。可是，就在我哥和我快快挑弄餐盤裡無味的水煮雞肉時，她憤憤不平地對我們說：醫生的結論是她的確有情緒問題。

「你們相信嗎？」我媽問我們。「他認為我瘋了！我看他才有病。有病的怎麼會是我？」接著她拔高音量對我說：「快點把雞肉吃掉！」但我不願意。吃起來沒味道，我嘀咕。「吃！」她吼道。「說不定哪天你一覺醒來就發現全家人都被殺了！然後你因為沒東西吃，只好餓著肚子爬進泥巴堆去喝水坑裡那些又髒又噁心的泥巴水！**這時候**你才會明白不能浪費食物，但是已經來不及了！」

別人家的媽媽也會教育孩子不能浪費食物，因為遙遠的貧窮國度正在鬧饑荒；而我媽則是告訴我，很快就會輪到**我**飢不擇食了。我媽不是第一次表現這種多愁善感的情緒，但這一次，因為有「睿智的心理醫師」這幅畫面加持，我開始懷疑她是不是真的精神有問題。

現在我明白，那時她是在警告我當心未來，因為她自己深受過去所苦，怕我重蹈覆轍。她想告訴我，眼前的日子看起來或許還算不錯，但這一切都只是鏡花水月，隨時都可能被突如其來的噩夢取代。我媽認定未來也會出現大災難，堅信她的恐怖預感是有根據的；但她並未認清這份「預感」或認知乃根植於恐懼，而非現實。因為如此，焦慮和恐懼從未遠去，日日夜夜折磨她。

我父親——抗暴鬥士，也是布痕瓦德集中營（Buchenwald）生還者——同樣也有程度不相上下的苦難創傷。他和我母親在戰爭結束後不久相識於難民營，此後也一同經歷幾乎每一件人生大小事，但我爸事事樂觀，自信滿滿。我的雙親何以擁有如此截然不同的處世態度？說得籠統一點，情緒**到底**是什麼？我們為什麼有情緒，而情緒又是怎麼從腦袋裡冒出來的？情緒如何影響思考、判斷、動機和決定，我們該怎麼控制它？我會在本書逐一討論這些問題。

我們經常拿人腦比作電腦，但這台「電腦」在處理資訊的過程中，經常和一種高度神祕現象——即「感受」——有著密不可分的關係。我們都曾焦慮、害怕、生氣過，也會感覺憤怒、絕望、尷尬或寂寞，並且也都有過喜悅、驕傲、興奮激動、滿意、春心蕩漾和愛的感覺。在我小時候，科學家對於情緒如何形成、情緒管理、情緒用於哪些目的、以及同一件事為什麼會在不同人身上（或甚至是同一個人、僅時間點不同）引發完全不一樣的反應，所知甚少。以前，科學家認為理性思考主導人類行為，若有情緒來參一腳，則多半弊多於利、適得其反；但今天，我們對情緒有了更深一層的認識：我們知道，雖然情緒和理智的運作模式不同，但兩者引導思考及左右決策的影響力不相上下。理性思考讓我們能依目標及相關資料做出符合邏輯的結論，情緒則在更抽象的層次發揮作用——目標的重要程度及資料的權重衡量皆由情緒主宰。這種由情緒組建而成的架構不只具有建設性，亦有其必要。情緒根植於我們的知識與過去經驗，多半以相應的微妙方式改變我們對當下現況、未來展望的理解與思考。目前，我們對「情緒如何作用」的了解大多來自過去十年左右的研究成果——情緒研究在這段期間有了無與倫比的爆炸性進展，而本書要談的就是我們在「人類情感」這個領域的知識革命。

情緒革命

目前正值情緒研究的大爆發時代。在這之前，科學家對感情、情緒的理解仍不脫許久以前由達爾文建立的架構。傳統的情緒理論涵蓋幾項似是而非的準則：譬如恐懼、憤怒、傷心、厭惡、快樂和訝異這幾種各種文化普遍存在，且從功能來看亦無重疊之處的「基本情緒」；或譬如每一種情緒皆由特定的外在刺激觸發，也會產生制式、特定的行為反應；以及每一種情緒反應在大腦中都有相對應的專責區域。這套理論也包含可一路回溯至古希臘的「心智二元論」，意即人的心智由兩股彼此衝突的力量組成，一冷一熱：前者是邏輯和理性，後者為衝動與熱情。

一千年來，這些概念形塑我們對神學、哲學以及心靈科學等領域的想法及看法。佛洛伊德將這套傳統理論融入他自己的研究，而約翰．梅爾（John Mayer）和彼得．薩洛維（Peter Salovey）的「情緒智商理論」有一部分也以這套理論為基礎（丹尼爾．高曼〔Daniel Goleman〕於一九九五年出版《ＥＱ》〔*Emotional Intelligence*〕一書，引起全球廣泛討論）。這套傳統情緒理論甚至成為大多數人對自我情感的認知架構，但它其實並不正確。

正如同科學界發展出能揭露原子世界的研究工具，使量子力學得以取代牛頓運動定律；古典情緒理論也逐漸被新觀點淘汰，其中很大一部分要歸功於神經造影及其他諸多科技的驚人進展。因為這些技術讓科學家能一窺大腦奧祕，直接在大腦進行各種實驗。

科學家利用一套近年開發的新技術追蹤神經連結，進而建立名為「腦連結體」（connectome）的大腦電路圖。這份「腦連結體示意圖」讓科學家以前所未有的導航方式穿梭大腦：他們比較基礎電流，深入大腦特定區域並探索其組成細胞，破解一道道能化為情感、思想和行為的電子訊號。另外，「光遺傳學」（optogenetics）的進步甚至能讓科學家**控制**動物腦中的單一神經元，藉由選擇性刺激某些神經元來發現產生恐懼、焦慮、鬱悶等心理狀態的大腦活動「微模式」（micropattern）。至於第三項新技術「穿顱刺激」（transcranial stimulation）則是利用電磁場或電流精準刺激或抑制人腦特定區域的神經活性，協助科學家評估這些區域及構造的功能，卻不會在受試者身上留下永久影響。這些技術和方法讓科學家能進行更深刻獨到的觀察，激發更多新研究，終而催生「情感神經科學」（affective neuroscience）這個嶄新的心理學領域。

情感神經科學建立在現代應用工具之上，鑽研「人類情感」這門古老課題，進而重塑科學家對情緒的看法：他們發現，針對一些基本的情感問題，古老觀點提出的解答大多似是而非，無法精確呈現人腦的運作方式。舉例來說，每一種「基本」情緒其實並非單一情緒，而是涵括某個範圍或某大類情感的籠統詞彙。以「恐懼」為例：恐懼有不同的特色、傾向，在某些情況下甚至很難跟「焦慮」區分。[1]不僅如此，長期以來被視為「恐懼中樞」的杏仁核，實際上卻在幾種不同的情緒中扮演關鍵角色；尤有甚者，杏仁核不必然和所有恐懼反應有關，這和我們過去所知的完全相反。今天，科學家的研究焦點也從五或六種「基本情緒」擴展至數十種情緒表現，包含尷尬、驕傲及其他所謂的「社交情緒」，甚至還納入一些以往被視為「動機」的情感，比如飢餓和性興奮。

若論及「情緒健康」，情感神經科學也讓我們明白「沮喪」或「憂鬱」並非單一病症，而是由四種亞型組成的情緒症候群；這四種亞型不僅對不同療法各有反應，也會產生不同的神經表徵（neural signature）。研究人員利用這些新知和洞見設計了一款手機軟體，成功幫助試驗中四分之一的憂鬱症患者減輕憂鬱症狀。[2]事實上，現在科學家有時還能根據大腦掃描結果，進一步研判哪種治療方法（心理或藥物）對憂鬱症患者幫助更大。目前，科學家也針對肥胖、菸癮、厭食等等與情緒有關的心理疾患，研究更多可能的新療法。

在這一連串成功經驗加持下，情感神經科學一躍成為目前最熱門的研究領域之一；它不僅是美國國立精神衛生研究院（NIMH）的重要研究議題，也在其他多個普遍認為非專攻心智研究的機構佔有一席之地；[3]就連一些和心理學、醫學幾乎扯不上關係的單位——譬如電腦科學中心、行銷組織、商學院或哈佛大學的甘迺迪政府學院（HKS）也紛紛投入資源、提供工作機會，加入這門新科學。

我們該如何看待「情感」在人類經驗及日常生活中的權責和角色？情感神經科學在這方面影響甚鉅。誠如某頂尖學者所言：「我們對情緒的傳統『知識』已然受到最根本的質疑和挑戰。」[4]另一位同領域的重量級科學家也表示：「如果你跟大多數人一樣，因為自己也有情緒，以為自己對『情緒』有相當程度的了解、知道情緒如何運作，所以相信這套說法……那你幾乎百分之百是錯的。」[5]根據第三位大師的說法，我們正處於一場「情緒、心智和大腦的認知革命。這場革命迫使我們重新思考當代社會的多項『中心原則』，包括我們對心理、身體疾病的治療方式，對人際關係的理解與認知，養育下一代的方法和態度，以至最終無可避免的——改變我們看待自己的方式。」[6]

然而最重要的是：過去我們認為情緒可能危害思考、妨礙我們做出有效的決定；但現在我們知道，我們不可能在不受情緒影響的情況下做出決定、甚至思考。雖然情緒偶爾會造成反效果、扯我們後腿（畢竟現代社會和我們遠古以來進化的大環境已大不相同），但情緒多半能引導我們朝正確的方向前進。事實上，若是沒有情緒，你會發現自己幾乎寸步難移，哪兒也去不了。

關於本書

鑒於我父母經歷過猶太大屠殺，他們看起來或許跟一般人不太一樣；然而從根本上來看，你我其實和他們一模一樣：在我們和他們的大腦深處，幽暗、神祕的潛意識持續應用過去學到的經驗來預測當下處境的後果。事實上，若要說大腦這台機器有何特色，其中一項就是「預測」。

在非洲莽原生活並演化的人類先祖無時無刻都得面對跟食物、水、棲蔽處有關的種種抉擇：前方有動物弄出窸窸窣窣的聲響。那動物能吃嗎？還是我會被牠吃掉？擅於分析自身環境的動物通常比較容易生存並繁衍後代。為了達成這個目的，大腦的工作就是考量各種情況、運用感知和過去經驗決定一套可能的行動方針，然後預測每一項可能行動的可能結果：哪些行動最不可能導致個體受傷或死亡，最有可能順利取得營養、飲水或其他有利族群生存的條件？在接下來的章節裡，各位將讀到情緒如何影響這些生存算計，了解情緒從何而來，明白感受在思考和抉擇過程中扮演的角色，以及我們要如何駕馭感受，讓你我能在現代社會順利發展，實現自我。

本書的第一部分主要介紹學界當前對情緒發展的認識及緣由脈絡。若能了解「情緒」在人類求存藍圖中的地位和角色，我們會更明白自己究竟如何回應自身處境，為什麼會產生焦慮、憤怒、愛、恨、喜悅或悲傷等種種反應，以及我們為什麼偶爾會情緒失控、或表現不當行為。

此外，我們也將探索何謂「核心情緒」（core affect），這是一種「不管在哪種情況之下都會不著痕跡喚起所有情緒經驗，不只影響感受、更會左右我們對任一事件的決定和反應」的身心狀態——這也是我們之所以會在不同時刻面對同一種情況時，可能產生截然不同情緒反應的原因之一。

本書第二部分將深入解析情緒在愉悅、動機、靈感與決心中的核心地位：面對兩種利益、難度和重要性皆不相上下的選擇，為何一方看似遙不可及、難以達成，另一方卻簡單容易？想完成一件事的渴望強度會受到哪些因素影響？即使情境相似，為什麼我們有時會毫不猶豫馬上放棄，有時卻會卯足全力、力拼到底？為什麼有些人傾向努力，有些人容易退縮？

第三部分要探討的是情緒傾向和情緒調節。每個人對不同的情緒都有不同的反應傾向，也會特別厭惡某些情緒。我在第八章安排幾份科學家開發的問卷量表，讓各位評估自己在幾項主要情緒層面的傾向。最後，我會在第九章檢視近年發展迅速的「情緒控管」領域——這是一套經得起時間考驗、在多個科學研究領域皆獲得印證的情緒管理策略：一旦了解情緒從何而來，接下來該如何控制情緒、為自己的情緒負責？為什麼有些人就是比較難控制情緒？

我們成天花時間盤算該去哪間餐廳吃飯、該看哪部電影，卻不見得會把時間用在自己身上，審視自己的情緒感受與背後原因；事實上，許多人甚至從小就被教導要壓抑自己的情緒，漠視感受。然而，即使我們有辦法壓抑情緒，卻不可能「無感」。感覺與感受是我們之所以為人、與人互動的要件之一。若是不理會自己的感受，我們就無法觸及自己的內心，與他人的互動也將因此受到阻礙，使我們在未完全明白自己的想法、念頭從何而來的情況下，貿然做出評判或決定。

寫下這段文字的這一刻，母親已高齡九十七；儘管年華老去，她的內心始終如一。

經過這套情緒新理論的洗禮，我終於能夠深入理解她的行為——更重要的是理解我自己。如果你渴望接受與改變自己，那麼認識自己正是邁向該目標的第一步。希望這趟「情緒科學」之旅能剝除「情緒是負面的」此一迷思，讓各位能重新認識、理解人心，在情感世界裡找到方向、取得控制，成功駕馭情緒。

第一部

情緒的面貌：何謂情緒？

第一章
思考與感受

二〇一四年萬聖節上午，一架造型奇特的飛行器在荒涼的莫哈維沙漠（Mojave Desert）升上高空：這是一架客製化的碳纖飛機，實際上是由兩架機翼相連的並飛噴射貨機組成；巨大的貨機下方吊著一架小型飛機「企業號」（取自《星艦迷航記》）。這架貨機的任務是將企業號載至五萬英尺高空處拋降，讓這架小飛機短暫啟動引擎、滑翔落地。

這幾架飛機皆為理察・布蘭森（Richard Branson）創立的「維珍銀河」（Virgin Galactic）所有。維珍銀河專營「次軌道太空旅遊飛行服務」（suborbital flight），截至二〇一四年為止已售出超過七百張太空機票，票價介於二十萬至二十五萬美元不等。在此之前，企業號已歷經三十四次類似的測試飛行，但只有十四次正式點燃火箭（火箭不久前才重新設計，目的是加強推進力）。

貨機順利起飛爬升。機長大衛・麥凱（David Mackay）按表訂時刻投擲企業號。他掃視空中，搜尋火箭引擎啟動後噴出的噴射雲；但怎麼也找不著。麥凱回憶道：「我還記得，當時我往下看，心想『哦，怪了』。」他經驗豐富，足以警覺並發現任何意料之外的異狀；[1]但一切都很正常。順著視線望出去，企業號確實啟動引擎並開始加速，約莫在十秒後突破音障。任務順利展開，機體安然無恙。

負責操控企業號的是測試飛行員彼得・席博（Peter Siebold），他擁有近三十年飛行經驗。副駕駛邁可・艾斯柏里（Michael Alsbury）試飛過八種不同的實驗飛行器。兩名飛行員在某些方面可說是截然不同：同事眼中的席博個性孤僻冷漠，而艾斯柏里總是溫和友善，他的幽默感在公司十分出名；然而一坐上火箭、繫上安全帶，兩人合作無間，彼此的性命掌握在對方手裡，每一個動作皆攸關性命。

就在企業號即將接近音速時，艾斯柏里解除飛行器的空氣制動裝置。這套系統是控制企業號方向及落地速度的關鍵——照理說他們十四秒後才會用到這個裝置，艾斯柏里提前解除了。後來，美國國家運輸安全委員會（NTSB）將矛頭指向諾斯洛普・

格魯曼公司（Northrop Grumman）底下、替維珍集團設計飛行器的「縮尺複合體公司」（Scaled Composites），批評該公司並未設計能防止這類人為疏失的防呆系統，預防駕駛員過早啟動重要裝置。

美國政府資助的太空新創機構與維珍銀河不同，他們的設計必須符合「雙重容錯」要求（two-failure tolerance）：也就是說，飛行器內建的保險系統必須能防範兩種同時發生、且彼此獨立無關的故障問題（譬如同時發生兩項操作錯誤、或兩項機械故障、或兩種各一）。維珍團隊對該公司訓練有素、技術高超的試飛員深具信心，認為他們不會犯下「提早啟動」這類人為失誤，因此便撤除這項好處多多的安全裝置。「我們跟太空總署那種政府機構不同，沒有那麼多限制。」維珍團隊的一名成員這樣告訴我。「這樣做起事來速度快很多。」[2]只可惜，萬聖節那天上午發生的「提前解除鎖定」並不是什麼無害小失誤。

由於制動裝置過早解除，即使艾斯柏里並未打開第二道開關、正式啟動制動器，大氣壓力仍將制動器按壓至作用位置，提前產生效果，導致尚未關閉的火箭引擎立刻對機身施以極大壓力；短短四秒鐘後，企業號就在時速九百二十英里的情況下解體了。從地面往上看，天空彷彿發生了一場大爆炸。

爆炸威力當場將席博連人帶椅甩出飛機：他被拋射的速度比音速還快，周圍的大氣溫度低於零下五十度，而且這種高度的氧氣濃度只有地面的十分之一，不過席博仍設法解開安全帶。一脫離彈射座椅，降落傘自動張開，他也順利獲救（但他對這段經歷毫無記憶）。但艾斯伯里就沒這麼幸運了：飛機解體的瞬間，他也隨之喪命。

情緒與思考

飛行員在進行測試飛行時，總是能流暢執行一長串排練過無數次的標準程序，以致我們很容易以為這些都是死記硬背、機械化的動作；但這根本錯得離譜。在企業號脫離貨機、按計畫點燃它威猛無比的火箭引擎的那一刻，飛行員的生理狀態突然被打亂了。雖然我們很難想像那種感覺，但火箭本質上就是一顆「受控制的炸彈」，所以即便受到控制，炸彈還是炸彈。爆炸的威力極為猛烈，而企業號又比一般太空梭脆弱許多（前者滿載頂多兩萬磅，後者則是四百萬磅起跳），兩者感受到的爆炸威力肯定大不相同：如果乘坐太空梭的感覺像駕駛凱迪拉克在高速公路飆車，那麼駕駛企業號就如同開著卡丁車、以一百五十英里的時速狂飆。火箭點燃的超強震撼力使企業號飛行員必須承受震耳欲聾的巨響、猛烈的搖晃震動和加速度帶來的駭人壓力。

艾斯柏里為什麼會在那一刻扳動開關？當時的一切完全按計畫進行，所以應該不是他一時心慌。我們無法得知他這麼做的確切理由，說不定連他自己都不曉得；不過，若是處在高壓生理環境所引發的焦慮狀態下，我們處理資訊的方式也會跟駕駛模擬飛行器時非常不一樣，很難透過反覆演練事前預測。這差不多也是國家運輸安全委員會對於企業號事故做出的結論：專家推測，艾斯柏里可能因為好一陣子沒飛了（他上一次試飛已是十八個月前的事），所以那天格外緊張；而時間壓力、飛行器的劇烈震動和加速度威力瞬間引發焦慮，造成誤判。

企業號的故事明白闡釋焦慮可能導致錯誤決定，有時還真是如此。比起現代人的文明生活，人類老祖宗要面對、且危及性命的環境威脅肯定比我們更多；因此，有些時候，我們的情緒反應（尤其是恐懼和焦慮）看起來似乎過了頭，而這些過了頭的案例（譬如企業號的例子）正是過去數百年來，情緒之所以被貼上負面標籤的理由。

可是，就如同企業號的故事一樣，由情緒引發的事件報導大多駭人聽聞，但種種關於情緒如何運作的神奇故事卻乏人聞問；大家很容易注意到情緒失靈的部分，卻總是忽略情緒適當發揮功能的一面。以企業號的例子來說，在本次事故發生前，它已經成功試飛三十四次了；在過去三十四次試飛中，飛機和飛行員皆按計畫執行運作，這正是現代科技結合人腦理智、情感順暢交流所展現的奇蹟——但它們沒有一次登上新聞版面。

另一個跟我關係比較近的案例是我的一位朋友。他先是失業，連帶也沒了健康保險。意識到看病有多花錢之後，他對自己的健康狀況感到焦慮：要是生病了怎麼辦？他可能因此破產。這份焦慮影響了他的思維模式：如果他喉嚨痛，他不會再像過去那樣置之不理、或者當成感冒處理，而是直接跳到最糟糕的結果——是不是喉癌？結果他的疑神疑鬼反而救了自己一命。在諸多他從不放在心上、現在卻開始擔心害怕的大小毛病中，有一個是他背上的那顆疣。他這輩子頭一次去看皮膚科，做了檢查，結果證明是早期皮膚癌。醫師動手術切掉它，而他至今也未再復發。焦慮救了這個人。

上述兩則案例的寓意並非著眼於「情緒究竟是幫助或阻礙有效思考」，而是**情緒會影響思考**：我們的情緒狀態和被我們納入考量的客觀資訊或環境條件一樣，都會影響大腦盤算推演的過程；各位也會讀到，透過這種方式得到的結果通常是最好的。情緒影響之所以為人詬病，大多是因為一些例外、而非常態。事實上，在我們隨著本章及接下來幾章持續探討情緒目的的過程中，各位會發現，如果「完全沒有」情緒，生活將幾近停擺：因為我們的大腦會塞滿一堆左右無數簡單抉擇的規則條件，而這些都是我們天天要做、為了應付日常生活狀況的簡單決定。但現在，請各位暫時擱下「情緒是好是壞、是利是弊」的疑問，把焦點放在「情緒如何影響大腦解析資訊的方式」這道命題上。

大至哺乳類、小至小昆蟲，「情緒狀態」在動物處理並分析資訊的過程中不僅角色舉足輕重，也會影響結果——也就是我們的行為和行動。事實上，我們可以透過以下的蜜蜂實驗，將導致企業號災難的決策偏差過程一五一十呈現出來。[3]研究人員將蜜蜂置於近似兩名飛行員經歷過的恐怖、極端環境中，讓受試蜜蜂承受整整六十秒的高速震盪；科學家感興趣的是，這種簡單小生物會有什麼反應，又將如何應付這種混亂危險的狀況？

各位如何定義「讓蜜蜂承受高速震盪」？如果只是隨便抓幾隻蜜蜂、扔進瓶子搖一搖，蜜蜂還是能盤旋飛舞，你也只會看見「蜜蜂在晃動的瓶子裡繞圈圈」的景象，蜜蜂本身完全不受影響。為避免爭議，這群科學家真的設計出超小尺寸的輓具來固定蜜蜂，讓牠們處於跟維珍飛行員相似的困境裡（因為企業號發生劇烈震動時，他們倆也被牢牢綁在座椅上、無法掙脫）：研究人員將一小截塑膠吸管對剖切開，做成蜜蜂的安全座椅，再用膠帶把事先以低溫鎮靜、暫時失去活動能力的蜜蜂固定在管壁上。

劇烈震盪之後，研究人員著手檢測蜜蜂的決策能力：這些蜜蜂必須進行一項任務，而這項任務需要牠們辨別早先已接觸過的多種氣味。在前導訓練中，蜜蜂已經學會哪些味道代表好結果（糖水），哪些象徵不愉快（奎寧水）。經歷劇烈震盪後，科學家再次拿出兩種液體招待蜜蜂；蜜蜂可以憑藉先前學會的氣味關聯自行選擇，牠們可以兩種都喝、或只喝其中一種。

不過，用來做第二次取樣的液體不完全是「好喝」或「不好喝」的，而是「二比一」的混合液體：要嘛好喝的糖水多一份，要嘛難喝的奎寧多一份。對蜜蜂來說，比例為二比一的糖水—奎寧混合液仍舊很好喝，而奎寧—糖水二比一的混合液還是很難喝；但兩種混合液的氣味就有些模稜兩可了。每隻蜜蜂在面對這兩種混合液時，牠們得決定這模稜兩可的氣味究竟代表愉快或不愉快的結果。科學家好奇的是：劇烈震盪會不會影響蜜蜂對氣味的判斷？如果會，影響方式為何？

蜜蜂的焦慮跟人類一樣，都屬於情感神經科學家口中「面對懲罰」的反應。套用在企業號和蜜蜂兩個例子上，讀者一看就懂；不過，若以更普遍的情況來說，「懲罰」是指「會威脅個體合理期盼的舒適或生存狀態」的環境或條件。

科學家發現，若在焦慮時進行思考，多半會發生「悲觀認知偏誤」（pessimistic cognitive bias），意即焦慮的大腦在處理模糊資訊時，傾向從所有可能選項中選擇比較悲觀的答案；也就是說，大腦會過度解讀威脅，以致在面對不確定時會預測糟糕的結果。大腦為什麼會被設計成這種思考模式，其實不難理解：比起在安全、愉悅的環境中將曖昧不明的資訊解讀成威脅（或比較不具吸引力的選項），若能在置身負面處境時做出這種判斷，似乎更為明智。

研究人員在蜜蜂身上發現的正是這種悲觀的判斷認知偏誤。經歷劇烈震盪的蜜蜂明顯比對照組（未經歷震盪）更常放棄含兩倍糖水的混合液體：蜜蜂受震盪影響，將模糊的氣味解讀為「不愉快」的訊號。也許有人會用「受震盪的蜜蜂比未受震盪的蜜蜂更容易『做錯』選擇」來描述這項實驗結果——正好符合「情緒會阻礙良好決斷」的說法。然而這項經過縝密控制的實驗清楚呈現一個事實：這一切不過是蜜蜂在判斷威脅時改變心意的合理變節罷了。

震動引發的焦慮肯定也影響企業號飛行員的判斷。人跟蜜蜂一樣，一旦經歷外在擾動即可能引發焦慮，而焦慮也會以影響蜜蜂的方式影響飛行員處理資訊的過程。這點在生理學上也同樣獲得印證：蜜蜂焦慮時，血淋巴液（即蜜蜂血）的多巴胺和血清素濃度偏低，跟人類在焦慮時的反應一模一樣。

「實驗顯示，蜜蜂對於「負情緒效價」（valence）事件的反應和脊椎動物確實有不少共同之處，相似程度比我們原本以為的還要高。」研究人員如此描述。「（實驗結果）意味著蜜蜂也能被視為『有感情』的動物。」雖然這群科學家的意見是「蜜蜂的行為使他們聯想到人類的行為」，不過對我來說，則是「飛行員的處境使我想到蜜蜂的處境」——也就是兩者經歷的震盪與搖晃。就某種更深的層次而言，人類和蜜蜂解讀資訊的方式竟然驚人且明顯地相似、或具有某種共通性：人類與蜜蜂的反應不單單只是「理性」活動，這項活動和情緒深切相關。

情感神經科學告訴我們，動物在處理、解讀資訊時，不可能不涉及情緒，也不該不納入情感。以人類來說，這表示情緒不該是理性思考的敵人，而是協助思考的工具。各位將在接下來的章節中看見，若想在拳擊場、物理學或甚至華爾街出人頭地，「情緒」都是我們思考、決策的關鍵要素。

柏拉圖已成過去

人類的心智運作實在神祕。因此，在我們明白「大腦是器官」以前，這個大哉問早已佔據思想家心頭不知多少年了。最先開始思考這個問題、同時也最具影響力的大家之一便是柏拉圖，他把心智想像成一輛由車夫控制兩匹飛馬拉動的雙輪戰車：一匹是身體歪斜、動作笨拙的黑馬……灰眼、膚色血紅……不服鞭策且難以駕馭；另一匹是姿態昂揚、步伐俐落……崇尚榮譽、追求榮耀的白馬，無需鞭策，口說告誡即順從引導前行。

每每論及情緒策動行為時，我們大多以柏拉圖的比喻為例：黑馬象徵原始欲望，好比說食物、美酒與性；白馬象徵人類更高貴的本質，譬如驅策我們達成目標、成就大事的情緒動力。至於車夫則代表理性思維，駕馭黑白二馬朝目標前進。

在柏拉圖看來，有能力的車夫會選擇跟白馬合作，約束黑馬，訓練牠們並轡前行；他相信，就算是耳聾的車夫也能聽見兩匹馬內心的欲望，藉此引導並疏通馬匹精力，達到穩定和諧的狀態。柏拉圖認為，理性思維的任務是審慎評估並控制動機和欲望，根據目標來選擇最佳途徑。即使現在我們已經知道柏拉圖的理論有誤導之嫌，但理性與非理性思維的角色區隔仍是西方文明的重要主題之一。

儘管在柏拉圖眼中，情緒及理智合作和諧，但是在柏拉圖之後的數百年中，眾思想家漸漸認為這兩股主導人類心智的勢力並非以合作方式存在，而是互相對立的。他們認為理智「優於」情緒，處於更崇高的地位；至於情緒則應竭力避免、或加以限制。後來，基督教哲學家納入這套說法的部分觀點，將食欲、色欲和熱情歸類為罪惡，認為有品德的人應避之、免之，而將愛與同情視為美德。

「情緒」一詞出自十七世紀英國醫師托瑪斯．威利斯（Thomas Willis）。威利斯熱衷解剖學，假如你是他的病人、最後因病而死，那他極有可能會把你剖開來瞧一瞧。明白自己生前死後都逃不出醫師手掌心，讓人心裡挺不舒服的；不過，威利斯也不是沒有別的辦法——英王查理一世准許他解剖絞刑犯的遺體。[4]

威利斯邊解剖邊研究，鑑證許多大腦構造並為其命名（今天我們也還在研究這些構造）；更重要的是，他發現不少罪犯的偏差行為可追溯至這些構造的特定表徵。後來，生理學家根據威利斯的研究成果，著手驗證動物的反射反應，結果發現諸如「嚇得縮回去」這種由神經肌肉支配的機械過程，純粹就只是個「動作」（motion）而已。沒多久，「emotion」（情緒）這個源自拉丁文「movere」（移動）的新字便出現在英語和法語詞彙裡了。

一直要到兩個世紀以後，「動作」和「情緒」才順利分家。近代首位使用「情緒」一詞的是愛丁堡倫理學教授湯瑪斯．布朗（Thomas Brown），一八二〇年出版的布朗教授講義集有多篇皆帶到「emotion」這個字。這本集子廣受好評，在接下來的數十年間至少再版過二十次。[5]多虧了蘇格蘭史學家華特・史考特（Sir Walter Scott）的女婿約翰・洛克哈特（John Gibson Lockhart），我們得以透過他創造的虛擬人物一窺湯瑪斯・布朗發表這些論文時的愛丁堡社會氛圍與情景。* 故事中，布朗教授「臉上掛著愉悅的微笑，淺黃色背心和鼻煙色西裝外罩著象徵學者身分的日內瓦黑袍」翩然而至；教授引經據典，「咬字清晰，談吐優雅」，使他的見解和想法聽來更活潑有趣。

根據講義所述，布朗教授倡議應對情緒進行有系統的研究。這個主意絕佳，在當時卻面臨極大阻礙：那時正好是人稱「史上第一位科學哲學家」孔德（Auguste Comte）主導的年代。孔德檢視數學、天文學、物理學、化學、生物學和社會學等六大「基礎」科學，卻未納入生理學。然而布朗的主張其來有自：彼時，道耳頓（John Dalton）才剛發現基礎化學定律，法拉第（Michael Faraday）在電流和磁效應方面亦頗有斬獲，但學界卻還未建立一套闡述心智運作的基礎科學。布朗想改變這種情況。他將情緒重新定義為「所有能透過感受、心情、歡樂、愛／熱情、情操、情感理解的經驗和狀態」，將情緒分門別類，建議循此進行科學研究。

* 譯註：洛克哈特虛構「Peter Morris」這位醫學博士。

布朗擁有「哲學科學家」的諸多重要特質，可惜少了「長壽」這一項。一八一九年十二月，教授在授課時倒下，醫師診治後便將他送去倫敦「換換空氣」。布朗教授於一八二〇年四月二日過世，得年四十二，沒來得及等到他的上課講義付梓發行。儘管布朗永遠不會知道他的點子在學界造成多大震撼，但他的講義仍引領後世學者踏上思索和研究情緒之途。今日鮮少有人知曉他的存在，他的墳墓亦破敗失修；然而在布朗歿世後的數十年間，他在人類心智方面的真知灼見仍對學界造成深遠影響。

在情緒研究這條路上，下一位接棒跨出一大步的是達爾文（Charles Darwin）。達爾文在一八三六年搭乘小獵犬號返航時開始思索「情緒」論題。本來他對情緒並不感興趣，然而在他著手建構演化論之後，他仔細審視生命的各個面向，希望了解這些面向如何嵌入演化迷盤，而情緒正是令他百思不解的謎題之一：如果情緒真如當時學界普遍接受的，是一種負面、會造成反效果的心理產物，那它們何以和生命一同演化？今天我們已經知道情緒不是負面詞，但是對達爾文來說，「困境」是天擇設下的試煉，他該如何把這些明顯象徵困境的情緒因素放進動物行為框架？儘管這個領域的研究資料少之又少，達爾文仍決心找出答案——這一找就是數十年工夫，最後達爾文終於提出他自己的一套說法。

情緒與演化

達爾文進行了一系列詳細研究，且部分選擇以「非人」動物為實驗對象，理由是情緒功能在構造比較簡單的動物身上的表現多半比較明顯。以「焦慮」為例，相較於人類發源進化的自然世界，這種情緒在現代社會的表現更為複雜、充滿變數；然而對其他動物來說，焦慮的積極與建設性意義不僅更直接、也更好解讀——不妨就拿「棕硬尾鴨」這種常見的水鳥來說吧。

「成功交配」是演化的基礎，所有物種的外生殖器都會依物種生存的特殊環境而適應發育。在演化揭注之下，母棕硬尾鴨的外生殖器能阻止不受其青睞的公鴨與之交配；除非改變姿勢讓公鴨外生殖器完整進入，否則母鴨不可能成功交配受孕。這種機制讓母鴨可以選擇交配對象，但公鴨自有其對策。

夏季期間，公棕硬尾鴨的羽毛跟母鴨一樣單調、不起眼，讓牠們能順利躲避獵食者追捕。不過當冬季、也就是交配季節降臨，公鴨會短暫換上堪比勞力士錶和金項鍊的高貴行頭——羽毛變成豐潤的栗色，喙部也轉為鮮藍色——讓牠們能自我推銷，吸引眼光挑剔的母鴨。除了炫耀華服，公鴨還會跳起獨特的求偶舞：先是高高豎起尾羽，再以嘴喙觸擊胸口。比起非交配期的保護色，此時的鮮豔羽毛和嘴喙使公鴨處境益發危險，但這或許就是牠的用意：牠要向母鴨發出「我身強體壯、護妻有餘，不怕引起任何注意」的訊息。

這套求偶機制運作順暢，但仍有一處需要微調。由於母棕硬尾鴨的外生殖器難得其門而入，為求一舉達陣，公鴨的外生殖器必須非常、非常地長才行——有時甚至跟公鴨的身體一樣長。拖著這麼長的生殖器實在很蠢，因此這項配備跟鮮豔的嘴喙及羽毛一樣，會在交配季結束時脫落，翌年再重新長出來。

據學者所知，公棕硬尾鴨對於「年年掉老二」這件事並不心煩，令牠們焦慮的是暴力威脅：公棕硬尾鴨也有霸凌問題，體型大的會欺負體型小的。不過，這種肢體衝突大多不會持續太久，因為「怕受攻擊的焦慮」會使體型較小的公鴨提早換羽（交配羽較早脫落）、外生殖器也會生得更細小，讓這些公鴨在交配季期間比較不具競爭力，自然也就不容易成為被霸凌的目標。這種動態社會平衡儼然是一股演化推力，靈長類及其他社會型動物在建立階級優勢時也同樣受其影響：這種動態平衡為群體衝突提供解方——族群本身無須付出打鬥、重傷和死亡的代價，還能順利維持成員之間的啄序或階級地位。

沒人知道那些公棕硬尾鴨「感覺」或「意識」到的焦慮程度為何，不過，科學家倒是能測得焦慮誘發的生理化學變化。科學期刊《自然》(*Nature*)以一句標題道出結論:〈公鴨的交配競爭嚴重縮短陰莖尺寸〉(Sexual Competition Among Ducks Wreaks Havoc on Penis Size)。[6]「縮短老二」有效地將交配權讓給較強壯的個體,降低可能的暴力消耗,進而成就種族的整體演化利益。就這個例子來看,焦慮在演化之舞中明顯是個正派角色,毋庸置疑。

人類有不少情緒在演化上的地位亦同樣清楚鮮明。想想我們對「交配副產品」——寶寶——所懷抱的情感吧。約莫兩百萬年前,現代人的祖先**直立人**(*Homo erectus*)演化出一顆大腦袋,讓大腦額葉、顳葉和頂葉有擴張伸展的空間,這種改變就像持續推陳出新的智慧型手機一樣,大大增強人類大腦的運算處理能力。不過長出大腦袋倒也不是萬無一失:畢竟人類不比手機,這個新人類仍得滑過另一個人類的產道;甚至在至福的一刻降臨之前,他或她都必須仰賴母體代謝系統的支持才行。於是這種種挑戰導致人類嬰兒必須比其他靈長類更早出生——照理說,人類至少得懷胎十八個月才能讓嬰兒腦部發育跟剛出生的小黑猩猩一樣完整;然而到了那個時候,人類寶寶的腦袋可能已經大到無法通過產道了。提早出生確實解決了部分難題,卻衍生出其他問題:由於人腦在誕生時發育並不完整(僅達成年人腦的百分之二十五,不像黑猩猩寶寶出生時已達到成年黑猩猩的四至五成），人類雙親必須繼續照顧這個無助小寶寶長達數年，時間差不多是黑猩猩育兒期的兩倍。[7]

照顧無助小嬰兒是生命的一大挑戰。不久前，我和一位朋友午餐，他在十五個月前成為新手爹地，目前在家帶小孩。我這個朋友大學踢足球，後來當上新創公司執行長，兩項挑戰都難不倒他；然而前來餐敘的他卻形容枯槁，慍怒疲憊，腰痠背痛，而且還跛著一隻腳。也就是說，在家育嬰的奶爸生涯就跟得了輕微小兒麻痺症差不多。

我這朋友並非特例。人類小孩需要極大量的關注，在西方社會中，提供如此程度的關懷照護是最吃力不討好的工作，但這份工作也不是全無好處。在第一個孩子出生前，有些人以為生養孩子就像開派對一樣歡樂，殊不知派對結束後緊接著就是宿醉——他們必須成為孩子的專屬清潔隊、送餐員和保鑣。

我們為什麼非得每天半夜起三次床、餵孩子喝奶？為什麼得忍著腰痠背痛替他們清理大小便，甚至還得提醒自己鎖好食具櫃、以免他們把拋光劑當成運動飲料？演化為這種種辛勞送上一份情緒獎賞：父愛，母愛。

每一種情緒在發生的當下都能以「實踐演化目的」的方式觸發思考。父愛母愛無疑是生命這座巨大機器的一個小齒輪，而公棕硬尾鴨的交配焦慮也一樣：我們愛孩子是因為演化操縱我們必須如此，確保這份愛能延續下去。父愛母愛不僅突顯了這份禮物的源頭，也讓我們明白它如何豐富我們的人生。

當年，達爾文窮盡一切努力，試圖解開情緒角色之謎的時候，他沒有今日唾手可得的知識背景和技術，也不曾研究過棕硬尾鴨（這種水鴨是北美原生種）。不過，達爾文倒是仔細研究了好幾種野鴨的羽毛、骨架、嘴喙、雙腿翅膀以及各式各樣的行為。他甚至造訪養鴿人家和家畜牧場，也進倫敦動物園觀察人猿、紅毛猩猩和好幾隻猴子。

達爾文相信，藉由觀察動物的外顯徵象——譬如肌肉如何移動（尤其是臉部肌肉）、形成何種樣貌（多種情緒也因此得名）——說不定就能蒐集到不少資訊，探知情緒的真正目的；於是他大書特書，記下一些人類看似在體會某種感受或心情時會出現的表情。達爾文益發堅信「動物跟人一樣，也會受到同樣的情緒刺激」，表現在外的情緒徵象則是情感交流的媒介，讓這些缺乏言語能力的動物擁有類似「讀心術」的能力。[8] 狗狗可能不會為了《羅密歐與茱麗葉》的結局哭泣，不過，達爾文認為他在牠眼中看見了「愛」這種情緒。

達爾文也研究人類情緒，但他同樣把焦點放在身體表現上：他發問卷給世界各地的傳教士與探險家，請教一些不同種族在情緒及表情方面的問題。他檢閱數百張演員和嬰兒的表情照片，記錄自己剛出世的兒子（威廉）的一顰一笑。這些觀察使達爾文相信，人類的每一種情緒都有特定且固定的表情，任何種族皆然，也跟他在許多不同動物身上觀察到的一樣。達爾文認為，微笑、皺眉、瞪大眼睛、寒毛豎立全是肢體語言的一部分，在人類演化早期確實有其效用。比方說，狒狒遇到旗鼓相當的對手時，牠會齜牙咧嘴，送出「儘管放馬過來」的訊號；狼也會齜牙警告或送出完全相反的訊息——躺地翻肚，表達順從臣服的意願。

達爾文總結，人類多樣化的情緒乃是動物老祖宗一路傳下來給我們的。在牠們的生活裡，每一種情緒都扮演一種特定且必要的角色。這在當時可說是劃時代的新觀念，和人類千年來根深柢固的情緒觀念截然不同。

不過達爾文也表示，人類似乎在演化中的某個時間點，發展出更高明的資料處理方法——也就是更「高尚」、如「神一般的聰明才智」、能制服不理性情緒的「理性思維」；因為如此，達爾文誤判情緒已不再有建設性的功能。[9]在達爾文眼中，人類情緒充其量只是前一個發展階段留下的遺跡，無用如尾椎或盲腸，有時甚至適得其反、形同威脅。

情緒的傳統觀點

一八七二年，達爾文將上述結論以《人與動物的情緒表達》（*The Expression of the Emotions in Man and Animals*）為名，公開發表。這本書成為自柏拉圖以降、達爾文身後百年間最具影響力的著作，不僅啟發後人建構情緒理論（即「傳統情緒論」），直到近年仍左右我們對「情緒」的觀念與看法。傳統情緒論的基本概念是：人類擁有幾種基本情緒，這些基本情緒有固定的觸發點，會引致特定行為，而且每一種基本情緒在大腦內都有各自的專責部位，情感由此而生。

傳統情緒理論根植於達爾文思想，因此和達爾文對大腦的觀點及大腦演化——即**三腦理論**（triune model）——關係密切。卡爾．薩根（Carl Sagan）暢銷作《伊甸之龍》（*The Dragons of Eden*）使這套理論更為普及，丹尼爾．高曼一九九五年的鉅著《EQ》亦以此為據。三腦理論不僅廣泛出現在一九六〇至二〇一〇年代的教科書裡，今日亦有不少教科書仍繼續引用該理論；理論言明「人腦由三層漸趨複雜與進化的部分組成」：最深層為「爬蟲腦」，或「蜥蜴腦」，掌管最基本的生存本能；中層為承襲自史前哺乳類的「邊緣腦」（limbic）或「情緒腦」；「新皮質腦」（neocortex）在最外層、也是最複雜的一層，人類的理性思維據說源自於此。這套理論基本上與柏拉圖的「黑馬、白馬、車夫說」並無二致。

根據三腦理論，爬蟲腦源自脊椎動物中相當依賴本能的爬蟲類，組成人類大腦最原始的部分，控制人體各種調節機能。舉例來說，當你血糖降低，爬蟲腦就會引發飢餓感。

如果肚子餓又碰巧看見獵物，爬蟲類會立刻出擊，但哺乳類（譬如貓）可能會逗弄一番再吞下肚；換作是人類看見食物，他或她說不定會按兵不動，享受當下那一刻。對此，三腦理論的解釋是這種更複雜的行為源自邊緣腦，與爬蟲腦無關。邊緣腦也被稱為基本情緒中樞，傳統情緒論描述的基本情緒有六種，分別為恐懼、憤怒、悲傷、厭惡、快樂和驚訝。

最後就是安坐在邊緣腦之上的新皮質腦。人類的理智、抽象思考、語言、計畫能力、意識經驗全都源自於此。新皮質腦分成左右兩「半球」，再各自分成四葉（額葉、頂葉、顳葉與枕葉），每一「葉」都有不同的功能：譬如視覺中樞在枕葉，額葉則包含多個屬於人類強化或獨有的能力區域——譬如複雜的語言系統就位於前額葉，而眶額皮質（orbitofrontal cortex）則具有處理社交資訊的功能。

三腦理論與傳統情緒論相輔相成，指出「新皮質」這個智慧中樞和產生情緒少有關聯或無關，反而是用來調節發自情緒的一切負面衝動。在這個理論框架下，情緒源自較低等的層次，而且每一種情緒皆由外在世界的特定刺激所觸發，幾近反射；情緒　旦被挑起，就會產生一組具特徵性、涉及多種感知與身體反應的生理變化（譬如特定模式的呼吸、心跳與臉部肌肉表情）。從這個角度來看，任一特定情境幾乎都會引起既定情緒反應，而且除非產生情緒的構造受損，否則，不論出身或文化背景，幾乎每個人都一定會有相同的反應。

三腦理論把情緒、大腦結構和演化縝密嵌在一起，但唯一的問題是「不夠精確」。這套理論再怎麼說也過於簡化了。雖然神經科學家偶爾會圖個方便，拿這套理論作比喻，不過若是僅依字面意義解讀，仍有可能造成誤解。舉例來說，三腦理論並未闡釋大腦各部如何大量交流：譬如某種食物的氣味促使邊緣腦產生厭惡感，這條訊息可能傳至爬蟲腦，引發嘔吐的衝動，但也可能上行至新皮質腦，讓你退後一步、遠離食物。更何況人類情緒百百種，產生這些情緒的部位似乎和我們過去以為的不太一樣，並不限於某特定部位，而是廣泛分布於多個區域。從解剖學來看，大腦各部互有交疊，要想明確分出爬蟲腦、邊緣腦和新皮質腦實屬不易（譬如眶額皮質就經常被誤劃為邊緣系統）。[10]

最後就是，演化並非按照三腦理論的腳本進行。儘管這套三重腦的諸多結構確實可能來自不同的演化階段，但即使大腦發育出新的結構或區域，比較「老」的部位仍會持續演化，連帶其功能、或這些部位在大腦整體結構中的角色也一樣。「我們幾乎可以肯定地說，大腦實在不是以『一層一層疊上去』的方式演化的呀。」加大柏克萊分校神經人類學家泰倫斯．狄肯（Terrence Deacon）如此表示。[11]

時至今日，傳統情緒論仍普見於大眾文化，然而這套理論卻和支持其論點的三腦理論同樣過時，同樣粗糙簡略，經常予人錯誤觀念。傳統的情緒觀點就如同牛頓運動定律，僅符合表象與直覺，一旦透過適當的工具詳細觀察便立刻推翻，難以成立。二十世紀初，各種新技術讓科學家觀察到比牛頓所見更深奧的大自然，揭露牛頓「古典力學」的虛幻外表；同樣的，二十一世紀的新科技也讓科學家能看穿情緒膚淺的表象，證明傳統情緒論其實並不正確。

情緒救命

一九八三年八月三十日，剛過子夜不久。一架韓國航空編號〇〇七的客機自紐約甘洒迪國際機場起飛，前往首爾。機上有二十三名機組員，兩百四十六名乘客，其中包括喬治亞州眾議員賴瑞・麥唐諾（Larry McDonald）。眾議員此行乃是參加《美韓共同防禦條約》（*US-South Korea Mutual Defense Treaty*）一年一度的慶祝儀式。據《紐約時報》報導，前總統尼克森原本計畫和麥唐諾連袂出席，最後取消計畫。

這架波音七四七客機在安克拉治補充燃料，再度起飛，繼續朝西南方的韓國前進。大約十分鐘後，飛機開始向北偏離航道；又過了半個小時，設於阿拉斯加「鮭魚王」基地（King Salmon）的軍事雷達防空系統偵測到這架飛機已整整向北偏離十二英里，但監控人員仍不以為意。接下來，這架韓航客機維持既定方向，繼續飛了五個半小時。

當地時間凌晨三點五十一分，這架飛機進入蘇聯堪察加半島限航空域。*蘇聯軍方持續追蹤一小時之後，決定派出三架蘇霍伊十五攔截機和一架米格二三戰鬥機進行目視接觸。「我看見兩排窗，所以我知道這是一架波音。」指揮機飛行員後來如此表示。「但這對我來說沒有意義。把普通民航機改作軍事用途是很容易的事。」[12]他警告性地朝客機發射兩枚飛彈，期望客機駕駛明白這是軍事攔截，容許他們護航並就近降落；可是

＊原註：當時飛機已越過國際換日線，故失事日期為一九八三年九月一日。

這架波音客機絲毫未覺有飛彈飛掠，更不幸的是，客機機長竟在同一時間呼叫東京飛航管制區，請求爬升高度、節省燃料。所請照准。於是，當波音客機開始減速、準備爬升，蘇聯軍方立即將這個動作解讀為「不合作的迴避操縱行為」；儘管這名指揮機飛行員覺得不太踏實（眼前這架波音極可能只是一般民航機），但他仍遵循作戰程序，發射兩枚空對空飛彈。遭擊中的七四七螺旋下墜，落入海中。機上無人生還。

北約（NATO）以一連串軍事行動回敬這次攻擊，導致美蘇冷戰的緊張氣氛急遽升高，達到一九六〇年代古巴飛彈危機以來最嚴重的程度；而蘇聯軍事將領更是深刻懷疑美方及美國總統雷根的意圖，因為不久以前，美國才剛在歐洲部署新型的飛彈防禦系統，還稱蘇聯為「邪惡帝國」。

幾位蘇聯高幹公開表示，他們擔心美國計畫搶先對蘇聯發動核武攻擊；據聞當時的蘇聯領導人安德洛波夫（Yuri Andropov）也為此深感憂懼。於是，蘇聯軍方暗中蒐集情報，想探知遭受核武攻擊的可能性；同時他們也沿著國境安裝地面雷達，協助衛星系統偵測即將到來的戰事。

南韓客機遭擊落後不到一個月的某一天，時年四十四歲的斯坦尼斯拉夫·彼卓夫中校（Stanislav Petrov）在司令部掩體輪值大夜班。此處是蘇聯軍方監控早期預警系統的祕密中心。彼卓夫受過嚴格訓練，任務也清楚明瞭：他要查核系統發出的每一次警報，再呈報上級指揮官。不過，彼卓夫和同僚有一點不一樣：他並非職業軍人，而是一名資深工程師。

那天晚上，彼卓夫值班數小時後，警報響了。背光螢幕閃現電子地圖及「發射」二字。彼卓夫心臟跳得飛快，感覺腎上腺素在體內狂飆——此刻的他正處於震驚狀態。沒多久，系統又跳出「發射」警報。然後一次，又一次，再一次：防禦系統告訴他，美國剛才連續發射五枚「義勇兵洲際彈道飛彈」（Minuteman intercontinental ballistic missile）。

工作守則明確規定，彼卓夫是否呈報空襲警報，完全依電腦判讀而定。彼卓夫確認螢幕資訊：電腦顯示警報信賴度達到「最高」等級——啟動警報必須經過三十道驗證程序，才能得出這個結果。因此彼卓夫當下要做的就是拿起電話、撥通熱線，向蘇聯最高指揮官報告飛彈發射事宜；但彼卓夫也明白，這通電話幾乎注定引發立即且大規模的軍事反擊。核子戰爭一觸即發，彼卓夫害怕極了。儘管機率微乎其微，但這些也有可能是假警報；他的向上呈報注定終結我們所知的文明世界，但他若是不報，就是瀆職。

彼卓夫猶豫了。電腦上的數據資訊清楚明白，他背負命令也同樣明確不含糊；但他心裡就是有種感覺，使他特別在意「假警報」的可能性。他左思右想，斟酌再三，系統設了那麼多道安全關卡，他實在想不透怎會發生如此嚴重的失誤。彼卓夫意識到情勢迫在眉睫。他必須採取行動，只能二選一。壓力無比巨大。他心裡明白：根據上級命令和眼前的資訊、再輔以簡單的邏輯分析，最終結論毫無疑問導向他必須呈報「敵方發動攻擊」；但是，儘管他沒有證據證明警報是真是假，彼卓夫仍決定不驚動上級。彼卓夫本著「不願引發第三次世界大戰」的心情致電軍方總部，通報系統失誤。

彼卓夫很清楚：換作是職業軍人出身的同僚，他們沒有一個會違反命令，但他抗命了。他靜靜等待。如果他做錯了，那麼他會是祖國有史以來最不可饒恕的叛國賊，竟然讓自己的國家任人宰割；但假使真是如此，結果怎麼樣都不重要了。時間一分一秒過去，他認為自己有一半的機率賭贏。後來彼卓夫說，他整整等了二十分鐘才鬆了一口氣：軍方調查顯示，這次假警報乃是美國北達科塔州上空出現「高空雲層與陽光重疊」這種發生機率微乎其微的奇特現象，導致蘇聯衛星將太陽反射光誤判為飛彈連續發射訊號所造成的。

情緒能幫助我們釐清當前處境代表的意義——尤其是在狀況複雜且曖昧不明、而我們又必須迅速做出抉擇的時候，情緒更如同內在嚮導，為我們指出正確方向。彼卓夫當時的決定看似毫無根據，事實上卻是情緒在極短時間內整合過去經驗所得到的產物。這種決策方式不僅迅速有效，也是理性分析難以望其項背的。彼卓夫做到、而那位謹守紀律擊落韓航客機的飛行員沒做到的是，彼卓夫讓情緒引導他做決定。

人類把「心事」看得比什麼都重要，然而心事最是難解。今天，情緒新科學拓展人類對自我的認識，於是我們知道，情緒不僅和大腦神經迴路緊密交纏，也和理性思維有著密不可分的關係。人類就算沒有理性思考能力也能活下去，但若是無法感知、沒有情緒，你我將徹底失能。人類和其他高等動物都擁有「情緒」這套心智機器。但比起理性思維，人類行為受情緒的影響更深——這才是我們有別於其他動物的真正原因。

第二章
情緒的目的

我出門跑行程，人在旅館，想來杯啤酒。我撥通深夜客房服務電話，對方表示大概要四十五分鐘才能把啤酒送上來。我不想等那麼久，我只是要一瓶啤酒，於是我說：「沒辦法趕一下嗎？」對方回答：「抱歉，沒辦法。」又過了幾天，情況重演，於是我決定換個方式問：「有沒有辦法再快一點？四十五分鐘有點久欸。」這一回，我得到的答案是：「好，我幫您趕趕看。我會盡快送上去。」當然，這段插曲無法證明什麼，但我的經驗倒是呈現了一項科學家紮紮實實**做過研究**的心理效應：如果請求方說出理由（不論這個理由有多明顯或者多站不住腳），[1]其請求大多能獲得應允，順利完成，因為接受請求的一方通常不太花心思、或根本不會深思請求方提出的理由。也就是說，促使對方言聽計從的誘因並非理由本身，僅僅只是「給了理由」這個事實。心理學家認為這類「無心」反應是一種反射（reflexive）。反射的「刺激—反應」連結有三大要件：必須由特定事件或情境觸發，必須引致特定行為，而且幾乎每次受刺激都會起反應。

大家最熟悉的反射就是**膝反射**（knee-jerk reflex）了：膝韌帶處於放鬆狀態時，醫師拿小槌子敲一敲就能誘發反射。這個反應就只有「敲膝蓋」這麼一個觸發因子。你不會因為看見醫師拿小槌子的影片就猛抽膝蓋，也不會因為被甩門的聲音嚇到而出現膝反射。反過來說也一樣。膝反射的反應是獨一無二的：如果有人敲你的膝韌帶，你不會甩頭或從椅子上跳起來——你只會動動膝蓋。最後就是，反射反應是可預期的：每次敲你的膝韌帶，你幾乎每次都會起反應——說真的，你很難不起反應。這類反射對動物而言非常重要。因為，假如你做每一個動作都必須三思而後行，那你根本甭做了。就拿「走路」來說吧：走路涉及一連串「不經大腦」的反射（也包括膝反射），大腦只需對脊髓皮質下達一道綜合命令，就能讓許多肌肉共同合作、發揮作用了。

膝反射這類身體反射無涉心智運作，即使將動物大腦整個切除，只要脊髓完整無損，膝反射仍會發生；不過，我們還有其他更複雜的反射反應。其中一類是**固定行為模式**（fixed action pattern），或稱「腳本」，是大腦碰上熟悉情境時可直接援引遵循的小程式：諸位每天開車上班、邊吃東西邊想事情（或開會）等等「自動導航模式」，都隸屬這個範疇。不少動物行為其實也都是反射，其中不乏一些看似可愛或「深思熟慮」的行為：譬如雛鳥一張嘴，母鳥就會立刻把毛毛蟲或小蟲子送進牠口中。但這個動作和雛鳥是不是**牠**親生的無關，也無關對象是不是**雛鳥**，就連張口的不是鳥都沒關係——任何看起來像「張大的嘴巴」的東西都能啟動這套行為腳本。各位甚至可以在網路上找到一段「北美紅雀跳向一隻張大嘴巴的金魚、餵牠吃東西」的影片。[2]

至於複雜度更高的心理反射則有如「按鈕」，通常和我們遭遇的社交情境有關，反應也比較明顯。正如同敲擊膝韌帶能導致膝蓋抽動，當某個足以觸發反射的經歷帶你重返某段還未釐清或癒合的舊創時，也會按下「心理按鈕」。一些較普遍的觸發因子包括：遭人忽視或漠視，其他人不守規矩，被騙或遭批評，或被旁人指謫「你永遠不可能」或「你老是如何如何」等等。不論這個「誘因—反應」循環是否涉及情緒，只要這類事件能立刻引發未經思考的反應，整個過程就相當於心理上的膝反射。

這種心理反射對臨床心理學家來說可謂家常便飯。同事、朋友、家人，任誰都可能按下按鈕，引發災情；即使是人際關係相對健康的人，這類按鈕也可能重複引發衝突循環。一旦我們曉得朋友或家人有哪些按鈕，最明智的做法就是避免按到它；一旦我們明白自己有哪些按鈕，設法使其失效則是最聰明的選擇。比方說，我有一位朋友在家工作，如果丈夫在她專心上班時晃進「辦公室」，她會立刻對他大聲咆哮。當她意識到這就是她的「按鈕」（原因出在她小時候很難保有隱私，其他人也不太尊重她的個人空間），丈夫無心闖入的行為便不再是嚴重困擾，而她也能好聲好氣提醒另一半，請他盡量減少這種行為。有時候，處理心理反射的藥方實在簡單，只要留心是否有哪顆按鈕被按到、再用意識和意志力調整後續反應就行了。其實，處於「開車上班」等自動導航模式的我們，偶爾也會採取類似舉動：如果預見前方路段大塞車，我們會切回意識控制模式，直接改變路徑，避開塞車路段。

各位或許會把反射貶抑為原始、不重要的反應，其實不然。反射不僅影響甚鉅，對人類或非人動物也是十分重要的行為模式；在某些構造比較簡單的動物身上，反射更是主控要角。

即使是「細菌」這種構造最簡單的生物，也能印證反射的力量。誠如人類渴望錢多事少離家近，這群生物機器也希望能花最少的時間覓得最多的食物，而它們單靠「一招」就達成心願了：在這套寫好的腳本中，細菌利用複雜但自然的化學方法趨近並汲取營養，也能藉此避開有毒物質。[3]細菌甚至懂得團隊合作，釋出特定分子、互通有無。[4]

「細菌『傳令』方式多變，令人驚嘆。」神經科學家安東尼歐．達馬吉歐（Antonio Damasio）如此寫道。[5]細菌會彼此合作，也懂得避開處不來的對象（某些研究人員以「冷落」稱之）。達馬吉歐以一項實驗為例：受試的幾群菌落必須在有限空間內──即囚錮它們的培養瓶──競爭有限資源。有些菌落的反應近似尋釁好鬥，彼此攻擊、耗損極大；有些選擇和平共處，險中求存。這種情形可維持數千代不輟。若說人類有斯巴達、納粹德國之流，也有和平主義者；那麼**大腸桿菌**的世界也差不多。

儘管人類生活已遠遠超出反射能主導的範圍，但我們大多不知道，人類的某些行為仍深受反射主宰。舉例來說：一群自願參與試驗的學生被隨機分成兩組，向路人乞討零錢；[6]一組在舊金山購物中心進行，另一組則在聖塔克魯茲碼頭邊。兩組成員皆穿著T恤、牛仔褲等象徵學生身分的服裝，乞討時也都維持三步以上的距離。學生向一半的路人（對照組）乞討二十五分或五十分錢，成功率差不多（平均都有一成七）；當然也有人回以辱罵，叫他們「去找工作」或表明「這裡不准乞討！如果你喜歡被關我們也不反對」云云，但絕大多數的人都視而不見，繼續向前走。研究人員推測，由於乞討在這兩處地方很常見，路人極可能從未留心乞討者的請求；他們相信，多數人的反應其實是不假思索、自動引用「如果有人乞討，直接忽略即可」一類的心理法則。

研究人員假設：如果他們能擾亂腳本，讓路人短暫考慮乞討者的訴求，說不定就能提高乞討的成功率。因此，他們請學生針對另一半路人（實驗組）採用不同的說詞：「嘿，老兄，您身上有多的三十分零錢嗎？」這個數目剛好是對照組乞討數目的中間數。之所以選擇這個數字，是因為「特殊數字」多半能引人注意，使他們棄用慣常的心理法則，認真思索請求。這法子奏效了：學生在舊金山乞討的成功率從百分之十七暴增到百分之七十三。這種能讓人在漫不經心的情境下提高回應率的策略叫「引起注意法」（pique technique），各位說不定偶爾也會碰上這種手法：譬如我就看過速限標誌顯示「速限33英里」這種奇特數字，而且不只一次，也見過商家打出「降價17.5％」的宣傳廣告。

於是這就把我們帶回「情緒」這個主題了。反射是動物演化一脈相承的基本要件，然而在某個時間點，大自然將這套辦法「升級」了，另創一套系統來應付環境挑戰；這套系統比反射更有彈性，因此也更具威力——那就是「情緒」。

在處理外來資訊時，情緒是比反射層次更高的運作系統。各位將會讀到，和限制嚴格、必須以條件為基礎的反射行為比起來，情緒厲害多了。就連大腦構造較原始的動物，也能藉由情緒的力量針對不同情境調整心理或精神狀態，組成多變的「刺激—反應」模式，回應環境中已存或延遲出現的特定元素。情緒讓人類變得更有彈性，甚至願意讓理性思考也來參一腳，如此才能做出更好的決定和更精巧複雜的行動。

情緒的好處

現代科學對「情緒有其必要」的看法並不一致，也有人認為情緒比反射行為好不到哪兒去。事實上，不到半個世紀以前，認知心理學家艾倫．紐厄爾（Allen Newell）和諾貝爾獎經濟學家司馬賀（Herbert Simon，但他並非以這個題目獲獎）等學者仍堅信人類思考乃是以反射為基礎。一九七二年，紐厄爾和司馬賀讓受試者回答一系列邏輯、西洋棋與代數謎題，要求他們一邊解答、一邊交代自己的思考過程。[7]兩人把受試者解謎的過程錄下來，煞費苦心地一段段分析，試圖找出規律性。他們的目標是找出並描述每一位受試者的思考法則及特徵，藉此建立人類思考的數學模型，期望利用這套模型深入了解人類心智，找出發明「智慧型」電腦程式和超越邏輯線性極限的方法。

紐厄爾和司馬賀認為，人類的理智行動——也就是「思考」——其實就是比較複雜的反射系統罷了。說得更精確一點，兩位學者相信思考可以用「生產規則系統」

（production rule system）這套模型來解釋：意即思考是一套邏輯嚴謹的「條件陳述式」（if-then）規則集合，而「思考」這種反射就是執行這套規則所得到的結果。譬如西洋棋有一條規則是：如果對方將了你的國王，你得立刻移走國王。生產規則系統讓我們在面對抉擇時更容易做出選擇，繼而影響行動（比如我們或多或少會不經意採用「如果有人向我乞討，直接忽略即可」這條法則）。假如人類思考當真只是一套大型生產規則系統，那麼我們跟那些成天跑大數據的電腦應該沒什麼不同。不過，紐厄爾和司馬賀的想法並不正確，兩人的努力自然付諸東流。

若能了解兩位學者假設失敗的原因，或許就能更明白情緒系統的目的和功能。試想：一組生產規則指令如何產出可應用於簡單系統的完整行動策略？假設屋外氣溫不到零度，而你想寫一套恆溫程式，讓室溫維持在一定範圍內——就設定在攝氏二十一到二十二度之間好了，那麼只要利用以下兩條規則就能辦到：

規則一：若室外氣溫低於攝氏二十一度，啟動暖氣。

規則二：若室外氣溫高於攝氏二十二度，關閉暖氣。

不論你家的暖氣是快要散架的老東西、抑或聰明的現代系統，這兩條規則都是溫控的基礎原則。

早期的生產規則系統就是靠這類條件式指令建構出來的，複雜程度更高的任務也可以利用規模更大的指令集合來完成。譬如小學生學的減法，包括「減數數字若大於被減數的數字，要從被減數左方借一位來計算」在內的運算法則少說十來條。某些複雜的應用軟體甚至需要數千條規則指令。電腦科學家運用這些規則指令打造出所謂的「專家系統」（expert system）——專為特殊用途設計（譬如醫療診斷、抵押承保等），可模擬人類決策的程式系統。生產規則系統應用在這些領域勉強還算成功，但成果有限，且不適合作為模擬人類思考的基本模型。

紐厄爾和司馬賀的根本錯誤在於，他們忽視人類生活的豐富程度。**大腸桿菌**這類構造簡單的生物確實能靠幾條反射規則過活，但生活條件更複雜的物種根本辦不到。

就拿「如何避開腐敗或有毒食物」這種看似簡單的任務做例子吧。這類食物有的能靠氣味辨別出來，但「不好聞」的氣味實在多不勝數；其他時候或可利用外觀、味道或觸感作為「不可食」的信號，但這類特質也同樣能以多種形式呈現（譬如酸掉的牛奶和發霉的麵包不論外觀或氣味皆截然不同）。此外，這類判斷指標的「程度」也很重要：

如果眼前有一道看起來可疑、聞起來還算可以的餐點，各位可能會依找到其他食物的挑戰程度和可能性，選擇接受或不接受這份餐點。又或者，就算味道聞起來完全沒問題，各位仍舊可能會因為食物外觀太詭異而選擇放棄；再不然就是你無論如何都會吃掉它，因為你餓壞了，你的身體需要養分。若要將這套非黑即白、定義狹隘的死板規則套用在各種可能的「情境—反應」組合上，大腦肯定會燒掉，因此我們需要另一套辦法。

這另一套辦法就是情緒。在反射架構下，特定誘因——譬如「牛奶聞起來有點酸，但我已經好幾天沒吃東西，附近大概也找不到其他食物和飲水了」——會自動產生一個專門處理這種狀況的反應（譬如「喝掉牛奶」）。但情緒完全不是這樣運作的。引發情緒的誘因大多模稜兩可（牛奶看起來／聞起來怪怪的），且誘發的直接產物並非「動作」，而是某種程度的情緒（隱約感到噁心）。這時，大腦會琢磨這股情緒，一併考量其他因素（我好幾天沒吃了，而且附近可能沒有其他食物），然後**計算**如何反應——此舉免除了動用「誘因—反應」制式規則此一浩大工程，並且納入更多彈性：我們可能會想出許許多多、各式各樣的做法（「不為所動」也算），然後做出深思熟慮的決定。

在決定透過哪種反應回應情緒時，大腦考量的因素很多，就前述例子來說即是「飢餓程度」、「是否願意冒險、繼續尋找其他食物」及其他情境條件。這時理智就來湊一腳了：一旦情緒被挑起，心智就會根據事實、目標、原因理由和情緒等幾項元素進行計算，產生行為。若情況複雜，這種結合情緒和理智的反應路徑能更有效率地提供可行解方。

高等動物的情緒還有另一個重要角色：**延長**反應時間。在情緒被事件挑起之後，這段空檔能讓理性思維介入，策略性地緩和或延遲我們對該事件的直覺反應，等待更適當的反應時機。比方說，假設你的身體需要營養，而你剛好看見一袋玉米片；若是反射主導，你一定會不假思索、抓來就吃。但演化在這道反射程序中多加了一道關卡，故即使身體需要營養，你也不會想都不想、看到什麼吃什麼——你會**餓**。*飢餓會使你想進食，但你對這個情境的反應不再是不假思索、自動發生。你會評估狀況，然後決定放棄玉米片，這樣才有肚子容納晚上要吃的雙層培根起司堡。

又或者，你打給電信公司詢問某項服務，但對方有夠愛理不理的。如果人類完全靠反射行事，這時你大概會直接抓狂、飆出「去死啦！你這白癡」這種話；但事實上，對

* 原註：近代的研究將飢餓、口渴和疼痛歸類為「原始」或「穩態」情緒（primordial / homeostatic emotion），負責維持生理平衡。

方的態度只會引發你憤怒或挫折的情緒。情緒會影響大腦消化處境的方式，也讓你的理智得以發聲。所以你說不定還是會抓狂，但至少不會氣到腦筋一片空白；你或許會漠視抓狂的衝動，深呼吸，然後告訴對方：「我明白你們的規定，不過請容我告訴你為什麼我的狀況可能不適用這條規定。」

情緒在非人動物身上也有同樣的功能，其中又以靈長類最明顯——譬如行為學家法蘭斯．德瓦爾的《黑猩猩政治學：如何競逐權與色？》（Frans De Waal, *Chimpanzee Politics: Power and Sex Among Apes*）。假如你是黑猩猩，肯定邊讀邊冒冷汗。書中描述，年輕的公黑猩猩若是被某一頭母黑猩猩給撩到了，牠會等待時機，在母黑猩猩配合下避開大頭目耳目，偷偷與之相好（理由是牠可能因此受懲罰）。[8]另一方面，大頭目一個一個幫小弟們理毛時，如果遭到某年輕公黑猩猩挑戰，當下牠可能置之不理，然後在隔天發動報復攻擊。還有，如果黑猩猩媽媽的小寶寶被另一隻年輕母黑猩猩搶走，牠會躡手躡腳欺近，在不傷到孩子的前提下伺機搶回來。

任教於加州理工學院、同時也是美國國家科學院院士的大衛．安德森教授（David Anderson）這麼說：「『反射』是由非常特別的刺激所引發的特定反應，而且這個反應是立即的。如果我們一輩子就只會遇到這些刺激、只需要這類反應，那沒問題；然而在演化的某個節骨眼上，生物體需要更多彈性來應付環境刺激，因此才發展出形形色色的『情緒』積木，補足這一塊。」[9]

果蠅也會哭？

安德森對情緒的角色頗感興趣。但他感興趣的對象不只是人類，也包括一些在演化上比較原始的動物。這完全不教人意外。一九七〇年代，還是大學生的安德森已著手展開他的第一項研究計畫：扇貝在與勁敵海星對戰時，牠會釋出哪些分子訊號？[10]對安德森來說，這類研究是理解情緒的關鍵。他試圖找出答案，想闡釋「生物資訊處理器」（意即「生物」）何以演化出「情緒」這種能力，以及情緒因子如何嵌入資訊處理過程（也就是「思考」）。

應該有不少人注意到，家裡的貓狗似乎也有情緒；那麼其他更簡單的動物呢？「每次我跟人家說我在研究什麼，」安德森說，「大部分的人都覺得我瘋了。」他挑挑眉毛，彷彿要我也來猜猜答案是什麼。我是不覺得他瘋啦，但乍聽之下，他做的研究很難說是不瘋狂：安德森研究果蠅的情緒。

我提出質疑：你要怎麼在這群淨往我酒杯裡進行神風特攻任務的小東西身上做研究，探得人類情緒的奧祕？聞言，安德森輕輕一笑——你瞧，果蠅跟許多人一樣都懂得品嚐美酒呢，有時還不惜豁出性命。於是我倆聊著聊著，話題漸漸帶到酒吧。我告訴他，不久前的某個深夜，我走在曼哈頓街上，不經意被酒吧傳出的音樂吸引，便推門進去。我一進門就嚇了一跳，最吃驚的莫過於裡頭擠了一大堆人，而且幾乎清一色是大學生；再來就是音樂。從外頭聽來，音量已經不小，但屋裡更是震耳欲聾到令人**不舒服**的地步。「這種音量對耳朵不好吧？」我對門口的保鑣壯漢說。他冷笑：「如果咱們總有一天都會聽不見，譬如到了您這把年紀，那麼早聽不見晚聽不見又有什麼差別？」

我摸摸鼻子走了。後來，我跟我兒子尼可萊描述那晚的所見所聞。很正常呀？他說。你跟一兩個朋友走進酒吧、點一杯飲料，然後邊聊邊掃視全場；一旦發現目標就上前攀談搭訕。聊過一兩句，假如你們倆都覺得彼此之間有點感覺，那麼就能晉級到舞池這一關——在這裡，你會嘗試肢體接觸。如果這招奏效，你倆可能會結伴離開並且「交配」（當然，兒子用的不是這個詞彙）；但有時結果並非如此，或者對方已先對別人有意思了。「那怎麼辦？」我追問。「不過就是被拒絕嘛，回頭去喝一杯囉。」他說。

這種「儀式」的特別之處在於成員有老有少，而且不分年齡都被「厭惡」和「喜歡」這類情緒所驅使。因此我問安德森，我們當真能從研究果蠅來了解這些複雜的人類情緒，習得一二嗎？我的提問顯然正中他下懷：原來，果蠅遵循的交配儀式竟然和尼可萊與他朋友的夜店模式驚人地相似。

在果蠅的世界裡，雄果蠅會主動接近雌果蠅，發動攻勢。當然，果蠅不搭訕，但牠們倒是會用前腳拍拍對方前腳；現場也有音樂，因為雄果蠅會振動翅膀、自帶音效。[11]雌果蠅若接受追求，則不會有任何動作，自此完全由男方接手。然而雌果蠅不見得都這麼好追。若雌果蠅已名花有主（已經和其他雄果蠅交配過了），牠會明確拒絕對方追求——要不直接用翅膀撲打求偶的雄果蠅，再不就是用腳踢牠、或直接跑掉。於是好笑的來了：我在前面提過，果蠅喜歡酒，因此如果雄果蠅被拒絕了、而附近又剛好有酒的話，牠的反應會跟尼可萊一樣——直接撲上去喝一杯。[12]

果蠅和尼可萊還真有不少共同點呢！不過，果蠅當真跟尼可萊一樣，是因為受到情緒驅使才跑去買醉？又或者牠們只是依循載有交配指引的制式腳本，按本能反射行動？身為人類的我們又該如何實驗，才能印證真偽？安德森無意調查是不是所有動物都有情緒，或證明動物行為並非出自反射（我也說過，即使是人類，有時候還是會依本能行動）；他只對一件事感興趣——不管動物是「低等」或「高等」，情緒到底重不重要？

這實在是大哉問。該如何定義「情緒」？科學家不僅端不出一套像樣的說法，就連普遍的共識也無。事實上，甚至還有一群學者將情緒研究領域用過的定義說詞加以整理分類，寫成論文發表（總共蒐集到九十二種）。[13]於是呢，安德森和他加州理工學院的同事拉夫·阿朵夫（Ralph Adolphs）決定跨越動物世界，踏上「定義情緒特徵」的現代探索旅程，有點像達爾文當年的開拓之旅；最後兩人認定情緒有五大明顯特質，分別是：價性（valence）、持續性（persistence）、概化性（generalizability）、可量度性（scalability）和自發性（automaticity）。

情緒的五大特色

想像人類老祖宗走在非洲莽原上。她聽見蛇窸窣爬竄的聲音，迅速往旁邊一跳；如果生命的所有面向皆由反射主導，那麼老祖宗接下來應該會繼續往前走，完全沒想到若是撞見一條蛇，代表這附近極可能有一整窩蛇。

多虧情緒，我們和其他動物（甚至是果蠅和蜜蜂）能表現更精細複雜的反應。假如是你出門健行、你也聽見蛇爬的聲響，那麼在跳開之後，你大概會有好幾分鐘心臟仍怦怦狂跳吧。在這幾分鐘內，就算是鑽過灌木叢的野鼠都可能害你嚇得跳起來——這個例子恰巧說明安德森與阿朵夫鑑定出的兩項情緒特質：**價性**與**持續性**。

情緒有「價」，可為正亦可為負，能引致作為或退縮，讓你感覺好或不好。在前段例子中，你跳開了——這是退縮，或稱「負價性」。至於「持續性」則是你在跳開之後，你對蛇的恐懼反應依舊存在，不會立即消褪，因而使你處在過度警覺狀態。誤將野鼠判作蛇的負面效應並不嚴重，若是又碰上一條蛇卻反應太慢，即可能造成致命後果；因此，可短暫維持的情緒大大幫助了老祖宗，讓他們能偵測並避開環境裡的種種危險。另一個比較現代的例子是我朋友茱莉：她花了整整一小時上網、嘗試解決一連串電腦問題，挫折得簡直要氣炸了。問題剛解決沒多久，她十歲的孩子在家裡玩籃球，不小心把花瓶砸破了；由於她先前的負面情緒還未消解，以致輕斥兩句就能解決的小事最後演變成破口大罵。

安德森和阿朵夫指出，情緒的第三項特質是**概化性**。反射行為的定義是「精確的刺激引發特定反應」，而情緒的「概化性」指的是一大票各式各樣的刺激皆可能引發同一種反應，反之亦然，也就是說我們在不同時候，可能會對同一種刺激產生多種不同反應。

像水母這種原始動物，你若戳牠一下，牠會馬上捲起來並沉到玻璃皿底下。這是反射行為。反應發生前，水母不會停格思考是誰戳牠、為什麼戳牠、或者此刻是不是棲伏在玻璃皿底部的好時機。另一方面，被上司雞蛋裡挑骨頭的茱莉可能會有好幾種不同的反應：她也許會退縮，也許會嗆回去。茱莉的反應依據不光是觸發情緒的事件本身，她的大腦在計算該如何反應時，也會將其他因素一併納入考量：她最近的工作表現如何？老闆今天心情好不好？她和老闆處得還可以吧？

可量度性則是第四項區別情緒與單純反射的明顯特質。反射會在刺激發生後產生制式反應，但情緒狀態、以及因情緒而生的反應則會有強度和等級上的差異。

各位可能會因為某些遭遇，或在某個瞬間、因為某件事而難過，導致你不自覺垂下嘴角，也可能因為非常難過而落下淚來。情緒狀態讓我們能對同樣的刺激表現出具有「強度梯度」的反應，這個強度依其他一系列相關因素而定。譬如你以為屋裡只有你一個人，但樓下似乎有什麼奇怪聲響；如果這件事發生在中午，你可能會有點害怕，若是深夜，你可能非常害怕——你對這個世界的認識會讓你做出明確的差別反應（這個例子更是如此，因為你知道小偷大多在晚上作案）。情緒可大可小、可以量度，反射則是一體適用，沒有因地制宜這回事。

安德森和阿朵夫認為情緒還有最後一項明顯特質：**自發性**。所謂「自發性」並非你無法抑制情緒，而是情緒和反射一樣，不需要任何努力、任何意圖就能自然發生。不過，情緒雖然有自發性，卻不會導致無意識的自動反應，這點跟反射還是不一樣的。

如果有人往你前面一站、直接插隊，你一定會不由自主馬上生氣。但是，因為你不想把事情鬧大、又或者那人長得比你高壯，你可能會盡量按捺怒氣。又比如你參加派對晚宴，吃著吃著突然發現方才送入口中的那一塊竟是腎臟；你討厭內臟，自然覺得噁心，可是你不想冒犯主人，最後只好盡力克制、不讓自己吐出來。這種控制情緒的傾向在成人身上非常明顯，小孩子則相當不受控，因為這種控制能力和大腦的發育程度有關，這也是為什麼大人得花時間訓練小孩不可以把不喜歡的食物直接吐出來的理由。

情緒實驗

安德森與阿朵夫歸納的情緒特徵有個優點，那就是每一項都能在實驗室反覆測試確認，就算對象是比較原始的動物也行得通。於是這又讓我們回到果蠅：安德森等人進行了一系列設計巧妙的實驗，顯示果蠅在許多情境下的反應不光只有反射，牠們也會依情緒狀態而表現出慣性、持續性、概化性、可量度性和自發性等特質。

比方說，果蠅會被某些事情「嚇到」，像是突現的陰影或氣流突然改變，兩者皆暗示獵食者可能就在附近。那麼，果蠅「嚇到」究竟是反射，還是牠們當真害怕？為查明真相，科學家設計了一組實驗環境，讓他們可以在果蠅進食時嚇嚇牠們。果蠅的選擇很重要：如果牠們飛走或逃掉，但獵食者並未出現，這樣不僅浪費時間也浪費體力，因為牠們還得飛回來補充消耗的熱量；如果牠們選擇不逃，結果獵食者出現了，果蠅極有可能被吃掉。

安德森發現，陰影首次出現時，果蠅會立刻跳離食物，等個幾秒再回來；這時如果再用陰影嚇牠們，果蠅會稍微調整反應：牠們一樣會跳開，但這回按捺得久一點。兩次試驗的觸發因子都是「陰影」，但果蠅的反應並不相同，因此牠們的反應並非反射行為。

此外，果蠅的反應明顯帶著慣性，因為牠們會設法避開陰影。安德森等人也觀察到持續性和可量度性：第一道陰影讓果蠅處於恐懼狀態且持續存在，然後在二度遭遇威脅時增強反應（恐懼）程度。

這類以情緒為基礎的細微反應比單純反射更有效果、也更有效率。反射雖能讓果蠅在瞥見陰影的當下及時離開現場，但反射不會考量到「陰影反覆出現即象徵危機」的可能性。

果蠅求偶被拒所表現的買醉行為，顯示牠們似乎正在經歷名為「被拒絕」的持續情緒，想藉著酒精讓這種負面情緒歸零——實驗顯示，飲酒對果蠅來說是一種獎勵行為，牠們會執行任務以求得佳釀。[14]果蠅跟人類一樣，每隻果蠅表現出來的情緒特質程度因蠅而異。誠如情商研究所揭示的：能意識到自己的情緒波動乃是人生圓滿如意的要素之一。這份能力讓我們得以自我勉勵、控制衝動、調適心情，對他人做出適當的回應。

果蠅的腦子有一萬個神經元（一半屬於視覺系統），人類大腦動輒千億。儘管果蠅的神經元數只有人類的百萬分之一，卻能展現驚人的空中機動能力，還能走跳學習、懂得遵守求偶規矩，最教人佩服的是牠們竟然有恐懼和挑釁好鬥的一面——這顯示不論哪一種動物在進行資訊解析時，情緒都是關鍵要角。

人類展現情緒智力的時間落後果蠅許多（牠們四千萬年前就出現了）。人類的演化歷程在進駐城鎮村落前已大致完成，也就是說，儘管情緒是演化派來幫助大腦計算反應的，但那些在數十萬年前相當有用的情緒特質，也可能在現代文明生活中引發不適當行為。「概化」或許能刺激你產生多種能擊退獵食者的反應，卻不適合用於應付車陣中卡位插隊的駕駛。「可量度」雖能讓你逐漸提高反應程度，卻也代表你偶爾可能破表抓狂。「持續性」說不定會害你整天處於警覺狀態，不論大事小事皆過度反應，但你說不定早就忘記一開始是哪件事導致你進入這種狀態了。

小時候，我會看〈國家地理頻道〉講述動物行為的節目；早在我自己還沒有性經驗以前，我就已經認真看過螳螂交配的影片了。母螳螂會在交配時咬掉公螳螂的腦袋——對於尚未進入青春期的我來說，這則知識有點太超過了，我甚至懷疑這段影片是不是有什麼隱喻。但實情是，在當時那個年代，與人類性行為、或甚至人類情緒有關的研究少之又少。我們對動物行為的了解似乎比對人類自己深入許多。以前，世人（其中不乏心理學家）普遍認為要避免產生情緒，就連親情、父愛母愛都不該表現出來。某一本育兒手冊就寫道：「儘管大自然確實賦予母親無所不包的母愛，不過，要是大自然能讓母親擁有以理智控制情感的能力，那就更好了。」[15]

情感神經科學傳達的理念截然不同。他們認為情緒是一份禮物。情緒幫助我們迅速、有效率地理解情勢，做出必要反應；情緒能餵養理性思維，讓我們在多數時刻都能做出更好的選擇；情緒幫助我們與他人建立聯繫、互動溝通。情緒使人生更多姿多采。了解情緒的目的和功能並不會抹煞情緒的角色地位，反而能讓我們更明白情緒之於人類的意義。

第三章
身心連結

賽門是波蘭琴斯托霍瓦（Czestochowa）反納粹地下組織的領袖之一。這個猶太貧民區四周都被高牆和鐵絲網圍起來，處處封鎖，居民的命運十之八九也好不到哪兒去；即使如此，這群鬥士仍設法密謀起義。

他們偶爾會在黑暗籠罩城市之後，溜出城去補充物資，幹些走私或竊盜的勾當。有天晚上，賽門和三名同志躡手躡腳來到一片靜謐孤絕的郊外，地上豎著高高的刺鐵網。他們動手挖網腳，挖到能將鐵網底部掀起來，再從鐵網底下鑽出去。賽門撐住鐵網，讓同志魚貫爬過，最後才輪到他。

百公尺外，一名早被收買的德國士兵等在小卡車上，準備載他們前往今晚的目的地。賽門看著夥伴一個個壓低身子溜向卡車。他擠過鐵網，急著跟上他們——但他的衣服被一根鐵絲勾住了。待他好不容易掙脫束縛，其他人早已上了車，耐不住性子的司機正在發動車子，即將開走。

賽門必須做出抉擇，而且要快。如果他快跑追車，應該趕得上，可是這麼做有風險，說不定會引來注意，害他們全部被殺；如果他讓夥伴落下他，那麼他們就得面對少了一個人的窘境，執行任務同樣不安全。跑或不跑實在很難抉擇。不過，在卡車向前移動的那個瞬間，賽門明白「猶豫就等於選擇留下」，於是他迅速權衡利弊得失，決定追上卡車。

他才跨出第一步，腳步就突然停下來了。賽門不知道是什麼原因阻止了他，但不是恐懼——他這樣告訴我。以前他也出過好幾次類似任務，危險已是家常便飯，眼見時局越來越糟，今晚的差事跟過去相比根本是小意思；可是他的身體似乎有某種反應。德國人逼他們活得像畜生，難不成他的動物本能覺醒了？難道是他的眼睛和耳朵偵測到什麼極度隱晦、意識難以察覺的細微異狀？他至今仍不明白他的身體究竟想告訴他什麼，但當時，一股「別亂動」的衝動令他即刻做出反應——他跪在地上，望著卡車遠去。

但這輛卡車並未走得太遠。一輛滿載納粹黨衛軍（SS）的兵車不知從哪兒冒出來，疾速衝向小卡車。這群效忠希特勒、專幹種族滅絕勾當的劊子手攔下卡車，不一會兒就開槍把車上的人全部打死了；倘若賽門內心的原始反應並未使他裹足不前，他大概會跟同伴們一起被黨衛軍給斃了。假如結局真是如此，那麼我現在就不可能坐在這裡寫書——因為，十多年後，以難民身分落腳美國的賽門在芝加哥迎接第二個兒子誕生，那人就是我。

雖然這已是數十年前的往事，父親在描述時還是越講越激動。當年他差點就沒命了，但他至今仍想不透自己何以能逃過一劫。他說他不覺得害怕，只是遲疑，所以到底是什麼事救了他？以前，這種追車情節不知發生過多少次，父親總是勇往直前，所以那天導致他猶豫不決的理由究竟為何？當時他並非根據自己感知或察覺到的資訊做出有意識的決定。對他來說，出事之前一切都很正常，因此理性告訴他要追上卡車、加入同伴，但他的身體似乎知道情況有異，阻止他行動。

各位想必有過以下經驗：你一時想不透某道謎題、難題或挑戰，後來卻在進行一些不相干的活動時（譬如慢跑、淋浴）突然想到答案——這就是潛意識在「後台」處理資訊的實證，你壓根察覺不到。今天，我們知道當身體處於高度警戒狀態時，潛意識會開啟「問題解決模式」，目的是保你平安：你的非意識腦高度感知你的身體狀態及環境威脅，計算你是否面臨生存危機、以及你該如何因應（萬一答案是肯定的）。於是大腦、身體和感官交互作用，形成直覺或衝動，並以「自存」（self-preservation）為終極目標。

這就是我父親「追上夥伴」的意志被否決推翻的真相：他的意識腦雖有盤算，但他的非意識腦分析更多與環境、身體狀態有關，且未被推上意識層面的資訊線索，整理出另一套實際狀況。這種感知危險的原始本能源自動物體內建的感應系統，大腦會利用這套系統監測身體狀態與環境威脅。心理學家詹姆斯．羅素（James Russell）為描述這套感應系統，創造了「核心情緒」一詞。

核心情緒

核心情緒能反應你的「生理活力」（physical viability）。生理活力有點像溫度計，計表讀數反應自身狀態的整體感覺，判斷依據包括體內各系統、外在事件及相關資訊、還有個體對周遭世界的覺知狀態。核心情緒和情緒一樣，都是一種心理或精神狀態，惟核心情緒更為原始，在演化時間軸上更早出現。核心情緒讓情緒與身體狀態產生連結，進而影響情緒經驗的發育及發展。儘管科學家還不太了解核心情緒與一般情緒之間的關係，但他們相信，核心情緒應是個體建構情緒的最重要因素或素材之一。

安德森和阿朵夫描述情緒有五大特徵，此外還有悲傷、快樂、憤怒、恐懼、厭惡和驕傲等多種特定形式，但核心情緒僅有兩項明顯特徵。其一是「價性」，非正即負，用以描述個體的安適狀態；其二是「喚起程度」（arousal），即價性強度，描述正面或負面的感覺有多強烈。若核心情緒為正，代表你的身體感覺還不錯；若為負，感覺就有點不太妙了，如果再加上喚起程度偏高，那麼這絕對是急迫、響亮、不容忽視的情緒警報。

雖然核心情緒主要反應內在狀態，但它也會被個體所在的自然環境影響：譬如它會對藝術或娛樂活動產生反應，電影的搞笑或悲傷情節也會影響核心情緒。事實上，正因為不少藥物具有調節核心情緒的特性，人們才會服用這些藥物——興奮劑能提高喚起程度，鎮靜劑降低喚起程度，酒精或搖頭丸則有助於誘發幸福感。

就如同你的身體無時無刻處於「有溫度」的狀態，核心情緒隨時都在；只不過，除非你特別注意到它——譬如別人問你心情好不好，或你刻意思索這個問題，否則一般人鮮少意識其存在。有時候，核心情緒會一下高一下低，起起伏伏，卻也能長期維持不慍不火的穩定狀態。若以「意識經驗」來描述核心情緒的慣性，心理學家會用個體在一段時間內開心或不開心的程度作為指標：譬如你在高興、開心時的心情或感覺（因為你身體健康、生活順心、或者享受一頓美味餐點等等），或是你在重感冒、肚子餓時感受到的悲慘心境。

至於喚起程度的意識經驗，則有「察覺自己有沒有精神」這項特點：你可能會因為聽了能提振精神的音樂、或參加令你心情激動的示威活動而感覺精神抖擻、活力充沛，也可能因為上課太無聊而昏昏欲睡或直接趴在桌上（但我無法想像這種事會發生在**我的**課堂上）。

情緒形成時，核心情緒被認為是「身體意見」的代表。當身體狀態、個體意識到的情境情勢、還有個體本身的背景知識三方結合，就會產生我們體驗到的「情緒」。各位不妨把核心情緒視為一種以狀態呈現的基線，它隨時都能左右情緒、影響決定——這類決定經常被歸類成「直覺」（好比說我父親留在原地、不追車的決定）。因為如此，核心情緒乃是身體和心智的重要聯繫，將生理狀況和思維、感受、決定連在一起。

假如你中了一萬美元樂透彩，你不只那天心情好，接下來幾天大概都會非常開心。在這段期間，你的核心情緒慣性和喚起程度可能雙雙達到高峰，畢竟從整體來看，這麼大一筆錢對你的個人生存無疑是一大利多；不過，和個人財務狀況相比，核心情緒和生理狀態的連結更緊密。因此，儘管中獎讓你開心，但你沒吃午餐肚子餓，再加上逐漸累積的疲倦也會削弱核心情緒的喚起程度，使其漸漸轉向負值，最後在你不小心撞上門框的那一刻直直往下掉，好一會兒才恢復過來。

若想了解核心情緒如何運作、或「心智—身體」連結的意義，各位不妨瞧瞧諾貝爾物理學獎得主薛丁格（Erwin Schrödinger）在一九四〇年代寫下的一句話。薛丁格認為：生命是一場對抗熱力學第二定律的戰爭。

熱力學第二定律表述如下：在自然狀態中，物理系統內的熵（entropy）會持續上昇，趨向紊亂。譬如把一滴墨滴入水中，這個漂亮的「墨滴」狀態不會維持太久，很快便失去形狀並散布在整杯水裡。自然界高度秩序化的物體絕大多數都逃不過這個命運。然而，這個「趨向紊亂」或「熵增加」的現象僅限於封閉系統——也就是說，對於經常和環境互通交流的物體來說，這個理論並不成立。生命就屬於這類系統：它們透過攝食和吸收陽光與外在環境交流，正是這些互動讓生命得以克服熱力學第二定律。如果把一大塊鹽扔在戶外、任憑風吹雨打，最後它不是崩解就是被雨水溶化；但生物會採取行動、會反抗，拒絕瓦解——這就是生命的特色定義。薛丁格說，生命的本質是積極對抗自然趨勢，降低熵。

這場維生戰役的對抗層面很廣。生命的原子等級相當於組成生物體的細胞，每個細胞各盡所能，齊心阻止或延緩熵增加。但細胞層級的成功並不代表生命自此高枕無憂：太熱、太冷或強化學物質都可能毀掉細胞、致其瓦解，終止它短暫的生命，或如《聖經》所言：「塵歸塵，土歸土。」

多細胞生物對抗熵的戰場規模更大。大腦和／或神經系統能調節器官與身體運作，使各項生物機能維持在一定範圍內，彼此合作無間、齊力維持生命。「恆定」（homeostasis）一詞源自希臘文的「無變化」和「穩定」，意指生物體（或單一細胞）在面對可能威脅生存續命的環境變化時，仍有辦法維持內在秩序的能力。一九三二年，生理學家華特．坎農（Walter Cannon）透過《身體的智慧》（*The Wisdom of the Body*）使「恆定」一詞廣為人知。書中鉅細靡遺描述人體如何維持體溫恆定，並且讓血液中的水、鹽類、血糖、蛋白質、脂肪、鈣和氧維持在可接受的範圍內。[1]

不過，要想擊退所有威脅體內恆定的作亂因子，生物體必須持續監控和調整。從微觀角度來看，細胞會感知胞內胞外狀態，再依世世代代演化而來的制式設計作出回應。而多細胞生物演化發生後，生物體的每一細胞仍遵循這套程序、持續運作，同時也演化出「核心情緒」這類更高層次的生理機制。

在這場維持恆定的戰役中，核心情緒無疑是高等動物具備的一種神經機能狀態；它像哨兵一樣能偵查各種威脅恆定的因子，讓生物體據此反應。[2]誠如我先前提過的，核心情緒只有「價性」和「喚起程度」兩個維度，跟我們傳統上認知的情緒不太一樣，沒有那麼多細微差異。我們的情緒經驗（譬如恐懼）似乎源自多個大腦區域組成的神經節點網絡，但核心情緒只和其中兩個區域的活動有關。

與「價性」——開心或不開心，積極或消極，好、壞或不好不壞——相對應的意識訊息是「一切看起來都不錯」或「有事不對勁」。這條訊息源自眶額皮質，而眶額皮質屬於前額葉的一部分，位在眼窩上方。[3]這個部位和決策、控制衝動、抑制行為反應有關，而我父親那晚在鐵網前的猶豫不決和這三項功能密切相關。

至於核心情緒的「喚起程度」則代表神經生理機能的警覺狀態，即個體對感官刺激的反應幅度，具有「可量度」的特性（譬如強或弱，精神抖擻或憔悴萎靡）。喚起程度和杏仁核的活躍程度有關。這個小小的、外觀似杏仁的結構最出名的就是扮演催生幾種特定情緒的重要推手。[4]

核心情緒與眶額皮質、杏仁核的活躍程度有關，這點絕非偶然，因為這兩處都是跟決策有關的重要構造，和大腦感覺區、以及涉及情緒與記憶的區域有大量且廣泛的連結。它們能源源不絕獲得各種關於身體內部及外在環境的資訊，並加以整合，再藉由核心情緒反映體內體外的恆定狀態是否利於個體生存，既而產生合宜的潛在情緒，影響我們的所有經驗和一舉一動。

燈草鵐的賭注

生物學家湯瑪斯・卡拉科（Thomas Caraco）做過一項實驗，詳盡呈現核心情緒的力量。一九八〇年代，早在心理學界對這類現象大感興趣、「核心情緒」一詞也還未發明以前，[5]當時任教於羅徹斯特大學的卡拉科已著手研究這個主題。為此，卡拉科抓來四隻「暗眼燈草鵐」（一種常見於紐約上州的小麻雀），分別關在四只鳥籠裡，總共進行了八十四項實驗。

其中一項實驗是小麻雀必須在兩盤喜愛的食物「小米」之間做選擇。小麻雀在前導訓練時已經學到：有一盤的小米數量自始至終都是固定的，另一盤時多時少，但平均算下來跟第一盤的數量是一樣的。正式實驗時，卡拉科將盤子放在鳥籠兩端；兩個盤子與棲木的距離相等，所以飢腸轆轆的小麻雀可以自由選擇要吃哪一盤。這項實驗設計取自你我生活中或自然界常見的「權衡」（trade-off）情境：要嘛選擇肯定的選項，要嘛賭一把——冒著結果可能更糟的風險，看看能不能得到更好的報酬。

這項實驗的詭妙之處在於，鳥籠內的溫度時有變化，而牠們的決定明顯受到身體狀態影響：若感覺溫暖（正向核心情緒），牠們傾向選擇固定數目的小米盤；若是覺得冷（負向核心情緒），小麻雀們多半會賭賭看。這個實驗結果不無道理：鳥兒若覺得暖和，定量小米即足以溫飽，何必冒險？但如果牠們覺得冷，便需要更多熱量來維持體內恆定，唯有透過賭注、也就是選擇另一盤小米，才有機會獲得牠們需要的熱量。

人類一天到晚都在做這類抉擇：工作A的薪水比工作B好，但是比較不穩定。如果兩份工作薪資都符合你的要求，你說不定會傾向屈就穩定但薪水較少的工作；若兩者薪資都不符要求，你可能會決定碰碰運氣、選擇能賺更多錢的工作。暗眼燈草鵐應該不太可能像我們這樣，運用意識理性思維來做選擇；不過，藉由監測生理狀態，再納入考量並依直覺估量算計——這段過程即代表核心情緒的影響——，小麻雀們竟然也能做出和專業風險評估（數學計算）一樣的結果。

人類雖然多了邏輯思考的力量，但我們也和小麻雀一樣受核心情緒擺布，隨之思考、行動、體會感覺。每個人在不同時機面對相同刺激的反應都不一樣，而這份差異多半源自核心情緒的潛在影響。因此，如果你想早一步看清自己對他人的反應、明白他人會如何對待你，掌握核心情緒的力量算是相當重要的一環。

假設，週六早晨，在享用過美味早餐、再配上一杯香氣十足的咖啡之後，你接到一通推銷電話。你可能會溫和有禮地回應對方，因為身心的舒適狀態讓你能同情對方處境（好可憐，竟然得做這種工作）；然而，若你一早醒來便喉嚨痛、酷酷嗽，你可能會狠狠摔上電話、咒罵對方，滿心都是週末早晨被電話破壞的憤恨。你在這兩種情況的行為表現既是對事件本身的反應，行為本身也反映了你的內在生理狀態。請各位務必牢記（尤其在一些敏感時刻或狀態）：別人對你的反應不僅受到你的所做所言影響，對方當下的核心情緒也有相同的影響力。

腸腦軸線

核心情緒與心智的溝通聯絡除了仰賴神經，也能藉由血液中循環並分布於各臟器的分子來完成（譬如多巴胺、血清素等神經傳導物質）。核心情緒是身心連結的樞紐。現在我們已經知道，核心情緒的力量比十或二十年前科學家以為的還要驚人；由於轉變實在太大，以致過去被視為模稜兩可的「傻念頭」，如今紛紛成為主流。就拿近年學界欣然擁抱的「冥想」和「正念」（mindfulness）來說好了。儘管修行者並不採用這套說法，但兩者都能讓你隨時察覺自己的核心情緒。

身心連結的演化源頭可回溯至生命本身的起源。早在動物出現、演化出眼耳鼻之前，原始如細菌等生物體就已經能感知其他生命體、察覺周遭環境分子，也能監測自己的內在狀態了。當時，雖然演化還未創造出「心智」這種東西，但這些早期生物已經懂得「選擇」應對方式，回應這些內外訊息了。

一六二四年，詩人鄧約翰（John Donne）寫下「沒有人是孤島。每個人都是大陸的一部分，整體的一部分」這段詩句。[6]細胞也一樣。我曾經提過，就算是細菌也無法獨活，它們必須以「菌落」的方式共存，釋出分子互通有無；每隻細菌都能以這種方式「體會」同儕協助，共同對抗熵。細菌之所以能產生抗藥性、逃過抗生素攻擊，靠的就是這些分子訊號。不少藥物的作用方式是分解細菌細胞膜。但是，細菌在消亡前會釋出象徵「求救」的分子訊號，促使其他細菌展開自保行動，調整生化活性。如果未施與足量抗生素，細菌就能在遭清理門戶之前「學會」這種趨避戰術，留下病根。因為如此，醫師總是耳提面命叮囑你，即使覺得身體已經好了、好像不用再吃藥了，你也不可以在療程結束前自行停藥，理由是細菌極可能捲土重來，病況也可能更加嚴重。

細菌是最初的生命形式之一，大概早在四十億年前就出現了。但細菌感知自身與環境狀態、以及釋出訊號讓同伴隨時調整的能力，正是動物核心情緒的奠基石。那麼，這套適用於單一細胞的生理功能究竟如何逐步演化，終而成為人體的關鍵機制呢？

繼細菌之後，邁向高等動物的下一次演化大躍進約莫發生在六億年前：多細胞生物誕生，細菌菌落終於來到邏輯極限——互相交流的菌落進一步成為獨立的多細胞生物，菌體之間的溝通互動亦化為生物體內各細胞的往來交通。後來，生物體再演化出不同類別的細胞，近似於人體的不同組織；沒多久，神經細胞演化發生，逐步建構科學家所稱的「神經網」（nerve nets）。不過這個階段的神經網只是幾條神經組成、分布全身各處的瀰漫式網絡，還未集中形成獨立器官。

這張新演化出來的神經網擁有幾項主要功能，其中之一是執行「消化」任務[7]：水螅就是最鮮明的例子，牠讓我們瞬間重回神經科學家安東尼歐．達馬吉歐口中那段「流動饗宴終極版」的遠古時光。水螅基本上就是一根游來游去的管子，牠張開嘴巴，蠕動身體，消化流經體內的食物，最後再把殘渣從另一端噴出來。這種生物呈現的感覺與反應方式，讓我們看見核心情緒的濫觴。人類的身體構造遠比水螅複雜，但我們的核心情緒系統基本上跟這些動物監測身體狀態的功能差不多，充其量只是「長大版」罷了。事實上，解剖學家在研究我們的腸神經系統時，發現它們竟然跟古生物神經網有驚人的相似之處。

腸神經系統遍布並控制整個消化道，構造十分複雜，有時我們會說它宛如人類的「第二大腦」。雖然科學家直到近年才仔細研究這套系統，但這「第二大腦」之名確實當之無愧：因為腸神經系統可以「自己做決定」，不受大腦控制、獨立運作，就連使用的神經傳導物質也跟大腦一樣（舉例來說，人體內百分之九十五的血清素都在腸道，而非大腦）。儘管腸神經系統有獨立運作的能力，這套系統（連同消化道）依然和大腦及中樞系統緊密連結；故大眾文化所謂「心情會影響胃口」之說，其實是有強大科學根據的。

腸子與腦子的連結實在重要，因而獲得「腸腦軸線」（gut-brain axis）的科學名號。我們的消化道即是透過「腸腦軸線」對核心情緒施展強大的影響力。

這麼說吧。我們「身體舒不舒服」的感覺鮮少受到脾臟當下的狀態左右，卻經常被消化狀態影響；我們的核心情緒也會反過來影響胃腸功能，形成回饋迴路。當你突然遭遇危險，核心情緒轉為負價、喚起程度偏高，你可能會出現胃灼熱、消化不良、或是「胃裡突然一沉」的感覺。近年一些頗有意思的研究顯示，腸道不適和精神不安也有關係（譬如慢性焦慮和憂鬱）。[8]科學家從很久以前就知道，大腦焦慮會擾亂結腸功能，新近研究則反因為果，指出另一種思考方向：腸道不適是否也會影響神經精神疾病？這類影響似乎是透過複雜的生化作用來完成的。譬如，改變腸道菌叢會損害腸壁屏障，使得一些不好的神經刺激物有機會進入中樞神經系統。

從演化觀點來看，與人類「第二大腦」有著極高相似度的神經網，比「真正大腦」——能將分析處理及感覺等神經生理和其他細胞功能完全分開——還要早四千萬年出現。「渦蟲」這種具再生能力的扁形動物大約在五億六千萬年前出現，那時大腦才剛演化成明確的器官。雖然渦蟲有腦，但牠們的腦和身體差別不大——萬一渦蟲被砍頭了，再生的新腦袋可以直接從身體取回往日記憶。[9]

另一個顯現身心連結的戲劇性例證（特別是在消化方面），來自一項驚人的小鼠實驗：[10]科學家將小鼠分成兩組，一組生性害羞，另一組喜歡冒險。他們採集兩組小鼠的腸內菌，將這些細菌注入另一批「無特定腸道菌叢」的小鼠腸中。把動物身上的細菌移來移去乍看之下挺怪的，不過近期研究顯示，腸內菌對消化功能影響之大，堪比移植部分腸道。而這種「移植部分腸道」的效應極為驚人：一旦這些腸內菌在新宿主體內大量增殖、站穩地盤，這些接受移植的小鼠就會表現出菌叢原宿主的性格（害羞或活潑）。

不僅如此，另有研究顯示，如果把焦慮症患者的糞便細菌移植到小鼠體內，也會導致後者出現類似焦慮的行為表徵；但移植性格冷靜者（即對照組）的糞便細菌則未顯現這種結果。[11]

那麼人類的情況又是如何？目前，科學家已藉核磁共振儀掃描過數千名志願者的大腦，再比對他們的大腦結構與腸道菌相。結果發現，大腦區域的連結狀態會依腸內主要菌種的不同而有差異。研究人員推測，人類跟小鼠一樣，特定的腸內菌組合極可能影響大腦的迴路發育與訊號傳送方式。雖然我們需要更多研究佐證，但至少目前看來，腸內菌對個體的核心情緒應該具有相當程度的影響力。

熱心醫學研究的科學家可能好奇：如果先給一個療程的強效抗生素，然後注入另一人的腸液，如此說不定能改掉一些不太好的性格——譬如，若是讓心情憂鬱的艾妲姨媽吃一個禮拜盤尼西林，再讓她服用某位開心果的嘔吐物，這樣就能把艾妲姨媽變成魔法褓母瑪莉·包萍（Mary Poppins）？不無可能唷。過去幾年，科學家已著手研究「移植糞便萃取物」治療慢性焦慮、憂鬱、精神分裂等病症的可行性。[12]這個領域才正要起步，說不定哪天我們就會用上這種治療方式了。不過，目前的研究至少指出一件事，那就是身、心區隔是人為定義的，兩者實為一體。身心是一套縝密整合的有機單位，核心情緒則是這套系統相當重要的一部分。

移植腦袋，無益百害

一九六〇年代，西方社會幾乎不把身心連結的重要性放在眼裡。上網搜尋「身心連結」（記得加引號），過去十年內的條目少說數萬條；若將時間限定在一九六一至一九七〇年，你只會得到五則結果。其中兩條非英語資料，一則是跟猶太神祕主義有關的文章，另一則出自某恐怖命案的庭審紀錄。

儘管這個想法在那時堪稱前衛，一些有遠見的科學家仍好好研究了一番——譬如加州長灘退伍軍人醫院的心理學家喬治・霍曼（George W. Hohmann）。霍曼本人於二戰服役時脊椎受傷，下肢癱瘓。[13]由於脊髓也負責傳遞感覺訊號，因此這類傷害不僅會使控制或啟動肌肉的能力受損，病人也可能失去冷熱、壓力、痛覺、肢體位置等自體感覺，甚至感覺不到自己的心跳。霍曼每天都會在醫院接觸許多脊椎受傷的人，因此他想：如果身體狀態當真是情緒感受的重要參考依據，那麼，少了體感回饋是否也會削弱這些病人感覺到的情緒強度？他自己似乎就有這種情況。為了找出真相，他在進行諮商時詢問二十六名男性病患，請他們比較幾種特定情緒在受傷前後的感覺變化。[14]霍曼在這篇現已名列經典的科學文獻總結道：對比於過去的情緒感受——譬如憤怒、性衝動、恐懼等，半身癱瘓的病人似乎都有「感受強度明顯降低」的情形。近年關於半身癱瘓者情緒反應的研究結果也支持霍曼的發現。[15]

今天我們已經知道，腦和身體的連結十分重要：如果把連接頭部和身體的脊髓、神經及血管切斷，再將這顆腦袋仔細縫在另一副無頭軀體上，那麼這個「新個體」將會因為大腦—身體回饋迴路被破壞，面臨嚴重的生存威脅。這個例子乍看之下似乎不太可能發生，不過，倒是有幾位科學家當真這麼嘗試過了。事實上，「換頭」歷史由來已久，內容亦紮實有料，一名哈佛醫學院醫師甚至還以〈頭部移植史：文獻回顧〉（The History of Head Transplanation: A Review）[16]為題，在醫學期刊發表過論文呢。

這篇論文首先描述史上第一宗頭部移植案例：一百多年前，外科醫師亞歷克西・卡雷爾和查爾斯・賈斯理（Alexis Carrel, Charles Guthrie）率先動了狗的腦筋。手術完成後，這隻狗看得見，也能發聲和動作，但幾個鐘頭後就死了。這項移植研究讓卡雷爾獲得一九一二年諾貝爾生理醫學獎。一九五四年，俄國醫師弗拉基米爾・德米霍夫（Vladimir Demikhov）重做這項手術——這一回，狗兒活了二十九天，但他沒拿到諾貝爾獎。隨後數年，有人拿小鼠做手術，甚至給靈長類換腦；一九七〇年，一隻換了腦子的恆河猴活了八天，牠「整體來說，幾乎正常」。

每個人心中的「正常」定義都不一樣。身為挨過好幾次手術的人，我很清楚：就算醫師保證開完刀以後很快就能恢復「正常」，最好還是先問問醫師本人怎麼定義「正常」。我敢說，一顆被切下來的腦袋不管怎麼樣都不可能正常。手術結果只代表猴子能咬、能嚼、能吞、眼珠子能動，腦電圖也呈現「清醒」的典型模式，殊不知這隻猴子必須持續灌藥，且不時以機器輔助呼吸，以免窒息。這隻「整體來說幾乎正常」的猴子再也不可能動手剝香蕉，或在林間盪來晃去。

有了這些前車之鑑，應該不會有人考慮動「項上人頭」的腦筋吧？結果還真有人打了這個主意：二〇一七年，義大利醫師賽吉歐．卡納維洛（Sergio Canavero）和中國同事任曉平宣布，他們計畫執行「人類頭部移植手術」——將一顆取自剛過世之人的新鮮腦袋，移植到一副因腦傷死亡的軀體上。[17]兩位醫師表示，拜近年免疫療法和深低溫技術進展之賜（前者能預防人體排斥新腦袋，後者有助延長腦部保存時間，等待接上新軀幹），應能使成功機率大為提高。他們打算先夾住頸部動靜脈再切斷，接著截斷脊髓和第四至第六頸椎的所有脊神經，然後在體外循環機和低溫環境下（約攝氏二十八．九度）重新接上前述所有神經和血管。

誰會想當這種恐怖手術的白老鼠？兩位醫師相信，他們一定會在許多重症病患中找到志願者。確實不無可能。兩人計畫在中國實行手術，因為美國和歐洲醫療機構都不允許執行這類手術。但他們可不是「瘋狂科學家」。在兩人發表於《國際外科神經學》（*Surgical Neurology International*）的某篇論文中，卡納維洛表示：「西方的生物倫理學家必須停止踐踏這個世界了。」

就算不考慮純粹的倫理問題，其實還有不少理由顯示這項手術計畫可能不會太樂觀：這項手術不僅還未在較低等的動物身上縝密測試並確實成功過，手術成本亦粗估達一億美元，另外還有受試者幾乎注定會在術後立刻死亡、且死前可能承受極大痛苦等種種問題。若這些全部撇開不談，不妨再想想身心連結這個至高無上的重要機制吧——就算手術在生理層面成功了，誰知道它會對受試者的心理、核心情緒和情緒幸福感造成什麼樣的影響？

卡納維洛和任曉平也看到這些問題了。於是他們檢視另一件移植案例，認為病人「身體意識」和「實質肉體」整合不良是手術失敗的主因。「我們發現，要把別人的身體當成自己的身體，這需要極大的心理彈性（psychological resilience）。」兩人寫道。不過，他們檢討的是一件**手部**移植案例。

《美國神經科學生物倫理》（*American Journal of Bioethics Neuroscience*）編輯保羅・沃爾普（Paul Root Wolpe）表示：「我們的大腦無時無刻都在監測、回應和適應我們的身體。一副全新軀體的所有新數據可能讓大腦進入大規模重整狀態，並且慢慢改變大腦的基本性質和聯絡方式，也就是科學家所說的腦連結體。各位的腦子若是連上一副新身體，這顆腦子極有可能不再會是原本長在您頭上的那一顆了。」[18]其實，批評這項實驗的人也預測，接受頭部移植的人可能會陷入身心失調狀態，重者可能「發狂或死亡」。不用說，身體需要大腦才能運作協調，同樣的，大腦不只需要充滿氧氣的新鮮血液——大腦也需要它的身體。不論手術本身多成功、技術多先進，只要腦子連上一副它不習慣的軀體，就有可能導致個體死亡。這或許正是身心連結極為緊密且重要的明顯標誌吧。

大腦是一部預測儀

人類從單細胞生物一路演化蛻變，並且在某段時間大幅（但非完全）放棄反射這套方法，轉而培養為特定環境設計估算、量身訂製反應程序的嶄新能力。我們之所以能執行這類訂製反應，是因為我們有大腦，而大腦能預測特定情境再加上行動參與所產生的後果。

「驚訝」這種情緒恰可證明大腦總是持續不斷地在預測未來。[19]每個人都有一套既定的知識和信仰，讓潛意識腦能持續分析當下的形勢資訊，擬好接下來的計畫。然而，當你碰上「不符大腦預測」的事件時，就會喚起驚訝這種情緒。驚訝會傳送訊號給潛意識，告知其擬定的「基礎模式」（schema）可能有誤、需要修正，也會打斷意識腦的解析程序，將注意力轉移至意外事件上，因為這種「出乎意料」的遭遇可能對個體構成威脅。

我在這裡提到的「預測未來」，跟各位預測股市波動、或哪位眾議員會因為濫用競選資金而遭起訴的意思不太一樣。我說的比較像是「我聽見灌木叢裡有沙沙的聲音。上一次我聽見灌木叢傳出這種聲音之後，有一頭熊跑出來、還想吃了我，所以我還是先逃吧。」又或者是「我看見地上長了一朵菇。我吃過這種菇，結果肚子痛得要死；所以這回我最好還是別吃了。」這類情境。

這些規模不大、時序更近、且以個人經驗為主的預測（關注或擔心身邊下一秒會出什麼事）不僅是生存關鍵，也是人在老化過程中最後才會失去的幾種能力之一。比方說，在我寫書的當下，高齡九十八歲的母親已經相當程度喪失推理能力了。於是每次出門的時候，她不會事先想到傍晚可能變冷，也不會要求旁人帶上外套，但她對當下的情況還是有正常反應，因此只要天氣一開始變冷，她會馬上叫我去拿外套給她穿。又或者，如果我不小心把她的咖啡杯或茶杯放得太靠近桌緣，她會焦躁地叫我把杯子放好，以免打翻。

在我們活著的每一刻，大腦隨時都在做這些即時預測，讓你準備好在必要時刻採取行動；而進行這些預測估算的關鍵依據之一就是核心情緒。**感覺**能提供大腦來自周遭環境的資訊，至於身體狀態的相關數據則來自**核心情緒**。

儘管核心情緒的影響力十分強大，令人訝異的是，我們竟然不常意識到它的存在。在我們分心或專注於某事的時候，可能有好一會兒不會察覺身體冷、肚子餓、或因為感冒而精神不振。因此，建立核心情緒的意識感，讓自己有能力即時補救修正，這對管控思考與感受來說是非常重要的。你我都會依直覺行動，藉由身體動作來調整心理狀態：我們會用美食佳釀慰勞自己，會在下場比賽或騎上飛輪時聽音樂為自己打氣，甚至還會在比賽或上課結束後去跑個步，創造或延續那股滿足、放鬆的感覺。一旦理解核心情緒的重要性，學會怎麼利用核心情緒的「溫度」覺知自己的身體狀態，我們就能更有意識、更主動且積極地調整及轉化核心情緒，明白它會對感受和行為造成哪些效應。

核心情緒的潛在影響力

我們活在科技社會裡。科技社會要求我們必須為生活的各個層面做出複雜決定，包括人際關係、工作、投資、選舉、醫療保健及其他種種超出當下時空範圍的社經抉擇。核心情緒會影響我們對這些事物的預測和決定，然而核心情緒卻是從悠長遠久的原始生活演化而來的。演化進程緩慢，所以適用於五十萬年前的解方未必是五百年前或此刻的最佳解決辦法；因為如此，核心情緒在現代生活中不一定總是能帶來好影響。

就拿卡馬・阿巴西的例子來說吧。在牢裡待了五年之後，他終於有機會來到假釋委員們面前：阿巴西因為上網購買可製成強力爆炸物的化學原料而遭起訴判刑，不巧那個網站剛好是警方臥底釣魚用的假網站。時年十九歲的阿巴西無意策畫恐怖行動，但他誤交損友——友人利用他家電腦上網買化學品，還說謊騙他、掩飾購買用途。可惜陪審團在簡短庭審中並不相信阿巴西的說詞，判他有罪。五年後，身為模範受刑人的阿巴西決定申請提前假釋。

來到假釋委員會的受刑人三教九流都有。有人只是輕罪，也有窮凶惡極的殺人犯。負責聽證的假釋委員只有兩種選擇：一是根據受刑人服刑期間的表現，預測受刑人將來也會表現良好行為而接受申請、還其自由；二是否決請求。

阿巴西在聽證時並未重述當年「被朋友耍了」的說詞。他被判有罪是既成事實，不可能改變，因此，他把重點擺在「強調自己是模範受刑人」：服刑期間，他沒惹過一次麻煩；他自願參加社區服務，還報名網路大學課程，而且他被判刑時，原本就已經要把女朋友、也是他的青梅竹馬娶進門了。

阿巴西盼這一天盼了五年。他天天盼望，認真工作，把他對未來的所有希望全都放在這一刻：他能不能拋開過去的愚蠢，打造美好人生，似乎就取決於午餐前這短短的十一分鐘。聽證結束，結果揭曉——阿巴西垮了。申請否絕。

阿巴西痛苦不堪，萬般折磨，後悔自己有些話該說卻沒說、有些事該做卻沒做。他怎麼可能說服這些已經對他有成見的人呢？

但阿巴西有所不知：這場假釋聽證最後成功與否，幾乎並非取決於他過去五年的服刑表現，而是跟另一項看起來毫不相干的因素有關——聽證的時間點。由於阿巴西是那天早上的最後一件審理案，使他獲得假釋的機率幾乎等於零。

這個說法雖教人震驚，卻是不爭的事實。假釋官每天都要裁決數十件申請案，他們不僅左右每一位申請人的命運，他們的決定也將影響那些可能因為受刑人重獲自由而受其影響的每一個人。否決假釋不需要解釋太多，但核准需要正當性，而且相當耗神費勁：假釋官必須認真考慮、決定是否接受矯正單位提供的證據，在心證上也得確信受刑人獲釋後不會做出傷天害理之事；若是做了錯誤決定，代價可能是一條人命或其他暴力罪行。審理會議剛開始的時候（或每一次短暫休息後），假釋官大多精神抖擻地進行聽證程序；隨著時間一分一秒過去，他們一次又一次在核准與否決之間做決定。這種審理案件的規律步調一點一滴損耗他們的精力，是以每到午餐前的咖啡點心時間、或者一天即將結束的時候，假釋官多半已又餓又疲憊——這時，他們的負向生理狀態就會對他們的決定造成深遠影響。

這種影響造成的後果令人難受。不久前，研究人員蒐集了某八位假釋官審理的一千一百一十二件申請案；這幾位聽證假釋官的平均資歷是二十二．五年。[20]研究人員發現，假釋官核准的申請案平均有六成是當天、或點心時間後、或午餐結束後的第一件案子。不過，就如同次頁圖表所顯示的，假釋核准的機率會一件一件穩定下滑，所以下一次休息前的最後幾件案子幾乎沒有通過的可能。

核心情緒會反映我們的身體狀態。因此，當我們越來越餓、越來越累的時候，核心情緒也會漸趨負向，進而影響做決定的心情；我們會越來越多疑、批判和悲觀，但一般人通常不會意識到這種變化。聽證假釋官在向研究人員說明決策理由的時候，每個人都能針對每一樁案件提出合理說明；只不過，他們沒有一個發現、或意識到核心情緒的影響，未曾察覺核心情緒讓他們在做決定時有什麼感受、導致他們做了哪些決定。對於這些來到假釋委員面前的受刑人來說，假釋官的抉擇幾乎可說是能改變他們一生的決定；但由於我們對核心情緒影響假釋聽證決策的了解實在太少，所以這套不公正的制度仍會繼續施行。

學者也在許多不同情境中發現類似的效應。譬如在一項以兩百位醫師、以及他們診治的兩萬一千名病人為對象的調查研究中，研究人員剖析醫師開立抗生素的決策過程。雖然抗生素對病毒無效，但不少感染病毒的病人也會要求醫師開立抗生素；對於這類病例，醫師照理說應該拒絕其要求，但拒絕實在耗神，因此研究人員發現，每天剛開門看診的時候，對於這種不需要卻想吃抗生素的病人，醫師妥協的比例是每四人中有一人拿到處方箋。這個比例會緩慢且穩定上升，等到當日門診結束的時候，竟變成每三人就有一人成功取得抗生素。[21]醫師在正式執業前都接受過多年的高壓高強度訓練；但即便如

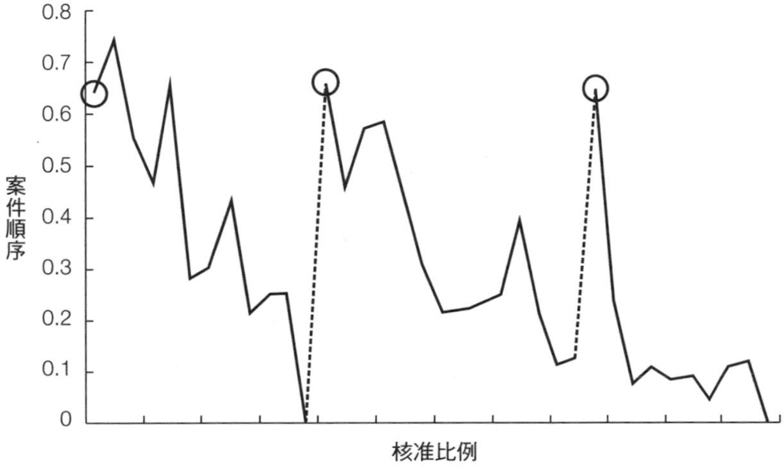

案件順序與裁決有利受刑人的比例。圓圈代表每三項裁決中的第一次決定，x軸刻度為每三件一級（0.1），虛線代表休息時間。[22]

此，除了客觀事實，他們做決定的時候也還是會受到疲憊影響，跟假釋官一樣。

疲憊的影響力似乎就連大把鈔票也敵不過。有項研究以幾家大企業每季的法說會為調查對象。法說會是上市公司管理階層的公開說明會，邀請分析師、投資人和媒體齊聚一堂，討論該公司前一季的財務報告。研究人員發現，在法說會當天，會議冗長緩慢的推進方式會使分析師與投資人的情緒越來越朝負向傾斜，會後座談的負面效應甚至會直接反映在當日股價上。[23]

正如同前面提到的燈草鵐實驗，

人類的行為和決定也會因為肚子餓而受影響。譬如在吵架的時候，血糖過低（負向核心情緒）會使人變得更暴躁，更容易口出惡言；[24]就連發臭的食物也能使人心情不好。有個實驗要求受試者先喝一杯又苦又難下嚥的飲料再接受評估，結果這群人的應答態度比沒喝苦飲料的對照組更挑釁、更有敵意。[25]

在動物演化的過程中，大多仰賴核心情緒主導抉擇，所以核心情緒也是確保個體能適當運作、發揮功能、戰勝環境挑戰的重要機制。今日的生活環境相對安全，但核心情緒依然是我們意識身體狀態、照料身體需求的重要依據：當我們精神不濟或身體不舒服時，核心情緒引導我們休息，避開過熱或過冷的環境，設法解渴或填飽肚子。然而就像前面幾個例子所顯示的，負向核心情緒也會產生一些不好的連帶效應。早上你違規停車吃了一張罰單，下午搞丟信用卡，晚上你試著不去想早上和下午有多倒霉，卻又開始鬧頭疼，這一連串事件使你的核心情緒直直落——結果就在這時候，岳母打電話來，表示下週想來家裡看看。在你考慮是否答應她的同時，極可能會過度解讀她的來意——她可能會嫌你胖、或是數落你應該把家裡重新粉刷一遍——因而錯估她原本的好意和關心。

我家幾年前發生過一場火災。在重新整修的那六個月裡，我們只能暫居一間彆腳小公寓；不僅床不舒服，少數沒被燒掉的家當亦大多不在身邊。正值青春少女期的女兒奧莉薇雅照例問我能不能做這做那，我提醒自己，要盡可能留意核心情緒的影響力：因為家被燒掉、眼下又住得極不舒服，這種負向情緒可能會影響我的容忍度和包容力，導致我不准她去參加一些我以前都會答應的活動。我是科學家，我想找出一套能驗證這種懷疑的辦法，於是就在次月準備報稅的時候，我找到了，而且還是一套「定量」方法：看著半年來拿到的租屋補助，我發現實領金額比原本預期的要少了很多；雖然這場火災並未使我的財務出現大問題（該付的保險公司幾乎都付了），但我的核心情緒還是因此低迷了好長一段時間。

我的觀察不能算是條件控制得當的客觀實驗，但確實促使我開始思考：就算我們從未經歷失火、離婚或死亡等重大生活危機，但若能明白人與人交流、以及你我所做的每一項決定都會受到核心情緒影響，並時時謹記在心，多少還是有好處的。不僅如此，不論是我們自己、或與我們互動的他人，通常都不會察覺核心情緒的影響，因此控制核心情緒的最佳辦法就是密切留意，辨識冷熱、疲累、飢餓或受傷等感覺對自己（以及他人）會造成何種程度的衝擊與影響。一旦有了自覺，你就會有意識地避開和假釋官類似的處境，避免讓自己做出不好的決定、或與他人產生不良互動。

我們的意識經驗並非由大腦獨立產生，當下的身體狀態、以及我們回應身體狀態的方式都是重要參考依據。核心情緒串起精神（心智）與身體狀態，它不僅是建構情緒的砌石，也形塑了我們感知外在世界的基礎經驗。核心情緒遠遠超出柏拉圖對心智理性的理解，也是人性的終極表現。下一章，我們要言歸正傳，檢視情緒與理智的交互作用，了解情緒如何引導思考和判斷。

第二部

情緒的力量：愉悅，動機，靈感，決心

第四章
情緒如何引導思考

保羅．狄拉克（Paul Dirac）是二十世紀最偉大的物理學家之一，他不僅開創量子力學，也是反粒子理論等領域的研究先鋒。身為量子力學先驅，狄拉克毫無疑問是形塑現代世界的關鍵要角，舉凡主宰當前社會的電子學、電腦、通訊及網路科技，無不以他的理論為基礎。狄拉克在邏輯與理性思考方面的天賦，使他躋身百年來最偉大思想家之列；然而，年輕時的他在與旁人交流時幾乎沒有情緒、極度缺乏親和力，這點也同樣異於常人。他直言自己對其他人、甚至對「人」的感受毫無興趣。「我從小就不懂喜歡或愛為何物。」狄拉克對朋友如此表示。即使長大成人，他亦不尋索這類情感；「我的人生主要關注事實，而非感受。」他說。

狄拉克一九〇二年生於英國布里斯托，[1]母親是英國人，父親是瑞士人、也是一名以壞脾氣著稱的學校老師。狄拉克和他的手足、母親成天被父親言語霸凌，他父親甚至堅持三個孩子必須以他的母語「法語」和他交談，不准說英語。狄拉克一家總是分開用餐：父親和狄拉克在餐室，說法語；母親和另外兩名手足在廚房，講英語。狄拉克法語說得不流利，每次犯錯必遭父親責罰；於是他很快就學會盡可能少開口，這種沉默寡言的性格一直延續到青年時期。

儘管狄拉克學術天分極高，但這份天賦在處理日常瑣事和挑戰方面幾乎派不上用場。人類演化至今並非單靠理智思維行事，而是在情緒的引導及啟發之下進行理性思考；但狄拉克身上僅有冰冷的智力活動，嚴重缺乏喜悅、希望與愛。一九三四年九月，狄拉克造訪普林斯頓高等研究院（Institute for Advanced Study）。到訪那天，他信步走進一家名為「巴爾的摩午餐館」的餐廳用餐，在那兒遇見了匈牙利籍、同為物理學家的尤金．維格納（Eugene Wigner）。與尤金同桌的還有一名正在抽菸、打扮入時的女子——她是維格納的妹妹瑪姬。瑪姬剛離婚，帶著兩個年幼的孩子，她個性活潑，對科學一竅不通。多年後，瑪姬回憶道，當年的狄拉克骨瘦如柴，失魂落魄，看起來有點悲傷又焦慮脆弱，令她有些不捨，於是她請哥哥邀狄拉克一道用餐。

瑪姬可謂狄拉克的「反粒子」——她是個性情中人，健談、浮躁，有些附庸風雅；反觀他則安靜、客觀，慎思熟慮。不過在那日午餐之後，狄拉克與瑪姬不時相約晚餐，兩人的友情即隨著多次「冰淇淋蘇打與龍蝦美饌之約而日益深刻」（狄拉克的自傳作者葛拉漢．法梅洛〔Graham Farmelo〕如此寫道）。數月之後，瑪姬返回布達佩斯，狄拉克也回到倫敦。

回國之後，瑪姬每隔幾天就寫信給狄拉克。一封封長信滿是各種新聞消息、流言八卦，但最多的還是心情絮語。狄拉克大概幾週才回信一次，寥寥數語。「恐怕我不像您這麼會寫信。」他寫道。「或許是我的感受過於貧乏之故吧。」

兩人的溝通不良令瑪姬倍感挫折，狄拉克卻不明白她因何苦惱。他倆繼續維持柏拉圖式的關係，書信往返、偶爾見面，彼此的羈絆也越來越深。某次從布達佩斯拜訪瑪姬回來以後，狄拉克寫道：「那天離開妳以後，我覺得很難過，此刻也仍然非常想念妳。我不明白自己怎麼會這樣。通常我跟別人分開以後，不太會想念對方。」在那之後不久，兩人於一九三七年一月結為連理，狄拉克也領養瑪姬的兩個孩子。狄拉克在婚姻生活中體會到他曾以為不可能擁有的幸福快樂。狄拉克一家和樂融融，直到一九八四年狄拉克過世；那時，他和瑪姬的十五周年結婚紀念日才剛過不久。

狄拉克在某封信上寫道：「瑪姬，我親愛的，妳是我最心愛的人。妳把我的人生變得十分美好，使我更像個人。」狄拉克對瑪姬的情感喚醒了他的心。早年，無法觸及情感的他頂多只是「半個人」，然而在找到瑪姬、找回他自己的情感以後，他看世界的眼光不同了，跟其他人的互動方式改變了，也為自己的人生做了不一樣的決定。據同事所言，狄拉克簡直變了一個人。[2]

一旦找回情緒，狄拉克開始喜歡與人作伴，而且——就本書討論的主題而言，最最重要的是，他也察覺情緒對他的專業思考是有好處的。這是狄拉克在精神層次的重要頓悟。往後數十年間，曾有許多舉世聞名的物理學家向這位大師請益，請教他物理研究的成功祕訣。狄拉克怎麼回答？法梅洛那本厚達四百三十八頁的狄拉克傳記便是以這段問答劃下句點。法梅洛寫道，狄拉克建議後生晚輩：「最重要的是：聽從你的情感。」[3]

狄拉克這話是什麼意思？冷冰冰的理論物理邏輯何以受惠於情感？在人類所從事的各行各業中，若要一般人選出他們認為最不需要摻雜情緒的工作，理論物理想必名列前茅。邏輯與精確無疑是在這個領域成功發展的必要條件，但情感扮演的角色同等重要。

若是擁有高超的邏輯分析技巧便足以成功駕馭物理學，那麼物理系應該只需要電腦，用不上物理學家。各位或許以為，物理學不過就是一堆「A＋B＝C」的方程式，然而在做研究的時候，物理學家經常會碰上「A＋B」可能等於C、也可能等於D或E的情形，端賴他們選擇哪一種假設、或如何取近似值而定。其實就連該不該探討「A＋B」本身也是個選擇題——也許該換成「A＋C」，或試試「A＋D」。又或者根本應該放棄這套辦法，另覓其他更簡單的研究方式。

我在第二章提過，人類思維的根本基礎受制於固定腳本，情緒則是更有彈性、能應付各種新處境的後起之秀——這套觀念同樣適用於物理學：情緒能引導你根據一些記載了目的和經驗的意識及潛意識思考過程（你可能從未察覺這些是怎麼記錄下來的），選擇用哪一條數學路徑來探討問題。就像古時候的探險家大多憑藉知識結合直覺尋路、橫越曠野，物理學家不僅仰賴數學理論，也依從感覺：偉大的探險家在決定繼續推進時，通常拿不出像樣的理由支持他的選擇，而物理學想必偶爾也會受到一些「非理性」衝動的刺激，繼續跟那些艱澀的數學計算周旋到底。

如果最精確、將分析算計發揮到極致的思考活動都需要情緒調和，方能成功，那麼，若說你我的日常思考與決定也同樣深受情緒影響，想來就不令人意外了。在我們的一生中，鮮少有清晰明確的途徑或行動可供選擇，我們多半根據種種複雜的環境條件、事實、風險、可能性和不完整的資訊做出抉擇。我們的大腦會處理、分析這些數據資料，算出心智與身體的應對方式。正如同我父親那晚在鐵絲圍籬前猶豫是否該加入同伴，大多數人在做決定時，也會相當程度受到情緒影響、做出很難單憑邏輯解釋的結論。接下來，我們會讀到情緒對心智解析的重要影響——其影響有好（如狄拉克的例子）有壞（請見下一則故事）——，明白箇中含意。

情緒與思考

二十一歲的喬丹・卡德亞傷心欲絕，因為女朋友不要他了。[4]面對這種情況，有的人會誓言改變、或者送花給女友以挽回芳心，但卡德亞在一番腦力激盪後，卻想出一套異於常人的做法——這個做法讓人不得不認為，卡德亞的女友鐵定是因為這個理由才離開他的。卡德亞認為，如果前女友發現他受傷住院，她應該就會回到他身邊，但這個傷可不能只是個小小的皮肉傷。

他得令她痛苦揪心才行，所以他決定讓她以為他被人所傷。卡德亞的計畫關鍵是「同情」，不過，一般人對受虐動物產生的同情之心，大概跟卡德亞希望女友對他再次萌生的浪漫情懷有所不同吧。

卡德亞自編自導了一齣戲。他計畫商請熟人（麥可．維茲克）對他開槍，前胸或後背都行。他給了維茲克一筆錢和一些毒品作為報酬。此外，他還請另一位朋友（安東尼．伍鐸）在事發之後打電話給他前女友，告知她他遭人襲擊。

然而就在計畫執行的當下，好幾件事出了差錯：首先，維茲克拒絕瞄準他的身體，只對他的手臂開了一槍，然後就不願再開槍了。其次是警方不買帳，於是卡德亞以妨害公務為由遭起訴，維茲克和伍鐸則是因結夥使用槍枝並意外走火，列為重罪。第三──可能也是最糟糕的一點──卡德亞的前女友似乎完全不在意：她不僅沒去醫院看他，也沒有打電話問候他。顯然，她並不認為卡德亞手臂上的彈孔足以彌補兩人的關係。

承辦檢察官表示：「這無疑是我見過最笨的案子。沒有之一。」辯方律師的意見是：「極度愚蠢。」[5]事發之後，卡德亞本人應該也會同意吧：他在策畫這一切的時候，並不覺得這麼做有多不明智，然而這正是情緒影響思考的明證。卡德亞強烈的愛意促使他做出「不計任何代價也要贏回女友芳心」的決定，然而這份浪漫情懷卻使他想偏了，導致他在籌畫時完全沒考慮到常識問題。

「情緒也是心智功能的一環，它能讓大腦處於特定的運作模式，有助調整目標、引導注意方向，在個體進行思考算計時一併修改各項參考因素的權重比例。」神經科學家拉夫．阿朵夫如此表示。阿朵夫還說，就算你以為自己不帶感情地進行邏輯運算，事實亦非如此。每個人在每個當下的思維架構皆高度受到個體當時的感受影響，有時不易察覺、有時則否，但我們通常不會意識到情緒的影響力。

「想想iPhone吧。」阿朵夫說。在正常運作模式下，你的手機總是隨時準備好服侍你，最貼切的說法就是它「無時無刻不在工作」：隨時都在等你喊「嗨，Siri」，時不時檢查並下載新郵件，或下載手機應用程式更新檔（即使你目前可能用不到這些功能）。若切換至低耗電模式，手機的執行優先順序就變了：保存電力是第一要務，所以前述那些動作不是降低執行頻率就是全部暫停。手機本身仍會持續進行邏輯運算，但執行的程式有所不同。

儘管人腦比智慧手機複雜太多，但它就像智慧手機一樣，儼然是個負責執行運算的生理系統。[6]大腦步步進化，能算出哪些行動最有利於促進個體健康、防止過早死亡或提高成功繁殖的可能性。人腦也跟智慧手機一樣，安裝多套具特定功能的程式，且每一套程式都是為了解決某個問題而量身訂做的：有些程式負責實際事務，譬如覓食、擇偶、臉部辨識、睡眠管理、體力分配和生理反應等；另一些則與認知有關，像是學習、記憶、目標選擇及優先順序、行為準則和評估可能性等等。

誠如iPhone會在低耗電模式調整程式設定，大腦也有多種執行模式，每個模式都有不同的特色。情緒是一套心智運作模式，也是有功能的背景程式，它能依個體所在的處境類別，以微調方式指揮、協調大腦同時執行的多套程式，避免程式衝突。

有一回，我和八歲的尼可萊前往南加州一處廣袤荒漠中的丘陵健行。走著走著，時間有點晚了，我腦中盤算著要去哪兒吃晚餐，一回過神才發現前方不是稍早上山時走的那條路。每個方向看起來都一樣，但每個方向都看不了多遠，因為視線被鄰近的山丘擋住了。附近除了我倆沒有別人。我們沒有水、還迷了路，氣溫驟降並且很快就要天黑了。我突然覺得害怕，飢餓感頓時消失——我並非無視自己肚子餓，而是那種感覺沒了。當你處於恐懼時，你的感官會進入緊張狀態，其他如飢餓等可能使你分心的感覺則會被抑制下來。

我設法冷靜，至少讓自己能思考接下來該怎麼辦。雖然我不認得半個地標，也不記得剛才走哪條路上來，但我直覺應該往某個方向走。於是我們循路前進。結果找選對了。心智就是這麼運作的：你的感覺將環境資訊輸入大腦，你的記憶負責提供過往經驗，你的知識庫和信念讓你對世界如何運作有一套基本看法。當你面臨威脅、挑戰或待解難題時，你會運用前述所有資源來計算該如何反應。有些計算發生在意識層面，有些則否，因為我們的心智能以多種不同方式運算：譬如此刻你要把注意力集中在哪一點上？你要如何權衡、分配某項可能行動所需耗費的成本及效益？你在意、關注風險的程度為何？你如何解讀模稜兩可的資訊和參考依據？這些解析、處理程序無不需要情緒的指示和引導。

喬丹・卡德亞的「失戀」心理狀態導致他嚴重失算。但持平而論，不管是愛或恐懼也好，厭惡、驕傲或其他情緒也罷，在過去悠長的數萬年時光中，我們的情緒狀態總是以某種能增強應付現實能力的方式，一次又一次調整大腦針對各種難題所給出的答案。

情緒的引導地位

獨自走在黑暗無人的夜路上，你覺得後方遠處似乎閃過一道黑影——難不成被搶匪盯上了？這時，你的大腦會立刻進入「恐懼」處理模式：對於周遭一些平時可能聽不到、或者不會留意的窸窸窣窣或碎裂聲響，你會突然聽得非常清楚。大腦的規畫目標轉移至當下，優先順序亦隨之改變；原本的飢餓感不見了，頭痛也被壓下來，你稍後要聆聽且期盼已久的那場音樂會，瞬間變得不再重要。

我們已經在第一章讀到，焦慮會導致悲觀認知偏誤；焦慮的大腦在解析意義模糊的資訊時，會傾向選擇悲觀的解讀版本。恐懼與焦慮起因相似。恐懼是因應「當下明確發生的威脅」而產生的反應，焦慮則是由「預測未來可能發生危險」所觸發，可想而知，恐懼也會像焦慮一樣影響心智計算：大腦解讀感官輸入的資訊，然後把稍高於正常狀態的危機感調到最高。於是，走在夜路上的你開始懷疑，方才那個窸窸窣窣的聲響是不是腳步聲？是不是從後面傳來的？這些懷疑會漸漸主宰你的思緒。

在一項闡述「恐懼」的案例中，研究人員先讓受試者（實驗組）看一張「刀傷致死」的恐怖照片，[7]再請他們評估發生暴力行為、天然災害等多種事件的可能性。與未被挑起恐懼感的對照組相比，實驗組認為這類不幸事件發生的可能性明顯偏高；而且不光是與恐怖照片有關的案件（譬如殺人），也包括龍捲風、洪水等不相干的事件。恐怖照片會從根本層次影響受試者的心智計算，讓他們更廣泛地謹慎防範環境威脅。

好，現在假設你是個孔武有力、受過防衛訓練的人吧。這時，剛才那個走在你後面、被你聽見動靜的人從暗處跳出來，要你交出皮夾——這一刻，你體驗到的憤怒情緒可能更甚於恐懼。演化心理學家告訴我們，憤怒是為了「討價還價、解決利益衝突，做出有利於憤怒方的決定」而演化來的；[8]故生氣時，大腦會放大我們判定自身福祉與目標的重要程度，並以他人的利益福祉為代價。事實上，各位不妨拿自己做個有趣也頗具啟發性的小實驗，用「離開現場」這顆萬靈丹來處理憤怒，效果屢試不爽。切斷與事件的連結，給自己一點時間，讓憤怒消褪，然後再把問題或衝突重新想過一遍；這時你會發現，你權衡爭議的比重變了，說不定更能理解和容忍其他人的觀點。

人類終日生活在小社群裡，時時刻刻忙著應付合作或對立的人際交流。在這種演化脈絡下，個體憤怒能刺激他人產生「安撫」反應。若以老祖宗為例，引發憤怒的潛在威脅多半跟「挑釁」、「攻擊」脫不了干係：身強體壯者總是能打贏弱小、獲取更多利益，因此他們身上明白貼著「威脅」的標籤，而各位大概也能猜到，體型強壯的老祖宗比身材瘦小的老祖宗更愛生氣。果不其然。研究顯示，這套法則至今依然適用。不過憤怒—挑釁的連結在女性身上較不明顯，因為女性通常不太喜歡打鬥。

每一種情緒都代表一種特定的思考模式，能因應個體的判斷及推理提出相對應的調整建議。想像一下：假設你對某人懷抱著浪漫情愫，但對方出乎意料地十分冷淡，對你不理不睬。試問對方是真心拒絕你，還是因為其他與你無關的因素而表現這種行為（譬如他碰巧正為別人心煩）？你對這種情況的理解會受到不同情緒狀態、不同解讀方式影響。假如你心情焦慮，那麼在遇到這種狀況不明的意外時，你會傾向選擇比較惱怒、不開心的版本，說不定還會猜想是不是自己做錯了什麼事，比如上次你們在一起的時候，你是不是說了什麼不得體的話、是不是該做什麼事卻忘了做？焦慮跟其他所有情緒一樣，一旦走偏失控即可能引發問題，讓擔憂徹底凌駕理智。但焦慮也不是沒有好處。有時候，負面解讀反而有可能是正確的；若不是焦慮促使你反省、回想自己可能做錯什麼才造成問題，你極有可能不會注意到這件事，因而錯失彌補的機會。

情緒影響心智計算最鮮明的例證之一，大概要屬一九九〇年代早期、發生在蒙大拿州博茲曼市附近的狩獵悲劇吧。[9]兩名三十多歲的男子徒步越過密林中的一條廢棄產業道路，邊走邊聊獵熊的事；兩人從早上出發到現在還沒撞見半頭熊。

最後兩人決定打道回府。當時接近午夜，漆黑無月；他倆筋疲力竭、神經緊繃而且也很害怕。雖然他們還是希望能獵到熊，但天色這麼晚又這麼黑，他們也怕真的遇到熊。兩人才繞過彎，就看見二十五呎開外有個龐然大物一邊動、一邊發出聲音。他倆害怕又激動，這一刻，兩人血液中的腎上腺素和其他壓力荷爾蒙（皮質醇）大概一舉飆破最高值了吧。

感官察覺到的景象與聲音跟意識接收到的版本並不相同。感官輸入的訊號先進入大腦負責接收訊息的區域，經過層層分析解讀，然後才被我們意識到。這個解析過程會受到已存在的知識、信念看法、期望以及情緒所影響；因此，若不是兩人當時正處於驚慌焦急的狀態，且滿腦子都是熊，他們說不定會將遠處的聲響和動作往好的方面想。可是，在那個命定的夜晚，兩名男子得出的結論是他們「遇到熊了」，於是雙雙舉槍射擊。

為了避開可疑危險，兩名獵人的心智運作已先一步受到恐懼影響，結果大錯特錯：那頭「熊」其實是一頂黃色帳篷，裡頭有一男一女。對熊的恐懼無疑曾經拯救數不清的男男女女，使其免遭攻擊致死；這一回卻不是這樣——帳篷之所以「一邊動、一邊發出聲音」，是因為這對愛侶正在做愛。其中一枚子彈擊中女子，致其死亡；打中她的年輕人則以過失殺人遭起訴，兩年後自殺。

陪審團無法理解他們怎會把晃動的帳篷看成熊？即使天色再黑也不致如此呀。但陪審團成員在審判當時既不害怕、也不激動。我們對這個世界的解讀和選項全部透過心智計算而來。情緒則是演化來協助心智運作、針對個體認知的特定情境進行微調，這套系統已經發展超過數百萬年了。大多數時候，這套系統運作得可謂相當不錯，但即便是人類老祖宗還在非洲莽原生活的時代，這套系統想必也不是萬無一失的。一旦出了差錯，情緒造成的負面效應簡直可用大災難來形容。

社交情緒

沒有一種動物是停滯不變的。隨著時間推移，人類老祖宗越來越社會化，彼此的連結越來越緊密，情緒也隨之演化得越來越適應這方面的需求。為了因應忠誠、誠實、互助互惠等人際互動與社會規範，我們的情緒目錄添入更多更複雜的層次類別，[10]而這些就是所謂的「社交情緒」：譬如內疚、羞恥、嫉妒、憤慨、感激、讚賞、同理和白豪等等。

舉例來說，「憤慨」多半發生在察覺某人逾越社會規範之時，而「感激」和「讚賞」則是當他人履行承諾或超越自我時，我們油然而生的情緒。至於「嫉妒」和「羞恥」似乎和人類捍衛自身利益的能力有關，主要是演化來維護生理需求和繁殖潛力的：若男性發現配偶紅杏出牆且人盡皆知，他在同儕間的交配權（或其他主宰領域）極可能遭到挑戰。為了回擊或抵抗這種劣勢，男性會對其競爭對手產生嫉妒和羞恥的情緒。女性受到自身角色的影響（她們必須找到可匹配的男性，助其照顧後代），對於「依戀」、「愛慕」的需求較高。

紐約大學的倫理領導學教授強納森・海德特（Jonathan Haidt）正是研究人類道德推

理與情緒關係的專家。他發表過多篇知名論文，其中有一篇的引用次數超過七千次，名為〈感性的狗，理性的尾巴〉（The Emotional Dog and Its Rational Tail）。我在本章稍早曾經表明，你我看似理性的思維、算計和決定根本無法擺脫情緒糾纏；而且情緒通常都在幕後運作，左右大腦計算的結果。但海德特又更進一步，主張情緒——尤其是社交情緒——是驅動道德推理及其他思維過程最主要的力量。

海德特的研究大多集中於「厭惡」在生活中扮演的角色。研究團隊發現，原本在自然環境中主宰這種情緒的基礎神經網絡，其實早已適應複雜的社會情境了：起初用來保護我們避免誤食發餿食物的情緒機制，在演化過程中逐漸擴大其影響範圍，最後成為社會與道德秩序的守護者；[11]其結果是，今日我們不光是討厭腐敗的食物，也討厭腐敗的人。對於一些令人作嘔的東西，我們會用語言文字和臉部表情傳達排斥之意；而這些文字表情同樣適用於不當的社交行為或人物，放諸四海皆然。

海德特在某研究論文中提到，他和團隊夥伴要求一群自願參與實驗的大學生評估幾種情境是否符合其道德標準。他們讓對照組學生在普通的實驗室裡回答問題，另安排實驗組在「刻意弄得很噁心」的工作室裡作答。海德特假設，受試者對環境萌生的厭惡感會跟讀到的場景設定互相混淆，解讀成社交上的排斥。如果生理上的厭惡當真會影響社交領域（反之亦然），那麼就能支持他「兩種情緒密切相關」的論點。

在海德特的實驗裡，對照組所在的房間非常乾淨整齊，實驗組則完全不同——椅子上擺著骯髒的破椅墊，垃圾桶堆滿油膩的披薩盒和用過的面紙，桌子黏答答、污漬處處，桌上的透明杯底有奶昔乾掉的痕跡，原子筆蓋也被咬得爛爛的。若各位覺得「這不就是典型的學生宿舍嗎」，那麼您肯定能猜到，受試學生的表現出乎海德特意料的好：海德特在論文中坦承，他們想「令學生作嘔」的企圖失敗了——實驗結束後的問卷顯示，那些被分到「噁心環境組」的學生壓根不覺得那房間有多噁心討厭呀。

於是海德特和同事決定用另一套更可靠的辦法挑起厭惡感：臭屁噴霧（這玩意兒竟然能上網買到），即使是大學生也不敢領教。這回實驗成功多了。研究人員先在房裡噴幾下臭屁噴霧，然後請受試者進入房間填寫問卷，詢問他們對「一等親上床或結婚」這類道德議題的態度和看法。海德特等人發現，跟另一組在沒有臭味的房間裡回答問題的學生比起來，這組學生傾向更犀利的道德批判。[12]

儘管有過一次失敗紀錄，海德特後來的實驗大多能成功複製、反覆驗證。比方說，他的另一項實驗顯示，受試者因為喝苦汁而興起的厭惡感，會導致他們對違反道德規範的容忍度明顯下降，[13]反之亦然：一邊思考違反道德規範的問題、一邊喝著難喝飲料的受試者，他們對飲料的厭惡程度會遠遠大於並未同時思考這類問題的對照組。[14]不僅如此，研究員還拍片記錄「是否會得傳染病」與「受試者對身體明顯不健康或年紀大、或單純看起來不太一樣的人（譬如外國人）的負面反應」之間的相關性；[15]結果他們在「孕婦」這一組特別脆弱易感的族群身上，發現相同的作答傾向。

若海德特提出的「社會情緒是道德感的基礎」想法是正確的，那麼，這些情緒對於我們在社會中與他人的互動、共存來說可就非常重要了。正如同大腦的構造與功能多半是藉由研究腦損傷病人來完成的，對於社交情緒如何維持社會良好運作，或許可以透過缺乏這類情緒的人（譬如精神病患），探知一二。二〇一七年，六十四歲的史蒂芬・派鐸克——他過去是會計查帳員，事發當時則是不動產經紀商兼賭徒——住進拉斯維加斯曼德勒海灣度假村三十二樓的親子房，不知情的門房還幫他把裝有武器彈藥的五個行李箱送上樓。十月一日星期天晚上，他朝樓下正在享受音樂會的群眾開了至少一千一百多槍，造成五十八人死亡、八百五十一人輕重傷（包括驚慌踩踏造成的死傷）。經過多年調查，警方至今仍找不出他的行兇動機；而兇手在開槍掃射時，似乎從頭到尾都是一副像在逛雜貨店般的吊兒啷噹態度。

約莫一年後，另一名槍手走進加州千橡城的鄉村酒吧。這間酒吧的常客多為大學生，其中幾位甚至經歷過前面那場拉斯維加斯槍擊案。[16]此案槍手在擊斃十二人後飲彈自盡，但他在行兇期間竟然悠哉游哉地上網發文，差不多就跟我們聽演唱會做的事一樣。他在其中一篇發文中寫道：「好可惜喔，我沒辦法在這件事發生後目睹大家會拿哪些狗屁不通的可悲理由往我嘴裡塞，揣測我為何這麼做。」於是他先提出解釋，而此舉恰恰指出派鐸克的行兇動機：「我這麼做其實不為什麼。」他寫道。「我只是覺得$@#&，人生無趣。既然如此何不大幹一場？」

一般人總說精神病患「瘋了」，但「瘋狂」意味著「不理性」，可是精神病患卻非不理性之人。兩位槍手之所以認為殺人很容易，是因為精神病患缺乏同理、內疚、懊悔、羞恥等社交情緒。於是乎，儘管他們的大腦能做出符合邏輯的完美計算，卻少了情緒指引，所以在精神病患拿槍獵人頭的當下，他們對被害者產生的情感可能比你玩定向飛靶時打中黏土鴿子的感覺還要微弱。

第五版《精神疾病診斷與統計手冊》（*Diagnostic and Statistical Manual of Mental Disorders*）將精神病列在「反社會人格障礙」（Antisocial Personality Disorder）底下，這種疾病似乎與杏仁核異常有關（杏仁核是前額葉皮質的一部分），粗估有百分之〇・〇二到百分之三・三的人身受其害。若以百分之〇・一的比例計算，那麼全美大概有二十五萬名成年人有這個毛病。儘管無差別濫射事件越來越普遍，我們仍得慶幸這種任意殺人的衝動是極為罕見的，就算是精神病患也一樣。可是，缺乏社交情緒經常導致精神病患無視社會規範，做出一些反社會、不道德並具有破壞性的行為。若不是有社交情緒在背後拉著我們，你我大概也會做出類似的事情來；所以演化實在相當有智慧，送了這份大禮給我們。[17]

情緒動力

達爾文及其後百年多來的眾科學家們，似乎比較關注所謂的「基本情緒」；奇怪的是，他們大多無意拓展研究項目，故相較之下，像「沮喪」、「敬畏」、「滿足」或甚至是「愛」這類情緒的相關研究可說是少之又少；此外，他們也把「性興奮」、「口渴」、「飢餓」和「疼痛」歸類為動機或驅動力，而非情緒。不過最近幾年，這種情況似乎有所改變，越來越多科學家開始採納「情緒是一種『功能狀態』」此一觀點。也就是說，情緒的定義不應取決於產生情緒的構造或機制，而應該由情緒展現的功能來決定。

今天，絕大多數的情緒科學家認為，情緒涵蓋的範圍比過去認定的還要廣泛，也承認口渴、飢餓、疼痛、性興奮就算不是典型情緒，也跟情緒有許多相似之處。[18] 比方說，飢餓是一種情緒模式，原本是為了「放大我們重視覓食的程度」演化而來，但飢餓的功能不僅如此，它會普遍放大我們對一般事物的重視程度。不論是實驗室或田間研究皆顯示，生理上的飢餓會增強獲取食物的意圖，也會提高對「非食物」的興趣。[19] 大家都知道，如果在肚子餓的時候去買食物，常常都會買太多；但各位可能沒注意到的是，若是餓著肚子逛百貨公司，我們也會過度消費。

從這點來看，飢餓的效應跟厭惡正好相反：研究顯示，飢餓能驅動「獲取」的意圖，厭惡則促進「拋棄」，不論對象是食物或其他東西都一樣。舉例來說，卡內基美隆大學就做過一項實驗：他們讓受試者看影片，一組看的片段平淡無奇，另一組看的則是電影《猜火車》（*Trainspotting*）主角一頭栽進「滿是屎尿的馬桶」的片段。[20] 看完影片，受試者要把實驗剛開始時拿到的原子筆組賣回給研究人員。對照組出售的平均價格是四．五八美元，看過噁心影片的實驗組則非常樂意賤價賣出，平均售價只有二．七四美元。後來，研究人員詢問受試者做決定的相關細節，「噁心組」成員普遍否認他們受到《猜火車》畫面影響，甚至解釋他們的行動更為理性合宜。

性興奮則是另一種動力，惟目前大多被視為情緒，故科學家也在情緒脈絡下研究它對大腦處理資訊的影響力。[21]譬如，性興奮和恐懼一樣，兩者都會影響感官對「危險」訊號的敏感度；但性興奮的作用與恐懼相反——它不會提高敏感度，而是降低敏感度。故若是聽見家門口有怪聲、時間又是晚上，一般人多會提高警戒；可是，如果出現怪聲的時候你碰巧正在做愛，你大概根本不會意識到這聲音的存在。同樣的，性興奮也會降低你對與性無關的目標的注意力，比如你會對一塊垂涎已久的起司蛋糕失去興趣，或是對防避病原感染掉以輕心等等。

近期還有一項頗具啟發意味的性欲實驗，研究性興奮如何改變男性的心智算計。研究人員讓幾位加大柏克萊分校的年輕學生在勃起或非勃起狀態下回答問題，這些學生是透過校內廣告招募而來的——徵求願意為「科學目的」自慰的男學生，酬勞十美元——結果一來來了好幾十個。他們被隨機分成對照組（一般狀態）和實驗組（性興奮狀態）。對照組同學在家答題即可，實驗組同學則被交代要先看著研究人員提供的色情照片手淫，然後再回答問題。[22]底下這張表取自實驗結果，請注意受試者在性興奮與非興奮狀態下的判斷差異有多大。表中數字為各組分數平均值，評分範圍從零（強烈否定）到一百（強烈贊同）。

問題	一般狀態組	性興奮組
女人的鞋子能讓你興奮嗎？	42	65
流汗的女人性感嗎？	56	72
你喜歡把對方綁起來做嗎？	47	75
如果做愛對象是你討厭的人，你還會享受嗎？	53	77
如果做愛的對象超級胖，你會喜歡嗎？	13	24
你能想像自己跟六十歲的老女人做愛嗎？	7	23

電影情節也經常描述這類研究結果。譬如男性對性伴侶的情感連結、或者受性伴侶吸引的程度會在性興奮時暴增，在高潮後迅速消褪。[23]雖然上述實驗問卷僅提出跟性有關的問題，不過也有一些研究顯示，性興奮的男性在思考其他領域的事務時，其思考過程也會跟一般狀態之下有所不同；比方說，性興奮會使男性變得比較沒有耐性，也會比平時更重視是否能立即得到金錢等方面的獎勵或報酬，且不願延後滿足需求。[24]

那麼性興奮對女性有何影響？從演化角度來看，大自然對女性的期望跟對男性截然不同：雄性動物繁衍成功與否，主要取決於成功受孕的性伴侶數目，性行為只是附帶活動；然而雌性動物卻必須高度投入性行為，方能確保繁殖成功（即受孕）。雌性動物在懷孕期間會消耗大量熱量，還得承受與懷孕明顯相關的健康風險，付出的機會成本極高。雄性動物忙著讓更多雌性動物受孕，雌性動物卻必須放棄後續可能的繁殖機會——不只包括懷孕期間，若是哺乳動物還得把消耗大量精力的哺乳期算進去，時間可能長達數年。因為如此，雌性動物會比雄性動物更謹慎選擇交配對象，比較不容易受性衝動支配。某科學家這麼說道：「色欲和射精行為會深刻影響男性的覺知能力……演化讓男性適應『色欲薰心』的狀態，女性則普遍適應不良。」[25]

不巧的是，關於女性性興奮效應的研究明顯比男性少了許多。有份研究同時以男性、女性為實驗對象，結果發現，與非性興奮組所做的決定相比，處於性興奮狀態的男女都會提高對「不安全性行為」的接受度，而且男性受影響的程度比女性更明顯。[26]還有一項實驗是研究性興奮對女性「厭惡感」的影響。佛洛伊德曾經寫道：「男人會熱情親吻美麗的女孩，卻可能對『用對方的牙刷刷牙』這個想法感到噁心。」[27]在這方面，女性的排斥感比男性更為強烈。

對女性來說，他人的唾液、汗水及體味等在性相關行為中可能都是頗具魅力的元素，但原本都屬於會引發厭惡的強烈誘因。怎麼會這樣？研究人員假設，性興奮會降低「厭惡」這套大腦程式的執行程度，以利求偶。為了驗證假設，他們讓受試女性看普通影片、或是專為女性拍攝的色情影片，再請她們完成一些動作，譬如喝一口杯裡漂著大蟲子的果汁，或是從垃圾桶撿起沾了糞便的衛生紙（受試者不知道蟲子是塑膠玩具，衛生紙上的便便也是假的）。結果不出所料：性興奮受試者認為這些任務的噁心程度，明顯低於只看了普通影片的受試者。

人的一生要面對許多重要抉擇，擇偶無疑是其中之一，而「性興奮」就是演化來用在這個時機的情緒工具。不論男女、不管當事人是否表現出來，在我們和一位頗具性吸引力的對象短暫交流後，任誰都會迅速感受到某種生理反應（譬如，看見漂亮或英俊的臉孔確實會導致血液中皮質酮或睪固酮濃度飆升）。[28]只不過，判斷不佳或決策失誤會使女性付出巨大的演化成本，因此，演化便將女性的情緒機制塑造成「傾向謹慎權衡擇偶選擇」，並且在鼓勵他人追求時，亦明顯擺出「挑剔」的模樣。

喜悅和正向情緒

一九一四年八月，儘管爆發世界大戰，極地探險家歐內斯特・沙克爾頓（Ernest Shackleton）和他的隊員們仍按原定計畫搭乘堅忍號（Endurance）從英國出發，航向南極洲。沙克爾頓心懷壯志，他想跨越南極、一路走到羅斯海（Ross Sea），成為徒步橫越南極大陸的第一人。但一九一五年一月，堅忍號遭浮冰圍困，之後在海上漂流了十個月；後來，木造船身逐漸解體、海水滲入，堅忍號瀕臨沉船，沙克爾頓和隊員們分乘三艘救生艇逃出，在浮冰上紮營。翌年四月，沙克爾頓一行人好不容易來到附近的象島（Elephant Island），以海豹、企鵝和他們的雪橇犬為食，艱困度日。沙克爾頓心知，若繼續待在這座荒島上，他們絕不可能獲救，所以他和另外五名成員爬上二十二呎長的救生艇，在冰寒怒濤中橫渡大海，前往八百英里外的南喬治亞島（South George Island）求援。兩週後，筋疲力竭的六人終於上岸，準備繼續翻山越嶺至島嶼另一端的捕鯨站碰碰運氣。歷史上從來沒有人橫越過這座島，沙克爾頓也自覺希望不大。上路後不久，沙克爾頓寫了以下這段話：

> 我們穿過堆滿嶙峋奇岩的狹窄河口，大浪從兩側撲來……陽光穿破迷霧，洶湧的海水閃耀粼粼波光。在那個燦亮的早晨，我們幾個人異常狼狽卻無比開心，甚至還唱起歌兒來。[29]

這群饑寒交迫、即將展開極可能是自殺任務的傢伙們，當真開心得起來？喜悅在我們的生活裡究竟扮演何種角色？

到目前為止，我所討論的情緒都是個體在受威脅的情況下，為了求存或繁衍而不得不產生的反應。若各位出門在外、身懷鉅款，想必一定會處處小心，財不露白，這種「小心謹慎」乃是「恐懼」此一心理狀態所激發促成的結果。在這種情況下，恐懼是有用的，因為它能降低你被搶的風險；不過，要是你突然贏得大筆現金，當下肯定開心得不得了——這種開心、快樂的心情所為何來？沙克爾頓等人感受到的喜悅如何讓探險隊順利生還？

心理研究人員直到近年才開始探索喜悅、快樂等「正向情緒」的本質。這個類別超越我在前面提到的社交情緒和基本情緒，在心理學文獻中，正向情緒包括自豪、愛、敬畏、愉悅、感激、鼓舞、渴望、狂喜、同情、愛慕、熱心、感興趣、滿足、欣慰和釋然；[30]然而在二十年前，這類研究幾乎乏人問津。過去大家只在意悲傷成疾、長期恐懼和無法控制的憤怒，汲汲尋求解方，卻無人抱怨過度敬畏造成的痛苦、或因為開心過頭而癱軟無力；因此，儘管正向情緒的演化目的始終是個謎，卻鮮少有人願意探索研究。二〇〇五年，任教於密西根大學的芭芭拉·佛雷德里克森（Barbara Fredrickson）和克莉絲汀·布拉尼根（Christine Branigan）共同發表了一篇象徵該領域里程碑的論文，[31]論文述及的實驗讓世人開始注意並支持佛雷德里克森提出的「擴展與建構理論」（broaden-and-build），[32]正向情緒自此成為心理學研究的熱門領域。

「擴展與建構理論」為正向情緒提供演化層面的理由。人類大腦在面對風險時，必須時時維持精密巧妙的平衡，方能協助我們躲避危機、注意當下環境可能的危險因子，制衡風險與探索行為。我們的情緒大多偏重「控制風險」，身處具潛在威脅的情境時，會觸發「限縮觀點」的思考模式，做出迅速、果斷的行動以維護個體生存。但另一方面，大腦預設的功能也包括產生好奇心、拓展知識疆界、抓住機會探索環境。儘管探索勢必涉及風險，但老祖宗們之所以能在舊有的食物來源和水源匱竭時，即時發現新資源，也是拜好奇心所賜。

根據佛雷德里克森的觀察，正向情緒普遍會產生「鼓勵相當程度地冒險」這種效應。她推測，這套思維模式會擴展觀點，促使老祖宗善用一些**不受威脅**的時刻去探險、嬉戲、建立社交連結，把握機會投入未知——這正是「喜悅」在那個絕美南極早晨對沙克爾頓等人所做的貢獻：鼓勵他們跋山涉水、大膽向前，引領他們抵達捕鯨站，終而回頭拯救留在象島等待的同伴們。佛雷德里克森主張，這就是正向情緒的目的：賜予老祖宗生存優勢，讓他們朝更好的新世界邁步前進。

研究顯示，快樂的人較有創意、願意敞開心胸接收新資訊，思考更有彈性也更有效率；故研究人員推想，快樂能鼓勵個體拓展極限，坦然面對前方所有未知處境。快樂會讓人迫不及待想跳脫思考框架、想探索創造、想做更多好玩的事。成年人的嬉遊包括智力和藝術活動等多種形式，但年輕人則以偏重體力的社交活動為主，有助發展體能與團體技能。舉例來說，年輕的非洲地松鼠喜歡玩「邊跑邊改變方向」的遊戲，有時就這麼往空中一躍、騰空扭腰轉身，落地後馬上換一個方向繼續跑。不只年輕地松鼠會這一招，成年地松鼠亦深諳此道；這種高超技巧在緊急脫逃時——尤其是碰上蛇的時候——特別管用。

又譬如說「自豪」吧，它會使你急著想與他人互動、分享自我成就，或者驅策你追求更大的成就，確保未來榮景；至於「感興趣」則鼓勵你探索調查，藉此擴展知識基礎和經驗值。這些擴充得來的能力將有助於個體應付未來挑戰，若以老祖宗的時代來說就是尋找食物和水源、逃脫路徑或藏身之處，而在現代這個風險遽增、挑戰日益嚴峻、昨日技能不足以應付今日難題的世界裡，這些能力也能讓你快速適應變化，解決問題。

相較之下，「敬畏」出現的時機多半與宗教情境或大自然有關，且有以下兩大特色：一是感受到「比自身更偉大」的情境震撼，二是興起想善待他人的念頭。敬畏能促使個體拓展關注焦點，把注意力從狹窄的自我利益擴及至自身所屬的群體，加強合群合作及成為社會一分子的能力，進而參與集體行動、為群眾謀福利。譬如在某項實驗中，心理學家請全美一萬五千名受試者評定自己有多常感受到「敬畏」這種情緒。[33]研究人員先發給每位受試者十張可參加現金抽獎的獎券，然後告訴他們獎券可以全部留著自己抽，或是把一兩張（或更多張）分給其他沒拿到獎券的人。在這個看似與實驗無關的環節中，研究人員發現，自評在生活中較常感受到敬畏的人會比缺乏敬畏感的人更樂於給出獎券，且張數高出四成。而在另一項實驗中，研究人員帶著一群受試者來到加大柏克萊校園的一處藍桉樹林，那兒有幾棵樹高度超過兩百英尺，同時再安排另一群受試者來到沙丘狀的科學大樓廣場。他們請配合演出的研究員路過這兩處地點，佯裝踉蹌並灑落手中的一把原子筆——從出手相助的人數來看，比起單單站在大樓外的那一組，花了些時間欣賞壯美樹景的受試者明顯更樂於助人。

不論正向情緒還有哪些目的，它和身體健康、延年益壽關係匪淺。二〇一〇年，一篇回顧數十份相關研究的論文總結道：正向情緒能透過荷爾蒙、免疫和抗發炎系統等生化途徑發揮效益。[34]在其中一項研究中，倫敦的健康專家蒐集數百名男女（年齡介於四十五歲至六十歲）的「幸福指數」[35]——他們使用諾貝爾生理醫學獎得主、也是《快思慢想》作者丹尼爾·康納曼（*Thinking, Fast and Slow*; Daniel Kahneman）設計的方法，評估個案的正向情緒。康納曼認識到，如果只是提出「你過得快不快樂」這種問題，個案不可能給出非常精確的描述；因此，研究人員必須設法取得能反映個案當下心情、或對於不久前發生的事件、或晴天陰天感受的答案，讓個案自述片刻、短暫的感想，而非生活常態。於是他認為，最好的方法是在不同時刻多次詢問特定幾個問題，再以統計方法分析答案——前面提到的倫敦研究人員用的就是這套方法。他們每天會打好幾通電話給調查對象，時間不定，每次都問他們當下心情如何、感覺怎麼樣。結果發現，最不開心組的皮質酮及其他與罹患慢性病有關的生化物質血中濃度，要比最開心那組的高出百分之五十。

另一項類似的情緒調查研究則有近三百名志願者參加，為期三週。[36]調查結束後，研究人員請志願者來到實驗室，在他們的鼻腔裡點幾滴含有「鼻病毒」（rhinovirus）的液體（這種病毒能引發普通感冒）。接下來幾天，他們被暫時隔離起來，每天只會見到一個人（就是來檢查他們是否有感冒病徵的研究人員）。結果發現，正向情緒程度最高組出現感冒症狀的人數，大概比正向情緒回報比例偏低的那一組整整少了三分之二。看來，快樂的人似乎比較有辦法對抗疾病唷。

總結正向情緒的研究結果後，我們發現，平時即擁有或表現大量正向情緒的人，似乎比較健康、比較有創造力、人際關係也比較好。正向情緒能讓我們更有彈性、適應力更好，強化處理事務所需的情緒素質並擴展自我認知，讓我們在遇到問題時能看見更多選擇。

不幸的是，跟老祖宗相比，我們鍛鍊體力、開心玩耍的機會不僅大幅減少，也不怎麼接觸大自然了（尤其是森林與曠野）。[37]研究顯示，現代生活的種種情境和條件——科學家稱為「不和諧的生活」——會削弱正向情緒經驗；但好消息是，人類並非注定得這麼過日子。儘管這是我們這個時代的設定，你我依舊能夠努力反轉，養成一些能促使我們感受更多正向情緒的好習慣。

比方說，若能刻意留心、專注於生活中順暢進行或使我們心生感激的事物，每天至少一兩回，如此即有助於激發正向情緒。其實就算只是想一些我們喜愛的情境或活動也可以——譬如聽音樂、吃喜歡吃的東西、洗熱水澡這類雞毛蒜皮小事，然後盡力將這些活動融入日常生活，同樣頗有助益。適當地與人交際、培養人際關係，多跟朋友交流互動、助人、參加群體休閒活動、出主意、聽人建議或鼓勵他人等也都能提升正向情緒。[38]再來就是運動了。運動不只讓人快樂，也能降低壓力，對身體有許多好處。剛開始，正向情緒或許只是為了增加老祖宗生存優勢演化而來的，但時時體驗正向情緒也能讓我們今日的生活更多姿多采。

悲傷，創造改變的建築師

我們聊了不少正向情緒，那麼悲傷呢？沒有人喜歡悲傷。悲傷的角色為何？[39] 達成目標，我們開心；實現目標的過程中遇到障礙，我們生氣；若是無法維持或達到目標，我們悲傷。是以悲傷似乎有兩項主要功能：其一是，「臉上掛著悲傷表情」——眼神絕望、眼皮下垂、嘴角下彎、微斜的八字眉，這些其實都是在傳達一項極具說服力的訊息，並能在旁觀者身上造成明顯效應。向旁人傳達悲傷代表當事人需要協助，既然人是社群動物，當事人通常都能得到幫助。我們都知道，聽見別人哭泣會觸動我們心頭最溫軟的那一點，使我們想伸出援手，即使對方是成年人也一樣。

悲傷的另一項功能是改變思考方式、協助個體適應。悲傷是一種精神狀態，能促使我們進行困難的精神活動，重新思索信念，重新安排優先順序。悲傷會擴大資訊處理範圍，協助我們理解損失或失敗的前因後果，明白是什麼阻礙我們成功。此外，悲傷還能引導我們重新思索、評估策略，接受一些我們不想要卻也無力改變的新狀態。

我們在悲傷狀態下解析資訊的方式不僅有助釐清事情出錯的原由，也能幫我們找出改變的方法。這種思路能讓我們放下不切實際的期望和目標，尋求更好的結果。底下這項實驗即證明此一論點。研究人員根據外匯市場某段時間的資料，設計一次模擬交易。他們把這段時期內某一時間點的參考資料交給參與實驗的經濟系和財務金融系學生，請他們邊聽音樂邊下單交易（利用音樂刺激他們產生快樂或悲傷的情緒）。[40]由於這只是模擬交易，研究人員手中已經有那段時間的外匯市場實際交易紀錄了，所以他們可以據此判定學生的模擬交易成功與否。結果顯示，悲傷組比快樂組更能做出精準判斷，決策也更實際，獲利相對較佳。

不用說，要是能選擇快樂或悲傷，大家都會選擇快樂：雖然情緒是一種能引導思考、算計和決策的心理狀態，但情緒也是我們體驗到的心情感受。在情緒這門科學中，學者常把對應「情緒」和對應「意識經驗」的大腦狀態分開研究。我在這一章談到情緒會影響思考過程，屬於一種「資訊解析模式」；下一章，我們要來看看情緒的另一面——意識面，也就是「感受」。

第五章
感受從何來

父親晚年時，整個人都「慢下來」了。他每走幾步就會停一停，也避免從事所有會嚴重消耗體力的活動。這不光只是因為體力不足，或是上了年紀經常這裡痛那裡疼的，追根究柢還是心臟。這個經常和情緒綁在一起的器官也得像幫浦一樣把血液打出去，灌流全身；但幫浦本身就是個耗能裝置，因此，當父親的心壁逐漸受到血液循環不良影響，導致心臟唧打血液的力道越來越弱，他不得不被迫縮限活動，以免加重心臟負擔。

說到維護生命的長久利益與福祉，大自然實在是敦厚寬容的大師：大自然並未命令我們放棄培根、奶昔，或要求我們必須規律運動，然而每到緊急時刻，她還是會堅定伸手，主導掌控。若要你嚐糞，你會乾嘔；碰上嚇人的動物，你會退縮；當心肌缺血、你卻執意快走時，大自然會讓你走不動——尤其是在心跳加速時，心肌裡的神經會向大腦發出強烈警報，產生一陣急遽且難以忍受的劇痛。這種疼痛就叫做「心絞痛」。

二十世紀中期，外科醫生以為他們找到治療心絞痛的好辦法了：若是結紮胸腔內的某條血管，就能增加側枝循環灌流量，如此即可改善病灶區的血液循環。物理學家發明新理論時，通常在紙上寫寫數學式就好了；若是套用到醫學上來看，病人就等於那張紙，外科醫師只得拿病人「開刀」。這套方法理論上似乎可行，因為病人表示疼痛明顯緩解了。既然此法可行，誰還需要對照實驗來驗證有沒有效呢？

可是這片朗朗外科晴空仍有幾朵烏雲難以散去。病理學家回報，他們為動過這種手術的病人進行死後剖檢，結果竟然找不到證據支持側枝循環明顯改善。[1] 儘管病人表示手術有用，他們的心臟卻有不同的意見。不僅如此，動物實驗人員也曾在狗狗身上執行類似手術，同樣看不出成效；於是醫師們開始懷疑，手術改善的可能不是心臟——這一切全發生在病人的腦子裡。

為了證實這項明顯悖論，兩組醫師決定在一九五九和一九六〇年分別施行對照手術（由於這種開刀實驗違反醫學倫理，目前已不准許進行）：一組確實執行手術，另一組只是假開刀，然後再比較手術結果。[2] 假手術組的醫師會切開病人胸膛，找到有問題的血管；但他們不結紮血管，就這麼直接縫合創口、送回病房。

實驗結果支持前述論點：手術對心理有效，但不具醫療成效。接受真手術的病人有四分之三表示心絞痛紓緩，可是有五位動了假手術的病人也覺得心臟不痛了——這純粹是「安慰劑效應」使然。

兩組醫生最後發表的研究報告曾節錄一位假手術組病人的話：「我幾乎是一做完手術就覺得好多了……開刀後這八個月，我大概只吃過十次硝化甘油……手術前，我可是一天得吞五顆呢。」另一位病人也說自己沒有心絞痛了，甚至對自己的病況感到「樂觀」，只可惜他手術隔天就因為中度發作而不幸病逝了。

醫師在報告中註明，病人心肌異常的程度與病人感覺心絞痛程度並無關聯。就像是不同的人在面對相同侮辱時，會表現不同程度的憤怒；即使身體受損程度相當，每個人感覺到的疼痛等級也會有所不同。有些人會因為別人的一句話而暴怒，有些人卻不以為意；對某些人來說宛如酷刑折磨的痛苦，也有人完全感覺不到——強烈的心理作用正是安慰劑效應能有效緩解疼痛的主要原因。

最後醫界放棄了這項名為「內乳動脈結紮術」（internal mammary artery ligation）的爭議外科療法，並於一九九〇年代發展出侵略性較低、技術更複雜的「心臟支架」。

「支架」（stenting）是一只超小型鐵絲架，藉導線經鼠蹊部或手腕的血管置入，插進冠狀動脈堵塞的部位並撐開血管壁，提高灌流量。放置血管支架的病人也跟接受內乳動脈結紮術的病人一樣，認為自己術後復原良好；儘管支架手術在美國平均要價一萬至四萬美元，但這種療法已成常態，惟目前仍缺乏大規模對照實驗證明效益。二〇一七年，聲望卓著的醫學期刊《刺胳針》（*The Lancet*）登出一篇論文，闡明裝設血管支架跟早先的血管結紮術一樣，效果不比安慰劑療法出色多少。[3]

結紮血管並未實際解決病人生理上的痛苦來源。手術前後，血管受損的心臟仍持續發出相同的疼痛訊號；然而不論接受的是真手術或假手術，病人皆傾向認定他們**感受到**的疼痛大幅降低或消解了。放置血管支架的病人也一樣。這項手術似乎只是影響病人意識到的痛感，卻未改變引起覺知的神經訊號。

「所有的心臟病醫學指南都得重寫了。」某心臟外科醫師如此回應。[4]「研究結果竟如此否定這項手術，太震撼了。」另一名醫師表示。第三位醫師則說：「這個研究使我感到十分慚愧。」

目前學界仍不清楚安慰劑效應到底是怎麼運作的，但我們已經知道，這個機制跟大腦負責情緒反應的區域有關。從傳統觀點來看，情緒是針對特定情境產生的典型反應：

受到威脅，你會害怕；碰上意料之外的情境，你會驚訝；老闆給你加薪，你開心大笑；若是身體受傷——燙傷、割傷或是心臟缺血這種可能致命的情況——你的神經會發出訊號，讓你感覺到疼痛。雖然理論上是這樣沒錯，但人卻不是這樣運作的。如果連「疼痛」這種原始感受都不一定跟我們認定的誘因有關，那麼其他情緒又該如何解釋？

情緒狀態的決定因素

心理學家邁克．博格（Michael Boiger）與巴蒂亞．梅斯基塔（Batja Mesquita）在某篇論文中提到「蘿拉和安」這對伴侶的生活片段：[5]

安打電話回家，表示今天公司有事、她會晚點到家。蘿拉原本想和安一起放鬆一下——這幾天安生病在家，都是她在照顧她，她自認有權要求她；於是蘿拉在電話上對安說，妳大病初癒、應該慢慢來，才剛回去上班就超時工作實在不應該。安進退兩難：她工作進度落後，而且剛銷假上班就馬上請病假蹺掉公司例會，她擔心落人口實，觀感不佳。最重要的是她覺得蘿拉不懂她。一股挫折湧上，安厲聲表示蘿拉保護過度，旋即掛掉電話。蘿拉覺得安不知感激，把她的好意視為理所當然。

這段插曲描繪日常生活中微妙且複雜的情緒交流：兩名女子皆以情緒化的方式回應對方，而她們的反應不只反映當下發生的事件，也反映過去幾天累積的情緒（說不定還包括其他深植於兩人關係、更複雜的面向）。

會影響情緒反應的並非只有當下誘發情緒的事件，這正是情緒的特徵之一。假設你在店門口排隊，這時突然有人插隊、站在你前面，你肯定不高興；假如你好一會兒沒吃東西了，肚子餓的負面刺激極可能放大你的不悅感，導致你破口大罵。又譬如你趕著去面試，結果另一輛車硬擠進你的車道，你大概會非常生氣；你可能會罵他自私、不懂尊重，但你也可能沒什麼反應，甚至冷靜揣測對方也許不是故意的，或者是趕不及重要約會等等。

情緒讓我們能根據經驗、期盼、知識、欲求和信念，有彈性地以不同方式回應類似事件。在蘿拉與安的例子裡，若不是因為兩人壓力太大——安覺得工作進度落後，蘿拉自覺被輕忽，並且也不高興安似乎沒有把她倆相處的重要性擺在工作之前——她們的回應方式應該會有所不同：比較不傷人、不生氣，較少埋怨。

我們針對某些情況、事件所感受到的情緒，其實是大腦根據當下情景的明確跡象、再考量前因後果和核心情緒（生理狀態）等微妙因素所得到的複雜計算結果。關於「情緒是怎麼來的」最具啟發性的闡述之一，就是史丹利・舒赫特（Stanley Schachter）和傑洛姆・辛格（Jerome Singer）連袂發表、並且被學界廣泛引用的〈情緒狀態的認知、社會及生理決定因素〉（Cognitive, Social and Physiological Determinants of Emotional State）這篇論文。舒赫特和辛格在論文中寫道，他們為一部分受試者注射腎上腺素或安慰劑，但一律告訴對方那是一種「會影響視力」、名為「數倍新」（Suproxin）的維他命——不過那只是表面上的說法而已。

腎上腺素會使心跳變快、血壓升高，讓人有臉色發紅或身體發熱、呼吸變快的感覺——這些全是「情緒來了」的徵兆。舒赫特和辛格告訴注射腎上腺素的部分受試者們，這種「突然激動」的感覺是數倍新的副作用，至於對另一組則是什麼也沒說（他們跟另一組體驗到相同的生理變化，但沒人解釋為什麼），還有一組則是注射普通生理食鹽水、沒感覺到任何生理變化的對照組。

注射後，受試者逐一進入舒赫特和辛格設計好的社交情境：他們請受試者在小房間等待，房裡同時還有一位看似正在進行其他實驗、實為內應的工作人員。這名「演員」

會在其中一半的受試者面前表現激動興奮、很高興能參與重要研究的心情，然後在另一半受試者面前頻頻抱怨實驗內容，心生怨懟。

在情緒並未被喚起的情況下，受試者不會被演員表現的情緒、感受所影響；換言之，僅注射生理食鹽水的對照組表示他們並未感受到任何特別情緒。至於注射「數倍新」、並且被告知「有副作用」的受試者（他們知道自己的生理變化從何而來），也一樣沒有特別的情緒波動。但注射「數倍新」卻不知道會有「副作用」的受試者則表示，他們會覺得開心或不高興（依同室演員的行為而定）——顯然，這群受試者會根據情緒已被喚起的事實（藥物引發的強烈生理反應）和主觀察覺到的情境脈絡，建構他們自己的情緒感受。

舒赫特和辛格透過這個簡單又能對照比較的實驗闡釋情緒起源，這在複雜程度更高的真實世界是很難做到的。雖然，我們在真實生活中不需要應付隨機注射腎上腺素這種情境，但許多日常現象都會激起心理反應，有些甚至還透過類似舒赫特、辛格所做的實驗（但改用其他藥物激起反應）詳細研究過了。[6] 實驗顯示，舉凡運動、刺耳噪音、人群、受到驚嚇等都能激發生理反應。這種反應會在刺激因子消失或結束後暫留不去，持續幾分鐘，而且還會像注射過腎上腺素一樣，根據當下所在的情境而產生憤怒、開心或其他與刺激因子有關的情緒反應。另外一些研究也指出，運動和噪音會明顯增強因挑釁而起的攻擊反應；甚至還有人發現，運動喚起的激動狀態會強化你跟異性搭訕或打情罵俏時的吸引力。

建構現實

舒赫特—辛格實驗恰恰是安慰劑效應的反例。安慰劑效應是指，即使處在通常會引發某種情緒的情境下（疼痛），你依然**可能不會**感覺疼痛（某些心絞痛患者）；而舒赫特—辛格實驗顯示，即使你**並非**處在會產生特定情緒的情境裡，你仍舊**可能**產生情緒反應，或者擁有同樣的強烈感受。這種「會錯意」——也就是產生與自身情境不相稱的感受，可說是情緒的「視錯覺」狀態。

情緒感知竟也會引發近似視錯覺的現象，這點絕非偶然：因為大腦評估、理解情境並做出情緒解讀的方式，基本上和大腦解譯視覺世界的過程如出一轍。事實上，這套處理程序甚至可說是大腦在一般狀況下的運作模式。神經科學探討生理與社交經驗所得到的重要結論之一，就是我們覺知的現實並不是客觀事件的被動紀錄，而是大腦主動建構出來的。

大腦這麼做是有充分理由的。為了迅速感知這個世界，我們需要大量資訊作為指引；可是相關資訊量遠遠超出意識腦所能處理的極限，逼得大腦不得不抄捷徑。就拿視覺經驗來說吧。隨便「瞄一眼」你所在的環境，單單這一張「數位快照」所需的數據少說數百萬位元組；可是，意識腦每秒鐘能應付的資訊頻寬粗估不到十個位元組。所以，假如意識腦必須逐條解釋數百萬位元組的資訊，才能理解眼睛看到的世界，下場肯定像一台負載過量的電腦，直接當機吧。為了避免這種情況，大腦只會處理極有限的資訊，然後利用一些類似「影像銳利化」的繪圖軟體技巧填補空隙；只不過，大腦「銳利化」的處理過程複雜多了。換言之，你看到的景象並非事物的實際翻版——視網膜只會顯示外在世界的低解析度影像，但經過非意識腦處理後，你覺知到的會是清晰、銳利的影像。此外，為了達成影像銳利化，大腦不只使用視覺資料，也很依賴會影響情緒建構的同一套素材，譬如你的主觀經驗、期盼、知識、渴望和信念。

我曾在《潛意識正在控制你的行為》（*Subliminal: How Your Unconscious Mind Rules Your Behavior*）提過一項經典實驗，闡述潛意識對聽覺的影響。我們在聽別人說話的時候，並非一字不漏完整接收，而是選擇性地聽取一部分：非意識腦的聲音處理中樞會利用「猜測」填補資訊缺口，然後做出能讓意識腦覺知的版本。為了呈現這種傾向，研究人員先錄好「幾位州長與在轄州首府開會的州議員會面」這段句子，準備放給受試者聽；不過，在播放之前，他們會用咳嗽聲蓋掉「議」這個字，所以受試者照理說只會聽到「州—咳—員」。研究人員提醒受試者，句中會出現咳嗽聲，另外也提供文字稿給受試者參考，讓他們圈出被咳嗽聲蓋住的音節位置。問題來了：假如人類的聽覺經驗是從聽到的資訊完整輸出的版本，受試者應該很容易就會發現被蓋住的音節——結果沒有一個人正確圈出來。事實上，大家對「州議員」這個詞聽在耳裡的「預期認知」太過根深柢固，以致二十名受試者中有十九位堅稱**沒有**任何聲音被遮蓋掉。[7]咳嗽聲並未影響受試者對這段句子的意識覺知，因為除了實際言詞，大腦也會利用其他素材填補空缺。

覺知是建構來的。不僅視覺、聽覺等感官訊息如此，我們的社會經驗——舉凡遇見的人、送進嘴裡的食物、甚至是你購買的商品等等——也都一樣。以某品酒實驗為例：盲測時，酒價和好喝與否並無關係；一旦標上價格，兩者的關聯就非常**明顯**了。[8]倒不是說受試者會有意識地認定價格高等於品質好，故而改變原本的判斷；說得確切一點，其實這**不光只是**意識層次的印象而已。受試者品酒時，研究人員也同步記錄他們的大腦活動影像；影像顯示，當受試者飲用他們認為較昂貴的酒品時，愉悅中樞激活的程度確實比在飲用標價較低的同款酒品時要高出不少。這種情況跟安慰劑效應差不多。味覺和痛覺如出一轍，它們不只是感官訊號的產物，心理因素也是重要的參考依據——因此你嚐到的不光是酒液本身，你也在品嚐它的價格。

以感受來說，建構情緒經驗的直接素材包括環境、情勢、心理及生理狀態（即核心情緒）。大腦會整合、解譯這些訊息，用的同樣是那幾套覺知疼痛、味道、聲音及其他感官訊息的捷徑和技倆——直到你「感覺到」什麼為止。這套解析處理程序確實有其益處，因為誘因和情緒反應之間的不確定性讓我們有機會介入干預，並且從意識層面影響我們感受到的情緒。我會在第九章繼續探討這個主題。

建構感受

目前，有一群心理學家和神經科學家——統稱「建構論者」（constructionists）——進一步評估誘因和情緒經歷之間的對應關係。他們質疑：將恐懼、焦慮、快樂、自豪等情緒獨立分門別類，是否合理？

建構論者認為：我們每天都會用到、描述情緒的用語其實並非單指一種情緒，比較像是涵括好幾大類情緒的籠統說詞（目前學界亦廣泛接受此一觀點）。早在十九世紀末，威廉・詹姆斯（William James）就觀察到這種現象了。他在一八九四年發表的〈情緒的生理基礎〉（The Physical Basis of Emotion）一文中提到，我們有無數種明確可辨的情緒，每一種情緒皆對應一種可能的身體狀態；[9]他寫道：「『怕淋濕』跟『怕熊』的害怕並不相同。」今天，科學家不只能記錄這類差異，還能追蹤跟這兩種變體有關的大腦活動。譬如，某個頗戲劇化的實驗就闡明「怕蛇、怕蠍子」（外在威脅）和「怕窒息」（內在威脅）雖然都是害怕、都叫恐懼，但兩者的心理狀態截然不同，就連大腦的運作模式也不一樣。

這項實驗的研究對象是杏仁核受損的人。杏仁核涉及多種重要的情緒表現，其中也包括恐懼，但並非所有種類的恐懼；因此在實驗進行時，對蛇、蠍子爬上手臂無感的人，**確實**可能在吸入含大量二氧化碳的空氣時（激發窒息感），體驗到恐懼和驚慌。[10]誠如建構學派重量級領袖麗莎・巴雷特（Lisa Feldman Barrett）所言：「我們把相差十萬八千里的情緒事例放進同一類別，安上同一個名字。」[11]

話說回來，建構論者也指出，正如同我們可能分不出不同情緒狀態的差異，將其混為一談，我們也可能無中生有，劃出實際上並不存在的區隔界線——換言之，我們使用的情緒類別有時可能彼此重疊。譬如我曾經說過，恐懼和焦慮看起來是兩種不同的情緒：前者是對特定事物或情境的反應，後者偏向沒有特定目標、徒然擔憂未來而萌生的恐懼。然而，現實生活情境常使得恐懼和焦慮界線模糊，令兩者難以區別。假如某人病重、擔心自己隨時會死，有人會說這是怕死，也有人說這是焦慮；但不管用哪一個詞彙描述，情緒都是一樣的。

建構論者主張，雖然我們大量使用恐懼、焦慮或其他各位能想到的情緒字彙來表述情緒，但基本上沒有太大的意義。他們認為，小孩在學習語彙的時候，也一併學著把各種情緒經驗套進傳統分類裡，而這些傳統分類主要依我們各自的語言及文化而定。顏色就是很好的例子：絕大多數的語言、文化都會使用各自獨立但有限的詞彙描述顏色，譬如紅、橙、黃、綠、藍、靛、紫；可是物理學家告訴我們，光譜是連續的，從一端的紅到另一端的紫，兩者之間有無數種顏色。所以建構論者認為，我們描述情緒的詞彙就跟描述顏色一樣，任性且武斷。

許多跨文化研究都顯示，對於世人一般指稱的紅橙黃綠等「基本色」，在不同文化裡通常都有不同的見解或定義；不僅如此，各文化中「喊得出名字」的顏色及數量也可能完全不同。近年有幾項跟「情緒語彙」相關的類似研究，恰恰能支持建構論者的這套觀點：由於跨國聯繫與環球旅行已相當普及，跨文化交流及其影響也更為頻繁常見，以致很難有哪一種文化未受到其他文化的大量影響；但即便如此，實際上仍有例外——其中之一就是菲律賓境內的伊朗革族（Ilongot）。伊朗革族住在與世隔絕的森林飛地上，拒絕與外族同化、拒絕現代化，他們有一種名為「*liget*」、且為該族獨有的情緒，但理由相當充分：因為「*liget*」是伴隨「獵人頭」而來、使人緊張亢奮的挑釁情緒。

當然也有不那麼奇異的例子。想想悲傷和憤怒吧：在西方，這是兩種不同的情緒，然而在土耳其及土耳其人心中，悲傷和憤怒是一體的，名為「*kizginlik*」。[12] 如果把地域範圍再擴大一點，各位會發現「憤怒」一類的情緒在崇尚個人主義的西方社會比在強調和諧、互依互存的東方社會更為常見。[13] 又比如大溪地語沒有可譯作「悲傷」的詞彙。某科學家描述，有位大溪地男子的妻兒離開他，搬到另一座島上去了；該男子表示他覺得「沒精神」，認為自己生病了。[14]

英語描述情緒的詞彙大概有好幾百個，但有些語言的情緒詞彙比英語少了許多——譬如馬來半島的「徹翁語」（Chewong）就只有七個。誠如某位情緒研究者所言：「不同的語言能辨識不同的情緒。語言劃分情緒領域，各有所長。」[15] 這句話的意思並非不同文化背景的人會感受到不同情緒，而是各文化的情緒分類略嫌輕率武斷了。

這個論點也支持達爾文對情緒的見解：感受並非針對典型刺激所產生的內建制式反應。我和巴雷特、阿朵夫曾經以此為題，共同發表過一篇論文。巴雷特在論文中表明，科學界至今還未找出真正客觀、能判定人或動物處於某種或另一種情緒狀態的可信準則。[16]阿朵夫雖然和其他多數情緒研究學者一樣，認可並接受巴雷特的觀點，不過還不到摒棄慣常分類的程度。至於哪一派想法才正確，目前尚無定論。

情緒智商

二〇一八年秋天，泰國貨車司機那迦林·邦柴駕車經過考艾國家公園（Khao Yai National Park）附近時，有兩頭大象正好在過馬路；[17]邦柴不慎撞上第二頭象的兩條腿。被撞的大象轉身看了貨車一眼，停頓片刻後直接踩上貨車，重踏幾腳，當場導致邦柴傷重不治。大象的反應究竟是情緒化的公路暴力，還是身體受到威脅所導致的本能反應？儘管科學家針對大象的感情生活做過不少實驗，目前卻仍無人知曉牠們到底有沒有情緒意識、或者達到何種程度。但我們人類肯定是有的。

每個人對自身的情緒感受照理說應該很清楚、很好懂才是。但你我大概都曾經發現，有時候我們竟然不明白自己真正的感受、或者心情何以如此。釐清自己的非意識情緒狀態、情緒意識及日常情境的角色與作用，是我們駕馭情緒、令其為己所用——或至少不要讓情緒妨礙我們——的第一步。為了讓人生更加幸福美滿，我們必須善用自知，提高情緒智商。

在我寫作本書當下，我那必須以輪椅代步的母親已住進安養院了。母親年近期頤，身體十分健康，但腦力持續退化。她認得我、認得家人，也能跟我聊幾句童年往事，不過你若要她計算九加三等於多少，她算不出來；請她從兩樣餐點中選一樣來吃，她做不了決定（除非其中一樣是巧克力口味）；問她現在的美國總統是誰、或她住在哪個國家，她答不上來。然而，有幾次我去老人之家接她的時候，她會突然問我：「你在煩什麼？」或是「你有心事？」而她幾乎每一次都說對了。雖然這實在難以解釋，但情緒智商似乎深植我們體內，彷彿是我們最後才會失去的東西。

世人開口閉口就是「情緒智商」，這個詞彙普遍到讓人誤以為它老早就出現了；殊不知它是兩位心理學家——引言提過的彼得・薩洛維（耶魯大學）和約翰・梅爾（新罕布夏大學）——在一九九〇年發明的新詞。兩人以該主題發表的第一篇論文即開宗明義道：「所謂**情緒智商**是一套技巧架構。我們假設，這套架構能精準評估並表達自我及他人的情緒，也能有效調整自我及他人的情緒，讓我們運用感受鞭策自我、計畫並實現人生目標。」[18]

「『情緒智商』一詞是否自相矛盾？」兩人提出這個問題一點也不奇怪。因為，誠如我們先前討論過的，西方社會在傳統上認為「情緒」會破壞理性思考，而不是幫助它。直到最近，世人依舊認為不論「理性思考能力」究竟為何，惟有「智商」（ＩＱ）才能代表一個人真正的智力，其他一切皆與智力無關。但薩洛維和梅爾眼光獨到，不僅看出情緒與理性的不可分割，還發現社會上最成功的人多半擁有高情商；相對的，他們也發現，高智商但低情商的人在商場或社交場合經常遭遇困難。

咱們不妨來瞧瞧二〇〇八年亞當・加林斯基（Adam Galinsky）和三名同事在西北大學凱洛管理學院（Kellogg School of Management）所做的實驗。他們邀請經營管理系的碩士生參加一場加油站買賣模擬談判。[19]根據實驗設計，買方代表被授權提出的最高收購價低於賣方代表被授權的最低價；但價格不是談判的唯一項目。買方賣方各有所圖，若考量得當，應該能談出雙方滿意的結果。

受試學生被分成三組：第一組學生只收到一般談判的普通指令，第二組被要求「請想像對方如何**思考**」，第三組收到的指令是「請想像對方的**感受**」。關注對方想法和感受的兩組學生，明顯要比不在意對方的學生更容易做成買賣。談判技巧只是商場生態的利基之一，但研究人員累積數十年的試驗成果顯示，能理解對方感受的生意人在經營管理、人力資源、領導統御及其他專業層次上的表現更為出色。

情緒智商對科學研究也很重要。因為在這個高度競爭的專業領域中，做好研究只是邁向成功的第一步；可惜科學家的情商大多有待加強。在研究計畫多到爆炸的時候，讓團隊同仁保持專注並理解你的研究工作，這也跟你的科學研究能力一樣重要。

無法理解或與他人交涉周旋的人，大多不容易交到朋友。比方說，他們可能不懂得察言觀色，以致當談話對象想結束話題或該附和、給予回應時，他們仍滔滔不絕，說個不停；若是談話對象越說越激動，他們也可能無法給予適當回應。情緒智商對人類來說實在太重要，因此我們大概兩歲（或更早）就能表現這種能力了。譬如，一兩歲的娃兒若是看見家人流露悲傷或痛苦的表情，他們會做出想幫忙的反應，或者哇哇大哭起來。

情緒狀態能左右我們處理資訊的方式，也會影響溝通。情緒能在對話中起潤滑作用，讓我們與他人產生共鳴、理解別人的想要與需要。每次與人相遇，我們都會送出情緒訊號；若想解讀這些訊號，則需要意識與非意識相輔相成。情商了得的人知道如何監控自己的情緒表現，也會根據其他人的反應順應調整；他們對自己送出和接收到的情緒訊號同樣敏感，因此能溝通得更有效率。特別擅長解讀情緒、與他人建立情感聯繫的人往往被視為有魅力的人。好的領導者不僅能和身邊少數幾人溝通，就算面對廣大群眾——不管是面對面或上電視——也難不倒他。

人類擁有讀懂同類心思的好福氣，卻也希望旁人能理解我們：[20]研究顯示，一般人聊天的內容百分之三十到四十與個人經驗或談話者的人際關係有關。社群媒體上的發文有八成是個人切身經驗。哈佛大學在二〇一二年做了一項研究，要求受試者與研究人員聊天（聊自己或聊別人都行），同時利用「功能性磁振造影」（fMRI）觀察他們的大腦活動影像。結果發現，人在披露或表達自我的時候，腦中涉及獎勵和愉悅的區域明顯比他們談論其他人時更為活躍。

另一項實驗則是讓受試者回答問題（共一百九十五題），並且告知只要回答問題就有幾分錢的報酬可拿。每一道題都不出「自己」、「他人」或「事實」三個題組，而受試者在答題前可以選擇要回答哪個題組的題目。若三組同酬，受試者選擇「自己」的次數約莫達到三分之二；若是各題組報酬不同，受試者依然較常選擇跟自己有關的問題——即使報酬總額有可能低於每次都選最貴題組的結果，他們仍不改其志。於是研究人員總結：人會為了得到表露自己的機會而「自願放棄金錢」。

人是社群動物。我們並非獨自存在，每個人都是社會的一部分。飛翔的鳥群不需要領頭鳥下令改變方向，牠們透過腦中的內在連結即可溝通協調，順應彼此；人類也一樣。你我彼此相連，讓我們連在一起的就是情緒。

在我短暫的上班族生涯中，曾經有過兩位老闆，兩位都是執行副總裁、也都是女性。第一位總是發自內心關心部門裡的大小事，很能讀懂別人的情緒，每每以同理和建設性的方式回應；她的下屬個個忠心耿耿，赴湯蹈火在所不辭。後來她退休了，接替她的是一位對他人感受毫無知覺的人。在某次會議中，她來了一場精神講話，表示她的目標是讓公司大賺錢、讓她的個人分紅能在五年內突破百萬美元——誰會為了**這種**目標付出拚命？員工士氣與公司獲利想當然耳直直落。在心理學上，我們稱「理解他人想法或感受」的能力為「觀點取替」（perspective taking）。有能力接受、理解他人觀點的人，多半都能順利摸索、找出集體情緒的正確航道，在競爭與合作之間取得平衡；至於沒有這種能力的人，自然就比較常吃到苦頭了。因此，「觀點取替」是一項非常重要的社交技巧，不論在專業或個人層次上，它都是展現魅力及說服力、多方成功達陣的重要關鍵。

第六章
動機：想要和喜歡

克拉拉．貝提斯，這位英國德比郡的年輕媽媽差不多在一年內竟兩度遭房東解約趕出門，原因出在她的小女兒法拉身上。[1]房東的困擾不難理解：法拉會啃食地板和壁紙。貝提斯在訓練法拉上廁所的時候首次注意到這個問題，家裡也不時冒出一小塊一小塊不明物體；後來，貝提斯才意識到地毯邊角那些奇怪破洞並非正常磨損或撕裂的結果，女兒鞋子上消失的魔鬼氈也是。

法拉不是唯一會亂啃東西的孩子。這種奇怪的啃食行為乃是「異食癖」（pica）造成的。一五六三年，某本醫學書籍首度描述這種疾病，[2]其英文病名來自喜鵲的拉丁文——這種聰明的鴉科鳥類以「無所不食」聞名，舉凡種子、水果、堅果、莓果、蜘蛛、昆蟲、鳥蛋、雛鳥、齧齒動物、小兔子、屋外的貓食狗食、地上的垃圾等沒有一樣不吃。喜鵲有這種行為很正常，換作是人類，顯然就不是這麼回事了。

吸引異食癖患者的物品通常跟食物有關，只是他們的食物邏輯與常人不同：這群人對裝盤上桌的食物興趣不大，得花點工夫清掉的玩意兒才是他們的心頭好。譬如有人嗜飲清潔劑，某女性主管無法抗拒洗碗海綿，而米榭．洛堤托這位法國藝人才是異食界的飛人喬登。[3]名廚餐廳不是洛堤托的菜，但他倒是對五金店情有獨鍾，因為他就愛「五金」這一味——洛堤托嗜食金屬。如果沒辦法一口一口咬，他會設法弄成小塊，然後混著礦物油和水一起吞下。據聞，這些年來他吃過腳踏車、購物推車和一架西斯納一五〇小型飛機（他吃過最貴的一餐）。啃了四十年金屬之後，洛堤托於二〇〇七年「自然」死亡，死因未公開。不過顯然不是缺鐵所致。

人何以有所為、有所不為？為什麼我們吃披薩卻不吃枕頭，或者我們為了什麼理由而吃？究竟是哪些大腦活動或程序致使我們做出我們所做的種種行為，而我們又該如何控制或改造這些行為？

我們可以把「動機」想成「為了達成目標而付出努力」的意願。動機是能發動並指揮個體行為的驅策力。有些動機屬於生物性質，譬如「覓食」就是受到「飢餓」這種恆定情緒所驅使；另外也有「獲得社會認可」、「功成名就」等社交或社群動機，但不論哪一種都跟情緒密切相關。事實上，情緒和動機連結之深，光從字詞本身就看得出來：情緒「emotion」和動機「motivation」的拉丁字根都是引發、推動「*movere*」這個字。然而，人和動物的動機可不是從產生情緒的神經網絡直接跳出來，而是另有出處——名為「酬賞系統」（reward system）的神經區域。

酬賞系統有一套彈性機制，讓大腦能在做決定時廣泛納入各項因素（譬如行動時間）或釐清各種可能性，從中挑選最適合的解決方案。較原始的生命形式大多按照內建的制式規則及誘因反應行事，而「酬賞」這套機制能將衝動化為行動、更有彈性也更微妙，讓我們（以及大部分脊椎動物）的行為表現更活靈活現，而不只是一具生物機器動物。

學界對「動機」的新見解不僅為「成癮」這類動機障礙的起因點亮明燈，也闡述了控制自我及他人欲望的可能方向。這份洞見是兩次觀念大躍進的成果，前後相隔數十年：第一次發生在一九五〇年代——當年，科學家不僅發現酬賞系統，還證明酬賞系統會對人腦其他結構造成廣泛影響，終致學界不得不放棄「驅力理論」（drive theory）。

愉悅的源頭

若各位讀過神經科學方面的學術論文，大概會經常看到以下這類句子：「我們利用『馬查多—約瑟夫病』（Machado-Joseph Disease）的基因產物——即有缺損、含過量多聚谷氨醯胺鏈堆積的第三型共濟失調蛋白（expanded polyglutamine stretch, ataxin-3）——做出體內不具有『含食欲素神經』（orexin-containing neuron ablated）的基因轉殖小鼠。」[4]這是一篇探討「猝睡症」療法的文章。猝睡症是一種會在大白天就超級想睡的睡眠障礙；不過，光是這篇論文本身似乎**立刻**就能讓我睡著了。儘管我早就知道學術期刊不乏這類以艱澀文字描述實驗步驟的文章，不過，當我不經意讀到一九七二年《神經與精神疾病學報》（*The Journal of Nervous and Mental Disease*）某論文的一段描述時，各位應該可以想見我下巴掉下來的程度。該段文字如下：「試驗當天下午，病患再度獲准使用電晶體自我刺激裝置三小時……並安排嫖妓。」[5]這篇在下一位作者口中「學術與色情兼備」的論文出自羅伯特・希思（Robert G. Heath）之手——在長達四十年的研究生涯中，希思發表過四百二十多篇科學論文。[6]

希思生於一九一五年。最初他只是臨床醫師，後來陸續獲得精神分析學、神經學及精神病學的專業資格認證。一九四八年，他成為哥倫比亞大學「腦葉切除術改良計畫」的資深精神醫師。腦葉切除術（lobotomy）是當時用來治療思覺失調和憂鬱症的方法。基本上，外科醫師會切斷前額葉皮質連至大腦其他部分的多數神經，移除前額葉皮質；然而現在科學家已經知道，這種手術會相當程度剝奪病人的人性。

誠如我們目前所了解的，前額葉皮質是個複雜又令人驚嘆的構造。前額葉皮質接收來自大腦其他多個區域的訊息資料，在意識及理性思考方面位居要角：它能協助我們組織並專注思考，協調行動與目標，審查並剔除一些用不到的念頭，讓我們能在相互衝突的行為選項之間做出選擇。我們長遠規畫的本領同樣拜前額葉皮質所賜，因為前額葉皮質負責控制衝動，也能協助我們調節情緒；而前額葉皮質內的「眶額皮質」被認為和情緒**經歷**有關。

前額葉皮質的工作職掌真是洋洋灑灑一大串。然而在希思琢磨該如何「改良」腦葉切除術的那個年代，科學家對前額葉皮質的功能根本一無所知——事實上，他們認為前額葉皮質幾乎沒什麼功能，不過他們倒是**注意**到，切除思覺失調患者的前額葉確實能讓他們變得比較安靜，更願意配合。這也是促成葡萄牙神經外科醫師安東尼奧·莫尼斯（António Egas Moniz）在一九三五年發明腦額葉切除術的契機：莫尼斯發現，額葉受傷的士兵也有這種類似「個性、人格改變」的徵狀。他甚至還因此獲頒一九四九年諾貝爾獎。[7]

當時，希思和莫尼斯都是「生物精神病學」（biological psychiatry）的熱情信徒。推動這個新領域的核心概念是「精神疾患並非肇因於心理創傷，而是大腦異常所致」。不過，希思認為腦葉切除術不怎麼有效：病人確實會變得安靜好控制，但這似乎只是透過全面鈍化情緒來減輕症狀，並未根治潛在失調。最後，希思確信精神疾患的源頭藏在大腦深處——也就是更不易觸及、埋在宛如折疊餐巾的「皮質」底下的構造。研究顯示，這個構造對貓的情緒表現也很重要。當然，從貓來推斷人類不免讓人懷疑人是不是也會在院子裡抓麻雀，或是不只喜歡睡床上、也喜歡窩在床底下；不過，希思的這項推斷基本上是正確的。

科學界的新發想無奇不有、隨處可見，但唯有經實驗驗證的點子才具有價值。所以要怪只怪希思運氣不好——他感興趣的那個構造位置太深，當時的外科技術根本搆不著，因此他很難找到證據支持他的理論，而且一找就找了幾十年。

起初，他從十年前（一九三〇年代）即普遍採行的電極療法著手。這是一種在當時頗為新穎的精神外科療法：醫師將電極插入病患腦部深處，記錄讀數，再依治療計畫以電流刺激或破壞特定區域。希思先用動物做實驗，但他沒辦法做人體試驗——理由並非這種做法會對病人造成極大風險，而是他的同僚嚴詞批評這套想法，不願給予他需要的資金和後勤支援。

有一天，希思在大西洋城海邊喝酒曬太陽，和身旁的陌生人閒聊起來；結果這場不經意的會面竟改變了希思的一生。這位同樣來海邊度假的陌生人碰巧是紐奧良杜蘭大學（Tulane University）醫學院院長，兩人還未正式彼此介紹，院長就跟希思聊起他的工作：當時他正著手籌設精神病學系，提及他很景仰一位哥倫比亞大學的學者和他的研究工作。一個叫希思的傢伙，院長說。

今天，取得教授職位的難度大概介於競選市長和應徵郵局文書之間；想當年，學系聘用教師的過程簡單多了：沒有官僚文化，不用開評審會，不用面試也不需要搞政治操作。如果學院院長和你在海邊巧遇，就算你們倆身上只穿了泳褲，只要他願意，他當場就能給你工作。這位院長就這麼幹了。

當時，杜蘭大學的神經外科醫師都在慈善醫院（Charity Hospital）做手術。希思後來的同事曾經描述，這地方是一間「雜亂又美麗的大醫院，收治的病人有些嚴重到你連見都沒見過」。希思對醫院外觀毫不在意。他就像眼裡只有棒棒糖、壓根不在乎糖果店牆上是否掛滿畢卡索的孩子。在他眼裡，醫院能供應他源源不絕、願意簽字配合的精神障礙病例（這些人脫離現實，有些還有暴力傾向，他們樂意接受任何可能可以讓他們獲得解脫的療法）。希思稱他們為「臨床素材」。

一九四九年，希思遷居紐奧良。同事口中這位「俊俏又迷人」的醫師很快便說服院方撥出四十萬美元的預算，成立設有一百五十張床的精神病房。這間病房可說是希思的科學遊樂場：他志向遠大，打算對這裡的病人實施他曾經在動物身上做過的腦部深層刺激術，看看這個方法能不能緩解病患的精神症狀，同時找出這類疾病的生物學根據。希思最感興趣的是思覺失調症。

當時，按驅力理論所述，學界普遍認為人類主要透過「欲求」（desire）來躲避飢餓、口渴等不愉快感受；[8]但希思認為，獎勵或愉悅跟疼痛一樣，都是重要的激勵因素（動機）。這項觀點可能跟希思受過的臨床訓練有關：早在數十年前，佛洛伊德便強力主張「愉悅」是人類動機最重要、也最主要的起源。儘管當時研究腦部手術的學者們尚未普遍接受佛洛伊德的「快樂原則」（pleasure principle），希思卻深受吸引，甚至進一步假設「大腦必有一處（或幾處）能產生這類感覺的獨立構造，近似『愉悅中樞』」。根據他的理論，思覺失調乃肇因於愉悅中樞功能不良。「『痛苦』幾乎主導思覺失調患者的情緒感受。」希思表示。「他們恐懼、抵抗或逃跑的心理狀態幾乎連成一氣，因為他們沒有愉悅感，無法中和這類感受。」

希思的論點是：如果他刺激病人大腦、令其產生愉悅感，說不定就能緩解思覺失調的症狀。他的目標是研發一套能在病人腦中永久植入電極的方法，讓病人依其需要刺激大腦，就像頭痛時吞兩顆阿斯匹靈一樣。據同期學者描述，希思不僅著迷於治療思覺失調症，他還想做出某種「驚人突破」；或許正因為如此，他在實驗設計、執行與解釋方面就顯得有些馬虎草率了。

關於醫師風評，病人最不想聽到的一句話可能是「作風前衛」；一九四〇年代末的希思正是如此。**當時**的科學家不太關心愉悅是從大腦哪個部位蹦出來的，而相信人腦有愉悅中樞的人更是少之又少；除了希思以外，似乎沒有人在尋找這個構造。[9]因為如此，希思幾乎不知道要從哪個地方下手，他只能靠他自己，拿著電極在病人腦子裡四處戳探，從錯誤中學習。

當年的科技不比今日，在腦中放置電極的難度極高，若插入位置稍不精確即可能造成嚴重傷害。此外，這群受試病患普遍有嚴重感染的問題，最糟糕的是希思最初經手的十名病患中就有兩位死亡，其餘八人則飽受痙攣折磨；其中有一位只要一通電就從病床上跳下來、嘶吼大叫，怒扯病袍並同時大喊：「我要殺了你！」

希思對這類危險併發症抱持的態度是：病人既然都已重病至此，應該也沒什麼好損失的了。的確，這些人**最初**都是自願參加，也大多同意希思的看法；不過，若是從今日的道德標準來看，這種做法比黑暗時代好不到哪兒去。我的一位神經科學家朋友就評論道，西方社會在一九八〇年代以前對人體試驗的接受度簡直能以「駭人」形容（這似乎也不是多久以前的事）。後來，科學界興起類似「我也一樣」（me too）的改造運動，重新檢討容許或不容許將哪些風險加諸於實驗對象，自此改變醫學實驗的倫理標準。於是乎，某些在一九八〇年代以前被認為是可接受的實驗方法，今天極可能讓你被關進大牢。

一九五五年，希思終止對思覺失調患者施行電極治療實驗。理由並非犧牲太多病人，而是他的思覺失調理論證實有誤，且療法無效。不過，希思就像在修車廠倒閉後仍鍾情於修理消音活塞的黑手——他繼續進行毫無章法的電極實驗，只不過把對象換成猝睡、癲癇、慢性疼痛等病症患者。此外，他也持續探討動機與情緒的作用關係。

雖然希思的研究細節有誤，大方向卻是正確的：人類的精神疾患大多有其生理源頭。不幸的是，即使過了整整六十年，醫界對思覺失調和其他類似病症的起因仍無定論。由於科學家沒辦法從亡者大腦分辨出病人生前罹患的是思覺失調症或躁鬱症，就連採樣鏡檢也找不出明顯差異，要想準確指出精神疾患的源頭實在困難；爾後一直要到二〇一五年，在近年遺傳學大幅進展加持之下，科學家才終於逐步挖掘出這類疾病的真正根源。雖然還有許多研究工作尚待完成，但現在我們已經知道，若某人「與神經元訊號傳遞有關」的基因較少、「與神經發炎反應有關」的基因較多，這種情況不僅容易導致低度、慢性的腦部發炎，這個人罹患精神疾病的可能性也比較高。過度分泌多巴胺（這點跟酬賞系統有關）似乎也跟精神疾患有關，不過與希思設想的「欠缺愉悅感」相比，多巴胺的影響更複雜也更微妙。話說回來，這類研究說不定能引導我們找到有效的治療方法。[10]

希思認為思覺失調起於愉悅中樞功能不足，這點可說是完全錯誤；不過，後來的研究顯示他在「愉悅中樞對動機的影響」方面倒是方向正確。此外，他相信愉悅感來自大腦特定區域的活動，這一點亦迅速獲得證實：今天，跟愉悅感有關的部位都被劃入酬賞系統，而酬賞系統正是人類萌生動機的關鍵。只可惜，礙於技術限制和希思個人對實驗規畫的散漫鬆散，儘管他汲汲營營、尋尋覓覓了一輩子，他終究無法成為發現酬賞系統此一構造的天選之人——就在他的思覺失調實驗叫停後不久，兩位加拿大麥基爾人學

（McGill University）的年輕科學家用大鼠練習放置電極時，誤打誤撞發現了酬賞系統。

動機從何來

諷刺的是，當初令希思無法準確放置電極的痛苦折磨，卻意外成為詹姆斯．奧茲（James Olds）和彼得．米爾納（Peter Milner）的幸運籤。[11] 一九五三年，奧茲剛成為博士後研究生；他完全沒有操作大鼠腦部手術的經驗，所以米爾納從旁指導他。為了磨練技術，奧茲決定先試著把電極放進大腦底部一塊當時還蠻熱門的研究區域；其實奧茲放錯位置了，但他並不曉得。

大鼠甦醒恢復後，奧茲刺激牠的大腦，測試反應。他先把大鼠放進一只大箱子，然後發送一小段電流；結果，他發現大鼠會在刺激發生時牠所在的那個區域反覆嗅聞，即使被抓離該處、牠也會一再跑回那塊地方。奧茲還注意到，如果他趁大鼠不在那塊區域時刺激牠的大腦，大鼠會立刻奔向那處地點。事實上，奧茲發現他能藉「在目標位置刺激大鼠大腦」的方式，驅使大鼠到箱內任何一處指定位置去，彷彿大鼠很喜歡這種刺激，想回到原處再感受一次。

研究人員用X光照射大鼠的腦子，這才發現奧茲把電極插在一個同樣位於大腦深處、但當時還不知其功能的構造——「依核」（nucleus accumbens）。依核是邊緣系統很重要的一部分，大腦左右半球各有一個。人類的依核大概跟一顆方糖或彈珠大小差不多。

於是奧茲和米爾納又在好幾隻大鼠的依核內插入電極，看看能不能重現他們在第一隻大鼠身上觀察到的效應。答案是肯定的。接下來，兩人設法讓大鼠能透過按壓操縱桿的方式，自己觸動電極，結果更教科學家大感驚奇：大鼠竟然迷上自我刺激，在一分鐘內反覆按壓操縱桿數十次之多，甚至對交配、飲食等其他事物完全失去興趣。如果在箱裡放置大量飲水和操縱桿，牠們會持續不斷按壓操縱桿，渴死方休。

兩人推論，大鼠之所以如此著迷，原因是依核影響了牠們對「愉悅」的感受。一如希思所相信的，大鼠腦內似乎真有個愉悅中樞，其所產生的愉悅感促使大鼠反覆索求，渴望的程度遠遠超過生存動力。於是科學家著手調查大腦還有哪些區域能激發自我刺激，結果發現了好幾個，而且全都沿著大腦中線分布，透過大量神經束彼此相接——這整塊區域就是今日所稱的「酬賞系統」。

奧茲和米爾納做出結論：他們的看法跟希思一樣，都認為動機源於追求愉悅。兩人將研究成果寫成論文發表，題名〈電極刺激大鼠腦部中隔區及其他區域所產生的正增強現象〉（Positive Reinforcement Produced by Electrical Stimulation of Septal Area and Other Regions of Rat Brains）。當地媒體《蒙特婁每日星報》（*The Montreal Star*）甚至下了一個更聳動的標題「麥基爾大學發現大腦『愉悅區』，開闢腦部研究新疆界：人類行為極可能與此脫不了關係」。這正是希思心心念念的驚人突破，無奈卻是在他人手上完成的。

於是這又帶我們回到那篇提及病患嫖妓的論文。奧茲和米爾納的發現促使許多科學家投入動物實驗，醫學倫理聲名狼藉的希思自然也在受影響之列。希思決定放棄思覺失調研究，轉而追隨奧茲和米爾納的腳步，用自己的方式做實驗：他仿照奧、米兩人在依核及周邊區域插入電極——只是對象並非大鼠，而是**人類**。

希思終於找到辦法，讓病人即使移動也不會改變電極位置，創造了在真實生活環境研究病人行為的可能性；而希思最感興趣的日常行為無非就是**性**。在那篇一九七二年發表的論文中，希思描述他的實驗結合電極刺激與色情影片，甚至還安排一名案例去嫖妓，好讓他能監測受試者高潮時的腦波活動。希思確實成功製造高潮，但引發高潮的機制依舊懸而未解。

科學方法之所以存在，是有理由的：它能阻止你一下子就跳到錯誤結論，並且引導你朝有意義的方向前進。科學進展一般都是一小步一小步逐漸累積而成，鮮少一蹴可幾。科學理論不比日常生活經驗，每一道觀念、每一項假設都必須正確描述，每一次實驗也都必須竭盡所能精準執行。棒球員若有哪一次表現特別好，那麼他可能會相信，下回若再穿上那雙神奇襪子，他的表現會更好。可是，如果要說服科學家相信這套說法，你得先定義何謂「更好」，然後穿上那雙神祕襪子和其他的襪子大量出賽，再以統計方式分析結果——這正是「魔術強森」（Magic Johnson）可以是偉大籃球員響噹噹的名號，但身為科學家的我若被喚作「魔術曼羅迪諾」則可能不會太高興的理由。

然而，嚴謹並非希思的研究風格。希思擁有偉人科學家最重要的幾項特質：他聰明、有創造力，具有洞察「產生動機的生理過程」此先見之明。可惜他生性馬虎又輕率魯莽，若要將他比作偉大科學家，差不多就如同「他是個厲害廚師，只不過食物到他手上肯定燒焦」這句話。希思雖是研究大腦愉悅機制及其角色的先鋒，但不論是他的想法或他選擇的實驗調查方法，均非主流；因此，儘管他率先提出頗具前瞻性的理論，發表過四百多篇論文，但這些論文不僅對這門研究幫助有限，今日亦多被視為科學奇想罷了。他的想法終究得靠其他人傳承下去，繼續挖掘潛在的可能性。

哺乳動物的快樂

動物無時無刻都得面對既是機會、又是挑戰的各種處境，有些獵捕覓食，有些被捕被吃。若想順利生存，動物必須讀懂牠從環境接收到的種種線索、還有牠自己的內在生理狀態，才能產生有效的行為反應。這就是酬賞系統存在的目的。

地球最原始的生命形式毋須神經激勵系統、或甚至神經的幫助，就能成功回應環境——譬如細菌就沒有酬賞系統。細菌行動並非為了追求快感，單純只是遇上會誘發自動反應的物質分子。誠如我稍早討論過的，細菌會察覺環境既存的養分並產生反應；若置於營養匱乏的環境中，它們也會團結合作、改善效率。細菌會冷落那些消耗能源卻忝於貢獻的同類，細菌會捍衛同類領土、共同抵禦外侮，細菌甚至還會根據敵我數目調整「戰略」：它們會吸收或釋出種類極廣的各式分子，完成生存壯舉；至於戰略成功與否，觀其數量即可略知一二。舉例來說，人體內的細菌數比人體自身的細胞還要多，這沒啥好奇怪的，因為地球上的細菌數目遠遠超過所有植物動物的總和。所以，各位或許認為人類是食物鏈的霸主，但是從另一個角度來看，人類其實也是細菌的活動農場。

細菌菌落的反應也和單一菌體同樣有效率。然而，因為菌落沒有酬賞系統，故只能機械式地回應刺激，猶如盧比·哥德堡（Rube Goldberg）＊筆下的生化機器。由於自動反應是制式的，缺乏彈性且有其限制，所以到了五億六千萬年前、首批擁有神經系統的動物（如渦蟲）誕生時，動物終於得以從仰賴預設反應的桎梏脫身。這群生物擁有一項新技能：牠們能評估情勢，再透過為特定狀況或目標量身打造的行動做出反應。[12]

即使在最簡單的多細胞動物身上，我們也能找到最粗淺、基本的酬賞系統。就拿「秀麗隱桿線蟲」（*C. elegans*）這種圓蟲來說吧。牠們身上只有三百零二條神經，卻擁有能整合感官輸入訊號的類中樞神經系統，也會利用多巴胺——人類酬賞系統最具標誌意義的神經傳導物質——驅策覓食行為。[13]

脊椎動物的酬賞系統隨著兩棲、爬蟲、鳥類、哺乳類一路演化，終而發展成人類所擁有、更為精密複雜的結構。脊椎動物的酬賞系統是一套「全效網絡系統」，不同動物之間的活化路徑相似，惟愉悅刺激各有不同。與其他動物相比，哺乳動物大腦的酬賞系統最是複雜。

當細菌察覺附近有營養分子，它的內建預設行為是趨近，反之則是避開無用或有害

＊　譯註：美國漫畫家，「用複雜方法解決簡單小事」為其作品特色。

分子。理論上，一個「健康」的人會覺得吃橘子比啃小飛機更容易獲得滿足；至於細菌是否吸收近身漂過的分子，取決於自身的生化設定。換言之，哺乳動物能**做決定**，這正是酬賞系統的運作優勢。我們的反應不是機械式的，我們會權衡各種因素，再選擇要採取什麼行動；我們的大腦會先評估各項潛在經驗的愉悅感，透過核心情緒探知身體狀態、衡量可能耗費的生理成本，再計算各種行動可能造成的後果及其他相關因素——唯有在完成這一連串分析之後，大腦才會決定要選擇哪個目標，驅策我們展開行動。

羅伯特．希思於一九八〇年退休。那時，經過眾人數十年的苦心研究，科學家終於搞懂人類及其他多種動物酬賞系統的諸多細節。到了八〇年代中期，生理學教科書對酬賞系統的闡釋是「一套掌管快樂的大腦結構。利用愉悅感激勵我們採取必要行動，繁衍求存」。按這套理論解釋，我們會避開帶來痛苦和不舒服的事物，採取行動以求得最大滿足，並且在腦內的飽足感回饋迴路清除酬賞系統產生的愉悅感時，終止行動——雖然我們常常經不起誘惑，狂嗑巧克力和起司蛋糕，但最後終究會停下來，原因就在這裡。

酬賞系統理論比舊有的驅力理論更能闡釋動機的起源與運作，但部分學者——尤其是研究成癮行為的同行——仍舊遇到不少難以套用該模式解釋的問題。譬如，有些成癮者即使表示他們已不再喜歡藥物產生的效果，他們仍會繼續用藥。究竟是什麼理由促使他們做出這種選擇？儘管當時無人知曉，但也沒有人質疑酬賞系統理論——直到有位孤獨的科學家，他因為實驗不斷失敗，這才終於明白出錯的並非實驗方法，而是實驗根據的科學理論。於是，我們所知的動物酬賞系統再一次掀起革命：科學家恍然大悟，原來我們體驗到的愉悅感只說了一半的故事。

「想要」與「喜歡」

這場酬賞系統新革命重新定義心理學家對愉悅、欲望的關聯認知。過去，心理學家認為，我們之所以決定不繼續追求某些我們喜愛的事物，是因為我們曉得那些事物不健康、或判斷那是不道德的。這是用意識意志去控制行為，但撇開健康或道德不談，我們會這麼做並非意味我們不喜歡那些得不到或者被剝奪的事物：你為了能套進褲子，不得不放棄布朗尼，但這不代表你對巧克力失去興趣，而是你有能力超越口腹之欲。心理學家始終相信，人類雖然能夠推遲或削弱享樂經驗，卻不會因此改變我們想要體會這些經驗的事實。我們想要我們喜歡的事物。我們喜歡我們想要的事物。這個道理似乎不證自明——但真相並非如此。學界花了近三十年才終於接受這個事實。

改寫酬賞認知的第一步在一九八六年耶誕節前夕登場。當時，年紀尚輕、在密西根大學擔任助理教授的肯特．貝里奇（Kent Berridge）接到洛伊．懷茲（Roy Wise）的一通電話。過去十年來，懷茲在「多巴胺之於酬賞系統的角色」方面做了不少開創性研究，甚至讓多巴胺在媒體界樹立「開心分子」（pleasure molecule）的名號。[14]懷茲想招攬貝里奇加入他的團隊，因為貝里奇擁有一項奇特專長：他是解讀大鼠表情的專家。光是仔細盯著大鼠瞧，貝里奇就能看出快樂、厭惡等多種情緒。懷茲打算做跟愉悅有關的實驗，身邊卻沒幾個人能看出大鼠到底快不快樂（橫豎大部分的人也不想知道）；貝里奇曾經針對這個主題出過一本參考手冊（約二十五頁的文獻探討），手冊內容被其他學術期刊引用不下五百次。[15]

大鼠的腦部基本結構與人類相同，細節卻遠比人類簡單許多，因此大鼠的情緒不如人類複雜。在大鼠眼中，任何供應糖水的籠子都是米其林三星餐廳。懷茲推斷，如果多巴胺當真是「開心分子」，那麼妨礙多巴胺作用肯定能讓糖水變得跟濕木屑一樣，令大鼠提不起勁。所以，他打算給大鼠注射一種能阻斷這種神經傳導物質的藥物，然後比較大鼠在注射多巴胺阻斷劑前後的反應。

懷茲的預想是，大鼠在注射阻斷劑前會伸出小舌頭、愉悅地舔舔嘴唇，這是牠們在這種情境下的習慣動作。懷茲假設，大鼠注射阻斷劑後，原本象徵愉悅的反應會減弱或消褪。但他該如何量化這種變化？這時候，貝里奇的專長就顯得重要了：舔唇頻率猶如大鼠的愉悅指標，可以用特製的「測誘儀」（**lickometer**）輔助測量。懷茲的研究**美妙**得令貝里奇大為驚歎，他迫不及待想跟這位知名科學家組隊合作。

但實驗失敗了。多巴胺阻斷前後，大鼠露出愉悅表情的程度都差不多。如果這是好萊塢電影，貝里奇那晚回到家應該會鬱悶地瞪著壁爐發呆，然後腦中閃過戲劇化、足以解釋來龍去脈的頓悟；不過，現實中的科學家不會把失敗看得太嚴重。「你做實驗，但怎麼做就是不成功。這種事偶爾都會有的。」貝里奇說，然後你會繼續嘗試。貝里奇試了，但大鼠的反應依舊毫無差異。

最後懷茲失去興趣，但年輕、或許也更樂意擁抱新觀念的貝里奇又試了一次。這一回，他改用一種會攻擊多巴胺的強效神經毒素，讓多巴胺「徹底失效」；雖然大鼠探舌舔唇的開心小動作依舊維持不變，但貝里奇注意到一件奇怪的事：多巴胺徹底阻斷的大鼠看起來還是喜歡糖水，但牠們不會主動去喝它；事實上，除非強迫灌飲，這群大鼠即使渴死也不喝。牠們仍舊**喜歡**糖水，但是喝糖水的**動機**卻徹底消失了。

貝里奇的實驗似乎與當時「愉悅驅動行為」的主流觀念相悖，也違反常識：既然食物（糖水）能讓動物（大鼠）產生愉悅感，牠們為什麼還是不想吃（喝）？

於是貝里奇推論：我們的酬賞系統在「喜歡」和「求取的動機」——他稱之為「想要」或「欲求」——之間有著明確的界線。我們往往會想要我們喜歡的東西，但貝里奇詰問：兩者在邏輯上是否必然有關？我們能不能單純喜歡一樣東西，卻沒有任何動機想得到它？[16]

就拿設計機器人來說吧。機器人大腦在所有預設環境中能「感受」到的愉悅程度，應該能以記錄器數值呈現。這套程式會提供一套參考指引，載明哪些事物能讓機器人感到愉悅，並且量化每一種誘因能引發的愉悅感和持續時間。機器人感受愉悅的程度（即記錄器上的數字）會隨著機器人的經驗累積，因時而異。

某天，機器人走在路上，碰上程式定義為「愉悅」的突發狀況——譬如遠處飄來淡淡的玫瑰花香。若是朝玫瑰花的方向前進，花香應該會更明顯、也會提升愉悅感，但啟動新動作需要做決定或者下指令。於是，除非機器人的程式剛好也有「採取行動以提升愉悅層次」這類指示，否則機器人不會因此改變路徑、走向玫瑰花。因為這麼做需要兩套系統：一套用來定義「愉悅」，另一套控制「欲求」——即能觸發行動以提升愉悅指數的狀況條件。

這正是貝里奇從大鼠實驗洞悉的真相：大鼠的喜歡（愉悅感）和想要／欲求（動機）源自酬賞系統內兩套截然不同、但彼此連結的子系統。[16]貝里奇推測人腦也是這麼組建的：酬賞系統有一套「愉悅計量儀」，也就是負責定義「喜歡」的迴路；然而若要採取行動、主動覓求這些喜歡的事物，我們還需要另一套驅動程式——於是就有了「欲求」這套內建在酬賞系統底下的迴路，用來決定我們的動機是否足以追求任何一項能帶來愉悅感的特定事物。

目前，人腦內已鑑別確認的神經傳導物質少說有上百種。由於絕大多數的神經都已特化，故每一種神經只能使用一種神經傳導物質傳遞訊號。貝里奇推斷，假如是因為欲求系統使用多巴胺、而喜歡系統不用多巴胺，這樣應該就能解釋他徹底阻斷多巴胺的實驗結果了——因為他破壞了大腦的欲求系統，卻沒動到負責喜歡的迴路。如果他的假設正確，多巴胺就不再是「開心分子」，而會是「欲求分子」了。

貝里奇著手為他的假設尋找證據。他已經製造出一批喜歡糖水但不想喝糖水的大鼠，但他能不能做出想喝、卻不喜歡糖水的大鼠？可以的。貝里奇用微弱電流刺激大鼠的欲求迴路，誘使大鼠狂飲原本令牠們難以下嚥（從表情判斷）的苦味奎寧水。[17]

其實這已經足以作為支持「喜歡與欲求迴路獨立運作」的強力證據，但貝里奇並未就此滿足。他發現「喜歡」這個子系統使用「類鴉片」（opioids）和「內源大麻素」（endocannabinoid）——即大腦自然產生的海洛因和大麻——作為神經傳導物質，這也是服用這類藥物何以能放大感官愉悅的原因：因為它們才是大腦裡真正的「開心分子」。[18]於是，當貝里奇阻斷這兩種分子作用，大鼠旋即表現他所假設的行為：牠們顯然不再喜歡糖水了，但由於多巴胺迴路仍完整無損，大鼠仍會想喝糖水。[19]

貝里奇繼續在人類身上尋找這種「喜歡」與「欲求」行為不一的證據。以後見之明來說，這種例證並不難找，其中一項就是藥物成癮（譬如尼古丁）：即使服藥無法帶來任何、或甚至只有一點點愉悅感，有藥癮的人還是會不顧一切地想嗨一劑。另一個比較無害的例子是：櫥窗內陳設的商品使你看一眼就無法移開視線。即使你在看見它以前根本不喜歡這樣東西，櫥窗陳設仍激起你想要擁有的欲望；事實上，廣告宣傳的重點不只是要激起你愛上商品的心情，還要激發你想擁有的欲望；[20]有些時候，單單只是把商品（或是一張頗具吸引力的照片）擺在你面前，就能達到這種效果。有一項試驗就是讓受試者看幾張令人垂涎欲滴的高熱量食物照片，同時記錄大腦影像：食物形象能刺激欲求迴路，反應強弱則因人而異。接下來，受試者全部加入為期九個月的減重計畫；結果在前述試驗中對食物照片反應最強烈的人，減重成效最差。[21]也就是說，科學家可以利用這類資料（譬如大腦影像）預測你的節食計畫會不會成功。

導致欲求／喜歡分歧的原因很多，其中之一是為了實現欲求所經歷的折磨與掙扎。心理學家發現，在我們想獲得並追求某項事物的過程中，若是橫遭阻礙，有時會導致我們「想要」的程度超過「喜歡」。二〇一三年，一群香港學者找了六十一位男大學生來做實驗。[22]這些學生以為他們報名的是「速成約會」活動。研究人員想讓大學生「感覺」到他們被刻意灌輸跟約會對象有關的資訊；由於這是一項條件控制試驗，所以研究人員希望這些學生都找同一名女性約會。活動開始前幾天，研究人員把四位女性的個人簡介寄給這些學生，請他們從中挑選一位；不過這些資料已經被動過手腳，讓其中一名女子看起來特別有魅力。想當然耳，受試學生全都選了這一位，研究人員也就順勢安排這六十一場約會囉。

這位「簡介」廣受學生青睞的女性，其實是研究人員安排的樁腳。她接到的指示是要積極回應某些受試者——譬如不時微笑、尋找共同話題、拋出問題暗示對方她對哪些事物感興趣等等。研究人員將這一組稱為「好釣組」。然而在和另一組學生互動時，她必須表現得冷淡疏離，偶爾還得不甘願地回答受試者的問題。這組則是「難搞組」。

約會結束後，研究人員要求每一位受試者依其感受替他們快速約會的對象打分數；

一分代表感覺極差，七分代表感覺超好。同時，研究人員也找來打了相同分數的同學，詢問他們「想再見到這名女子的強烈程度」。不用說，「好釣組」學生喜歡約會對象的程度非常明顯，然而更期待第二次約會的卻是「難搞組」。這群年輕男生喜歡容易釣上手的女性，但他們真正想要的卻是難搞的女人。這項研究終於證實了兩千四百多年前、蘇格拉底著名的「約會箴言」——他勸交際花「希奧朵」偶爾要先按捺自己的情感，等待男人因為欲望而表現「飢渴」時再示愛，這樣應該會更受人愛慕。[23]

繪製欲求與喜愛的大腦地圖

肯特．貝里奇花了好些年繪製大腦「喜歡系統」的解剖位置圖。他和他的團隊在大鼠大腦各處微量注射類鴉片，依其探舌的動作判斷並記錄哪些部位能強化愉悅感，標示喜悅的源頭。[24]貝里奇發現，喜歡的感覺並非源自單一或某個主要構造，而是一組分散且遍布於酬賞系統內的小型區塊（稱為「意元」〔chunk〕）。人腦的這些小神經區塊直徑不到半英寸，貝里奇稱其為「快樂熱點」（hedonic hotspots）：[25]它們有的在中腦深處（譬如「依核」或解剖學家十多年前才成功辨識並命名的「腹側蒼白球」〔ventral pallidum」）；有些則位於眶額皮質，愉悅的「意識經驗」即由此而生。

貝里奇也發現，依核是欲求系統的關鍵要角；而欲求系統的分布比喜歡迴路明顯更為集中。每當我們強烈感覺到想吃、想喝、想做愛、想唱歌、想看電視或想運動時，源自這對小彈珠構造內的神經訊號彷彿就像真正的靈感來源一樣：依核發起欲望，然後將訊號送進眶額皮質，做成這些欲望的意識經驗。[26]

欲求系統的位階比喜歡系統更低、更原始。每一種動物身上都有欲求系統，就連最簡單的動物也有。[27]欲求系統的演化早於喜歡系統。事實上，絕大多數的古生物都不具備喜歡迴路，但光是食物、水這類生存需求就能驅動欲求迴路。這不無可能：因為，如果動物已經預設為牠們「想要」一切賴以維生的元素，那麼不論有沒有「喜歡」的經歷或體驗，動物都能活下去。

如果反之亦為真，也就是動物體內預設「喜歡」卻不一定「想要」生存所需的元素，那麼牠不一定會產生動機以滿足基本需求，結果可能導致死亡。不過，高等動物的喜歡系統相當有效且好用，讓我們的行動不再**直接**受欲求或想望驅使；喜歡能刺激欲求，但也不會自動發生。在欲求迴路被觸發以前，大腦會將喜歡和其他因素一併納入考量。譬如，食物是基本需求，我們與生俱來的設計就是會喜歡食物。然而，當眼前出現一份令人食指大動的餐點，我們不見得會不假思索、大口吞下，反而會暫停片刻，讓大腦將進食的愉悅和營養、美感等多種因素衡量比較一番。正因為動物演化出喜歡系統，我們才可能採取這種具有細微差異的行為，甚至暫時放棄我們衷心喜愛的事物。有趣的是，由於這種「自制」決定受意識腦支配左右，所以原則上我們可以透過練習和決心來強化這項能力。

近來，貝里奇又一次填補動機圖譜的一道缺口。傳統上，酬賞系統研究主要著眼於「獲取」、而非「規避」的動機，但兩者似乎同等重要。於是，數年前，貝里奇發現依核不只掌管欲求，就連和欲求相反的「規避」或「逃脫」也由它主宰。[28]這個結構一邊產生欲求，一邊輸出擔憂，而欲求與擔憂之間則以梯度相連。貝里奇將這個梯度比作琴鍵，它能彈奏極高或極低音，也能表現中段的連續音階。

這項發現最有趣的地方在於，依核可以被情境或心理因素「還原」——光線刺眼、音樂太大聲等令人焦慮或過度刺激的感官環境會擴大「擔憂生成區」，而平靜舒適的氣氛會觸發梯度另一端的「琴鍵」，擴大欲求、壓縮擔憂。

這個現象值得我們注意，因為這類迴路能在非意識層次運作，在你察覺不到其來源的情況下發揮效用。我有一位朋友，她的辦公室很吵，而她發現自從換了這份工作以來，她似乎經常隱約感到焦慮，但她無法明確指出工作上哪裡出差錯。後來，她懷疑焦慮是噪音引起的，於是便戴上耳機工作，焦慮感也逐漸消褪。有些人比較容易受到環境影響，但總的來說，貝里奇的研究有助於解釋我們即使在相同的生理條件下，依然有可能因為不同背景環境而產生不同的反應。

歷經數年的悉心研究，貝里奇終於建構出一套革命性的酬賞系統新理論，但過程並非一帆風順，因為領他入門的導師洛伊・懷茲並不認同他的結論——其實是沒有一個人接受這套理論。因為如此，在最初的十五年間，貝里奇沒有半毛資金援助，只能利用其他計畫東一點、西一點地修改理論。二〇〇〇年，他終於籌到研究資金、加快研究進度，但世人竟又耗費另一個十五年才理解他的想法。直到近年，質疑的聲音終於徹底消失——從二〇一四年起，他的論文幾乎每年都被引用達四千次之多。「肯特是最了不起的研究先驅之一。」貝里奇目前在牛津大學的研究夥伴摩頓・克林格爾巴克（Morten Kringelbach）如此表示。「他之所以能有今天的成就，是因為他壓根不管別人說什麼。」

肥胖與加工食品

二戰後期，我父親被關在布痕瓦德集中營。在德國威瑪時代，此地是一片山毛櫸林，而「布痕瓦德」正是德文「山毛櫸林」之意。儘管納粹設立集中營的理論依據是「勞動滅絕」（*Vernichtung durch Arbeit*），也就是強迫勞動至死；但成千上萬的布痕瓦德囚犯實際上卻是死於人體實驗，或遭納粹黨衛軍隨興吊死或槍決。

我父親於一九四三年被送進布痕瓦德，進去之後體重直直落，差點活不了。時值壯年的他原本大概一百六十五磅重，但一九四五年春天，他的體重剩下不到一半。後來，美國陸軍第八十九步兵師在那年四月四日突進布痕瓦德的外營奧爾德魯夫（Ohrdruf）；隨後數日，美國陸軍步步進逼，德國人開始撤出主營，數千名囚犯被迫加入這場猶如「死亡行軍」的撤離行動，但也有少數人利用這場混亂逃過一劫——我父親便是其中之一。他和朋友莫西鑽進地窖深處，躲在一大落箱子後面；他倆頂著寒冷躲了好些天，沒得吃沒得喝，只能靠彼此的體溫取暖，深怕被人揪出來。

四月十一日下午三點十五分，美國陸軍第九裝甲步兵營的一支分遣隊抵達布痕瓦德大門口，在振奮喧鬧中解放集中營。父親和莫西聽見外頭的騷動聲，這才從藏身處鑽出來。他們走向這群大多十來歲、或至少比他們年輕許多的美國大兵——逆光中，年輕人驚恐地看著眼前不知從哪兒冒出來的囚犯，以及周圍散置四處、胡亂堆疊的屍體。

美國人很慷慨，他們把身上所有的東西都給了我父親和莫西——巧克力、義式臘腸、香菸、水壺。後來父親告訴我，在歷經數年飢餓和數日絕食之後，即使是地上的老鼠或髒水在他們眼中都是佳餚美饌；然而在解放那天，雖然他們有機會飽餐一頓，他倒是很節制：莫西吃個不停，父親只吃了一條義式臘腸。數小時後，莫西劇烈腹痛，隔天就死了。

人體構造多元複雜，不同個體必定有其差異；我父親的組成設定使他選擇自我克制，而可憐的莫西則否。一般來說，哺乳動物的動機系統本來就只能在一定範圍內的普通情況下運作，並非用來應付極端狀況；若遭逢絕境，任誰都會變成嚴重心理不正常的生物。比方說，如果大鼠被嚴格限食一段時間（食物分量比任食時減少許多）、再恢復任食，牠們會變得狼吞虎嚥、暴飲暴食，就像莫西一樣。[29]當內外環境出了狀況，按理說應該要能採取適當反應的神經系統，也可能反過來引領我們走向死亡，一如莫西的悲慘下場。這是社會秩序無法正常運作時必定會出現的問題，也是酬賞系統失衡或被誤導的受害者每天都得面對的難關。

不過呢，也有人的工作是**確保**酬賞系統被誤導，如此他們才能從中牟利。想想食品加工業吧。約莫就在剛過千禧年的時候，某家冷藏起司蛋糕製造商因為**大家都愛莎莉雪藏蛋糕**這句老牌標語而短暫起死回生。[30]十年後，神經科學家保羅・強森（Paul Johnson）和保羅・肯尼（Paul Kenny）發現這話說得真是對極了——除了人類，喜歡莎莉雪藏蛋糕的還包括兩位科學家做研究用的大鼠和小鼠。雖然這家公司應該不太可能會把「就連鼠輩也愛莎莉雪藏蛋糕」當作宣傳詞，不過，該項產品之所以人鼠咸宜並非沒有道理：這是一道用糖、脂肪、鹽和化學物精心調製而成，讓你滿足卻永不嫌膩的交響美饌。[31]這種組合太不健康、太容易上癮，以致強森和肯尼將雪藏蛋糕連同大鼠平日飼糧一起餵食時，這些大鼠像吹氣球一樣，體重在四十天內從平均三百二十五克暴增到五百公克，腦袋瓜裡也有幾處地方出現病變。這個結果太令人印象深刻，就連這塊使用三十多種原料、宛如「盒裝化學實驗室」的莎莉雪藏蛋糕，也同樣教人難忘。[32]

說句公道話：實驗鼠不只喜歡莎莉雪藏蛋糕，也喜歡其他許許多多高度加工的食品。研究人員把大鼠放進一個二十四小時供應糖霜、糖果和磅蛋糕的「吃到飽餐廳」，進行飲食與酬賞系統的關聯實驗，目的是探討導致暴飲暴食的「類成癮性酬賞機能障礙」。令人擔憂的是，實驗證明，垃圾食物極易引發暴食症，因為這正是大多數加工食品商和速食業者的訴求與目標。誠如可口可樂前執行長陶德．普特南（Todd Putnam）所言，他手下的行銷團隊致力於「要怎麼讓更多人喝下更多可樂、並且更常喝它？」[33]用「成癮」來描述人類過度攝取加工食品的行為，似乎有點奇怪；不過，這個詞彙的定義已不若過去狹隘，不僅限於藥癮、酒癮等化學物成癮行為。基於神經科學家的新近研究，我們反而必須擴大對成癮行為的認知與理解。今天，舉凡賭博、上網、玩遊戲、衝動性行為及食物，都被認為是可能上癮的誘因，而且問題根源全都一樣。為了反映這種現象，美國成癮醫學協會（American Society of Addiction Medicine）於二〇一一年將「成癮」重新定義為「原發於大腦酬賞系統的一種慢性疾病」。[34]

當我們的酬賞系統按演化指示運作時，喜歡和想要會協力合作，以極為精密複雜的方式讓我們能分辨這兩種感受。如果我們喜歡性（或是冰淇淋），我們也許會興起想得到的欲望，但也可能不會（如貝里奇揭露的真相）；可是，成癮物質及成癮行為會讓依核出現生理變化、劇烈提高多巴胺釋出量，因而過度刺激個體的欲求迴路。[35]每一次刺激都會放大這種效應，引發越來越強烈、想不斷重複成癮行為的一股欲望——科學家稱為「增感作用」（sensitization）。這種生理變化相當持久，甚至可能永遠存在。可悲的是，成癮性藥物通常會對喜歡迴路產生相反的效應：由於成癮者對藥物的耐受性越來越高，藥物帶來的愉悅感會逐漸降低；因為如此，藥物成癮的時間越久，成癮者對藥物的欲求就越高、但也會越來越不喜歡它。

有些人特別容易受這種變化影響。遺傳學家利用新科技找到了成癮行為與基因之間的關聯：個體對成癮物質的敏感度，似乎取決於欲求系統內多巴胺受體的數量。[36]因為我們對某物上癮的情況非常普遍，各位或許以為，這代表人類基因設計出現重大缺陷，殊不知實情並非如此：成癮行為在自然環境其實相當罕見。以打獵和採集食物維生的游牧社會根本沒有「上癮」的問題，大鼠和小鼠也只有進入人造實驗環境時，才會嚐到成癮之苦──成癮只是人類「文明」社會的副產物。在這樣的社會裡，人類創造出有三十幾種成分的起司蛋糕、危險藥物、以及各式各樣被諾貝爾得主尼古拉斯．廷貝亨（Nikolaas Tinbergen）稱為「超常刺激」（supernormal stimuli）的商品。[37]

成癮與超常刺激

廷貝亨是在某個意外情況下偶然發現「超常刺激」概念的。當時，他在荷蘭實驗室研究有著亮紅色腹部的公刺魚：即使養在水族缸裡，公刺魚依然保有領域行為，會攻擊其他侵入領域的公刺魚。為了研究這種行為，廷貝亨和他的學生利用鐵絲操作死魚，接近守護領域的公刺魚；為方便操作，他們改用木假魚，結果沒多久就發現原來是公魚腹部的紅顏色會誘發攻擊行為——就算假魚再怎麼逼真，只要它的腹部不是紅色的，公刺魚似乎便完全不在意，但牠們會攻擊所有底部為紅色的物體，即使長得再不像魚也照樣攻擊不誤；養在窗邊的公刺魚就連看見路上駛過的紅色廂型車也會起反應。最重要的是，廷貝亨注意到：如果假魚身上的紅色比真魚更耀眼，公刺魚會無視真魚、攻擊假魚。

顏色鮮豔的假魚即為「超常刺激」，也就是比所有自然刺激更能強烈激發動物反應的人為刺激。廷貝亨發現，要製造這類刺激其實不難：譬如，習慣撿「流浪蛋」回家的鵝媽媽會為了把體積碩大的排球滾回家，而對自己生的一窩蛋置之不理。如果綁在木棍上的假鳥嘴有著比親鳥嘴喙更鮮明的記號，剛孵化的雛鳥也會無視自己的爸媽，轉而向假鳥嘴索討食物。廷貝亨發現，放諸整個動物界，任何一個為了增強吸引力而刻意設計的人為刺激，似乎都能改變並控制動物的本能行為——這也是加工食品製造商、香菸產業、違禁藥頭們、還有那些供應類鴉片藥物的大藥廠對「顧客」所做的勾當。

最易成癮的物質或行為活動都屬於超常刺激。正如同超常刺激對刺魚世界的影響，它們也會擾亂人類世界的自然平衡。比方說，最容易使人上癮的藥物其實都源自植物，只是它們被精煉成高濃度，意即透過加工製成更強效、使主成份能更快被吸收並進入血液循環的產品。[38]

各位不妨再想想古柯葉（coca leaf）：若是放在口中嚼嚼或煮成茶汁，它只會產生輕微刺激，成癮性也不強；若是精煉成古柯鹼或「快克」，不只吸收速度變快，成癮性也會大幅提高。同樣的，如果罌粟花是人類取得類鴉片物質的唯一途徑，大概也就不會有嗎啡濫用的問題了。香菸的情況也差不多。由於人類將採集來的菸草加工製成能以「菸氣」的形式抽吸，又加入數百種能增添香氣與風味、且令其能更快進入肺部的添加物，結果做出「香菸」這種明顯比未加工菸草葉更容易使人上癮的菸草產品。酒也是加工品。如果我們在店裡買不到伏特加，只能靠馬鈴薯自然腐爛發酵的方式取得，或許也就不會有這麼多酒鬼了。

現代社會的肥胖問題同樣源自超常刺激，食品科學界稱這類食品為「超可口食品」（hyperpalatable food）。為了避免營養不良，演化讓大腦偏好熱量密度高、像是漿果或肉類這種含糖量高或高油脂的食物；不過這種食物在自然界相對不易取得，故肥胖在古代並不常見。工業時代以前，人類主要以穀類和富含蛋白質的未加工食物維生，再加上這類食物鹽分不高，因此肥胖問題依舊罕見。然而，近數十年來，加工食品製造商學會利用類似藥頭製造成癮性藥物的手法，改變食物風味——他們一發現人類酬賞系統會對哪些物質起反應，就馬上把這些物質變成非自然、能更快進入血液循環的高濃度型態。於是，含有這類物質的食品就像違禁藥一樣，憑藉其高濃度和快速吸收的特性，增強酬賞系統反應。

今天，食品公司每年投入數百萬美元研究如何開發超可口食品——業界稱為「食品最適化研究」（food optimization）。某位哈佛出身、從事食品研發的實驗心理學家表示：「我做過披薩最適化，也改良過沙拉調料和椒鹽餅乾風味。我可以說是改變這個領域遊戲規則的人。」[39]

這群食品改良員之所以能改變遊戲規則，理由是超可口食品會干擾人類的自然傾向，就像排球對母鵝母性直覺、或假鳥嘴對雛鳥餵食的超常影響。於是乎，人類對這類最適化食品的渴望程度會遠大於愉悅感激發的需要程度。

光是在美國，每年大約有三十萬人死於肥胖問題。[40]由於這種情況就像溫水煮青蛙一樣，並非突然發生，而是漸進使然，導致我們意識到問題時多半已經來不及了——容易取得並導致濫用的藥物和突飛猛進的商業食品加工技術，雙雙愚弄了人類的情緒酬賞系統。儘管科學能闡釋食品使人上癮的機制，但留心警訊、避免被操縱導致肥胖，仍需仰賴消費者本身的自覺，方能達成。

喜歡和欲求系統的設計與機制、還有發現這些機制的故事，無一不教人驚歎。一旦明白酬賞系統在分子層次的運作方式，有些人便學會以之牟利，譬如利用生化機制操縱人類行為的菸草、食品及藥品製造商（違禁藥頭和某些大藥廠皆然）。你我都是教育良好的消費者，既然已知他們的所作所為，我們更應該運用知識，做出更好、更健康的選擇，見招拆招。

第七章
決心

一九九〇年二月，東京。麥克・泰森（Mike Tyson）站得離對手很近。這場重量級世界冠軍拳擊賽的第八回合再過五秒即將結束，沒人看好泰森的對手「剋星」詹姆斯・道格拉斯（James "Buster" Douglas）竟能打到冠軍賽。[1]道格拉斯舉起雙肘，戴著手套的左右拳微抵在下巴前，圈起的雙臂猶如封閉圓環。他低頭看著泰森——泰森雙膝微曲，似乎矮了一個頭——顯然想誘他出拳。

泰森一個動作、扯直身體，右拳瞬間穿過對手雙臂圍成的圈，一記上勾拳穩穩擊中道格拉斯的下巴。道格拉斯的腦袋猛地朝右甩、兩腿一彎，踉蹌後退並重重摔躺在擂台上，甚至往後滑行了兩英尺。

道格拉斯眼冒金星，裁判開始倒數。數到七，道格拉斯終於支起手臂、設法站起來；數到九，他已起身，仍站不太穩。HBO體育節目評論員賴瑞．莫錢特（Larry Merchant）說：「他被打趴了。」如果這一幕早個十秒上演，泰森肯定有時間再補上一拳，直接了結道格拉斯；但鐘聲響起，這一回合結束。道格拉斯逃過一劫，回到休息區；他還有六十秒鐘時間擺脫暈眩，迎戰下一回合。

開場鐘聲響起前，莫錢特斷言：這場比賽若是道格拉斯勝出，大概就跟東歐劇變差不多（當時東歐的政治情勢極度混亂，終而導致蘇聯解體）；另一位評論員、前拳擊手「蜜糖」雷．倫納德（"Sugar" Ray Leonard）也表示，道格拉斯光是能撐過前幾回合就已經「舉世震驚」了。拉斯維加斯「幻象」（Mirage）博彩公司先是開出二十七比一的賭盤，看好泰森勝出；不過「大家還是拚命下注賭泰森贏」，集團大老闆吉米．瓦卡羅（Jimmy Vaccaro）如此表示。為了平衡賭注，他把賠率拉高到三十二比一，最後更變成四十二比一。其他賭場連比賽賭盤都不開了，因為沒有人願意賭道格拉斯贏；不過，他們倒是開盤讓大家賭比賽時間，看看道格拉斯能在泰森拳下撐多久。泰森在這一系列的頭銜保衛戰已連續五場撂倒對手，上一場比賽的對手甚至只撐了九十三秒鐘。

道格拉斯原本不在泰森的對戰名單上。讓拳迷引頸期盼的**真正**好戲其實是六月安排在大西洋城的比賽，由泰森出戰另一位實力更接近的拳擊好手依凡德・賀利菲德（Evander Holyfield）。事實上，就在道格拉斯對戰泰森的前一晚，拳擊運動發起人唐・金（Don King）、賭場大亨唐納・川普和賀利菲德的經紀人謝利・芬柯（Shelly Finkel）還相約晚餐，討論大西洋城的比賽分籌（泰森拿兩千兩百萬美元，賀利菲德一千一百萬），根本沒人在乎道格拉斯這場比賽。東京這場只是臨時加賽，讓拳王在迎接大賽之前有機會暖暖身、多撈點錢。東京方面付給泰森六百萬美元來比賽，而無名小卒道格拉斯捱這一頓打也能進帳一百三十萬美元——這個數字遠超過他至今任何一場比賽的收入。

就算全世界都不看好「剋星」道格拉斯，他的母親仍支持到底。自從道格拉斯受訓打拳以來，蘿拉・道格拉斯逢人必吹噓自己的兒子有多厲害；他請她別太張揚，但她充耳不聞。「他總有一天會打到冠軍賽」，她說，而且他會「打得對方屁滾尿流」。其實道格拉斯自己也一樣：他夢想有一天能跌破眾人眼鏡，想像自己的勝利能為母親添購多少好東西。

對戰三週前的某一天，道格拉斯被一通凌晨四點打來的電話吵醒：母親嚴重中風，幾乎是立刻就過世了。年僅四十七歲。道格拉斯整個人都垮了。「我縮在自己的殼裡，」

他說，「沒有人能理解我的困境。我失去我最好的朋友，我的母親。我不知道還能倚靠誰、找誰傾訴。」他的顧問建議他退賽，但他拒絕了。「她會希望我堅強留在擂台上。」他說。

道格拉斯在第八回合被擊倒的時候，《紐約時報》記者詹姆士・史騰戈德（James Sterngold）說：「我當下的直覺反應是：比賽結束。」不只他，大多數人也都這麼想。道格拉斯心知若是再回到擂台上，泰森肯定會狠狠教訓他，尋求第三十四次「一舉擊倒」（KO）的機會；而且他也不一定要繼續這場比賽。他能撐到這一輪早已超出眾人預期，或甚至不可能吃了剛才那一拳還能再爬起來；如果他決定停在這裡、收下一百三十萬走人，應該也不會有人怪他。但他決定繼續打。他站起來，再一次走向泰森。兩回合後——第十回合還剩一分五十二秒結束——道格拉斯連續出拳，擊垮泰森。數十年後，那一回合依舊是拳擊史上最大爆冷門的一場比賽。

泰森被道格拉斯打倒後，開始陸續吞敗。泰森不只拳法高超，出拳也極具威力和攻擊性，沒有選手不怕他。可是道格拉斯讓大家明白一件事：只要你有毅力撐過前幾回合，泰森也是會累的，到時候比賽就可能變得不一樣。泰森光芒漸褪，他不再是打不倒的拳王了。不過道格拉斯也是，幾乎可謂曇花一現——他取代泰森，在大西洋城與賀利菲德對戰且篤定賺進兩千萬美元。不過他的心早已不在擂台上。道格拉斯於第三回合被擊倒，沒多久就退休了。

與泰森對戰後，曾有人採訪道格拉斯是怎麼辦到的——第八回合被重重打倒之後，他如何重回擂台、繼續攻擊，以及他這個「無名小卒」又是怎麼做到「擊倒拳王泰森」這項史無前例之舉？道格拉斯突然眼眶泛淚：「我的母親。」他說。「我的母親……願上帝保佑她在天之靈。」她相信他，她的夢想鞭策他、讓他不願辜負她的期望。這的確是個老掉牙的感人時刻，不過也讓我們看見影響人類經驗最重要的因素之一：決心。那晚，在東京，道格拉斯懷抱的決心遠勝泰森，也遠遠超過後來他與賀利菲德對戰時的決心。

如果你問拳王阿里（Muhammad Ali）能做幾下伏地挺身，他可能會說：「九或十下吧。」顯然他的能耐不只如此。他曾在自傳中表示，除非他已經做了非常多下、痛得要命且快要撐不下去了，他才會開始數自己做了幾下。[2]雖然道格拉斯沒有阿里的毅力，至少在那場賽事上，母親的死確實激起他鋼鐵般的決心：他想贏。

你我在實現目標的過程中也常遭遇阻礙：天賦有限、財務困難、大環境或健康問題等總是令我們難以順心如意。若要剷除這些障礙，「決心」是一項好工具，人生處處是印證；不過，決心對體育活動的影響尤其明顯，因為運動賽事規則固定、有輸有贏，還有明確的統計數據。事實上，道格拉斯的勝利並非特例：翻開運動史，我們總能看見拿出無比決心且異常堅定的人，一次又一次達成世人以為不可能的目標。譬如在四分鐘內跑完一英里的「四分鐘障礙」（**4-minute mile**）。數十年來，無數運動員都想達成這項非凡紀錄，但沒有一個人成功。專家表示，人體不可能實現這個目標，他們也警告運動員切莫輕易嘗試，以免發生危險。一九五四年五月六日，醫學院學生羅傑・班尼斯特以三分五十九秒四的成績締造紀錄；一個月後，澳洲人約翰・藍迪將紀錄更新至三分五十八秒。很快的，頂尖跑者打破「四分鐘障礙」紀錄逐漸成為常態。據《田徑新聞》（*Track & Field News*）報導，目前大約已有五百名美國跑者突破這個障礙，並以每年數十人的趨勢增加，[3]彷彿打開了某種開關——不是身體上的、而是心理上的開關：眾人意識到這項任務是可以完成的。這份認知引致決心，促使運動員持續推進努力，終而實現目標。

莎士比亞曾藉劇中人提問：「我們該默默承受命運宛如投石與箭矢的無情攻擊，還是拿起武器、挺身對抗一次次的困境與挑戰，堅定反抗？哪種心態更崇高偉大？」大自然給出的答案再清楚不過：拿起武器，挺身對抗。

我們在上一章已經認識動機為何物——「動機」是你我之所以採取某個特殊行動的理由（因為想要或／和喜歡）。而這一章，我們要來說明另一個和情緒有關的主題：決心——驅策我們不畏艱難險阻、堅持實現目標的堅定意志。對於感受的起源和演化、還有人類經歷的種種微妙情緒及其目的，學界仍無定論，各有各的道理；然而，我們從情緒這門新科學所學到最重要的一課是，情緒最初、也最根本的目的是作為人類和動物的心理後盾（即使是最低等的動物亦然），促其擁抱機會並面對、承受、克服挑戰。驚人的是，現在科學家竟然已經知道決心從哪兒來了——他們能在各位的大腦中明確指出決心迴路的位置。當這些區域因疾病或外傷受損，你會變得無精打采、情緒低落；一旦受迫激發，你的心緒就會變得跟道格拉斯打敗泰森那晚一模一樣。

決心從何來

一九五七年六月，十四歲的智利男孩阿曼多因劇烈頭痛醒來；這一痛就痛了大概十五分鐘，[4]但痛完也就沒事了。幾星期後，劇烈頭痛再度發作，不過這一回卻是在清醒時發作的。第三度發作之後，醫師建議阿曼多的雙親帶他去妙佑醫院（Mayo Clinic）檢查；結果顯示，阿曼多大腦中線附近某個充滿液體的腔室（或腦室）裡，長了一顆小腫瘤。同年八月初，醫師開刀把腦瘤摘除了。

手術以前，阿曼多是個舉止正常、腦袋靈光、親切又和氣的少年；手術之後，他對身邊的一切漠不關心——不會轉動眼珠子，不會留意屋裡的動靜，也不會自發做出任何動作；如果把他擺弄成明顯奇怪的姿勢，他甚至不會自己移動身體、調回比較舒服的姿勢。他會聽從命令，篤定地拿起指定物品，但他閉口不語、也沒有其他反應。他只在有人對他說話的時候才開口，但都只是簡短生硬的回答。他不會主動吃東西，如果把食物放進他嘴裡，他不咀嚼、也沒有任何品嚐滋味的反應，而是直接吞下去。他認得自己的父母，但不會顯現任何情緒反應；對其他人也一樣。假如世上有任何與「剋星」道格拉斯的決心完全相反的東西，肯定就是這孩子表現的這種「強烈的無動於衷」吧。

約莫一個月後，阿莫多因手術腫脹的大腦開始消腫，他的無動於衷也漸漸消褪了。他開始對環境起反應，會為了目標而行動，也開始跟旁人互動——非常突然地，他似乎恢復本性了。他會喊爸媽的名字，也會主動說話；他會友善地跟醫師打招呼，聽到笑話會笑，也對周遭的事物感興趣。他甚至非常勤奮地學習英文，沒多久就能和不會說西班牙語的護理人員以簡單的英語對話。當時沒有一個人明白他到底發生了什麼事：到底是哪部分的腦組織會因為水腫而受到這麼大的影響？科學家研究了近五十年才終於找到可能的解釋。

人類是動物，除了一般動物內建的繁衍求存基本指令，你我身上還有能讓我們求取酬賞、避開懲罰的另一套設定。「決心」是演化賜給人類的特質，因為決心不僅能支援求存繁衍的基本指令，它也像其他所有心理現象一樣，由身、心共同組成——道格拉斯的例子說明「心理」層面，而阿曼多的故事則闡述「生理」部分，兩者密不可分。因為如此，儘管決心源於大腦生理機制，卻能透過心理事件的方式經歷與體現。失去至親會改變你的大腦，慷慨激昂的演說也能造成相同效應，腦部手術也一樣；而接下來我們會看到，就連長期運動和服藥也會引發大腦變化。

產生或處理情緒的結構遍布大腦各處，形制十分複雜。我們已經知道想要和喜歡源於酬賞系統，而決心同樣也是一種複雜且多面的心理現象。直到不久以前，神經科學家都還無法確定能不能找到定義明確、與產生決心直接相關的神經路徑或網絡，是以後來在二〇〇七年，有人發現一小團密謀主導決心的生理層面的神經迴路時，科學家們無不大感驚奇：[6]這團神經迴路由兩套彼此獨立但合作無間的網絡組成，分別是「情緒警覺網絡」（emotional salience network）和「執行控制網絡」（executive control network）。

「情緒警覺網絡」有許多小小的節點，以此固著在一組與你我情感生活大有關聯的結構上——即先前提過的「邊緣系統」。邊緣系統包含「島葉」（insula）、「前扣帶迴皮質」（anterior cingulate cortex）以及我在引言提過的杏仁核等等。相較之下，包含「執行前額葉皮質」（executive prefrontal cortex）的「執行控制網絡」則多半位於和「持續性注意力」（sustained attention）及「工作記憶」（working memory）有關的區域。*

自一九九〇年代起，科學家利用源源不絕的各種新型高科技投入大腦研究，讓人以為我們很快就能釐清解剖學家早在許久以前發現、大腦各實質部位的確切功能。但這一天遲遲未來：新科技不僅未釐清大腦功能，反而揭露大腦更複雜、更令人眼花撩亂的一面，以致科學家花了好長一段時間才領悟眼前這些到底是什麼玩意兒。其中一項驚奇是，這些實質結構竟然還能再分出無數細微且壁壘分明的區域；此外，連接這些構造的神經路徑亦證實極為複雜。於是，科學家竭力追查這群神經的來龍去脈、製成腦迴路分布圖，結果看起來根本不是他們原本料想的那種簡單示意圖，反而更像一盤義大利麵。

這些近期發現為「大腦僅少數功能為**區域限定**」的觀點（如果真有人這麼想過）提供佐證。若是刺激或破壞大腦的某一小塊組織，或許會造成某種特殊效應，但其實這一小塊組織極有可能只是一套規模更大的功能組織底下的一顆小齒輪而已：大腦各部散布著許多節點，有些很大、有些直徑不到數毫米，節點與節點組成網絡，而一般腦功能通常是透過多個網絡交互作用才完成的。「情緒警覺網絡」和「執行控制網絡」就是其中兩組解剖構造。

「警覺」（salient）原文為「最顯著或最重要」之意，顧名思義，「情緒警覺網絡」的功能就是監控內在情緒和外在環境，留意最重要的影響因素。加州大學舊金山分校神經學家威廉・席利（William Seeley）表示：「大腦時時刻刻被感官訊息轟炸，故而必須以『與個人經驗的相關程度』記下這些行為指引依據。」席利同時也是發現這個網絡的科學家之一。[7]情緒警覺網絡能在匯入的大量訊息中找出關聯性最高的資訊，然後據此驅策大腦行動（或不行動）。

執行控制網絡負責讓大腦持續關注與目標有關的事物，同時忽略其他會使你分心的資訊。情緒警覺網絡一旦活化，執行控制網絡也會立刻啟動；必要時，執行控制網絡還會整合大腦資源，讓你展開行動。

---

* 譯註：臨床上將注意力分為五類，除了持續性注意力，其他四種分別為集中性、選擇性、交替性及分配性注意力；在「訊息處理論」中，認知心理學對「工作記憶」的定義是「在從事某項記憶作業時的有限記憶容量」。工作記憶與短期記憶相似，但仍有所不同。

二〇一三年，一群史丹佛醫學院的神經學家意外將「活化情緒警覺網絡」的感覺逼真地記錄下來。當時，這群神經學家只是想在一名嚴重癲癇的病患腦中找到發作源頭，[8]希望能移除引發癲癇的組織，但前提是手術本身不能侵害病人健康。為了找出問題區域，他們在病人腦中多處植入電極，通以數毫安培電流並觀察病人生理反應；他們一邊刺激大腦，一邊詢問病人有什麼感覺、想法和感受。

測試到某個刺激點時，病人的回答嚇了這群科學家一大跳：他說他感覺到「意志堅定」。這純粹是一種抽象感受，沒有任何一種特定目標跟這種感覺有關。病人用的比喻是「不得不開車衝上暴風雨籠罩的山丘」的強烈情感——並非害怕，而是「卯足全力踩油門、再加把勁，努力突破眼前難關」的正向感受，就跟道格拉斯那晚的經歷一樣，差別只在——病人特別強調——他並未假想任何一個有待征服的挑戰，純粹只是沒來由地感受到那股決心。

這幾位醫師著實幸運，他們無意間把電極插在複雜的警覺網絡中的一個小小節點上。後來，他們把電極往其他方向挪動幾毫米，病人並未描述同樣的感受；若把電極再插回原來的節點上，病人立刻表示自己感受到一股急欲行動或鍥而不捨的強烈需求。於是，醫師們繼續在第二位病人身上尋找這個節點，結果竟然在同樣的解剖位置找到它。

「我們找到在解剖構造上能……證實『堅持不懈』這種複雜身心狀態的精確座標。」論文第一作者、神經學家約瑟夫・帕維茲（Josef Parvizi）如此表示。[9]他們只不過刺激了這張大網絡上的一個小節點，就能引發與任何目標或情境脈絡皆無干係的感受，帕維茲為此驚歎：「電脈衝傳入意識個體（人）的一小撮腦細胞，就能激起相當高亢的感受和思緒，然後人類再把這種情緒跟『決心』這樣的美德連結在一起。」

警覺網絡的重要性，從它包含多個神經節點、以及它和大腦其他部位的密集聯繫即可見一斑。警覺網絡主要沿著大腦中線分布，不僅參與執行控制網絡與額葉其他「執行單位」的交流合作，也和皮質下幾個涉及複雜情緒、或產生生理反應的部位往來密切。因為如此，你我所想、所感覺到的訊息都會送進這套網絡。

若是把警覺刺激的效應給捻熄——譬如打一針「乙型阻斷劑」（β-blocker）——病人會變得無精打采，進入一種不尋常的「遲緩」狀態：[10]如果這個網絡的組成要件遭到嚴重干擾（好比阿曼多的例子），其結果就是極度漠然，無動於衷。然而，若警覺網絡受到強烈刺激，個體就會產生無比強烈的決心——「你會不顧一切想要採取行動，同時覺得自己必須忍耐承受。」一席利描述道。這似乎正是喪母在道格拉斯身上引發的效應：他腦中的「決心」開關被打開了。

想想看，我們竟然能在大腦中追蹤到產生「鐵一般的意志」的特定過程，再想到現代科技竟強大到足以鑑認這道過程，這是否有點太簡單了？然而在二〇一七年的另一項驚人實驗中，科學家透過實驗室自創的「道格拉斯奇蹟」，再一次展示這項發現的強大威力：他們刺激大腦，活化情緒警覺和執行控制複合體中的某個「毅力開關」。[11]

人鼠之間

二〇一七年實驗的「挑戰與被挑戰者」並非拳擊手，而是老鼠。各位可以把這次實驗想成鼠輩版的「道格拉斯對戰泰森」。雖然我們不可能逼老鼠打拳賽，但總可以迫使牠們參與某種生理競爭吧？為了達到這個目的，科學家把兩隻小鼠放進窄管裡，一邊一隻。兩隻小鼠會直覺往前鑽，設法走出管子。由於管徑實在太窄，最後只會有一隻能如願以償；而另一隻將不得不放棄前進，被迫退出管子。所以這有點像顛倒版的拔河比賽：雙方一開始都拚命往前擠，最後有一隻被迫撤退。兩鼠身材相當，故雙方比的不是體力，而是決心。

研究人員先進行一系列試驗賽，分出勝方和敗方。接著他們把敗方小鼠集合起來，利用一種名為「光遺傳學」的劃時代技術來刺激小鼠的意志開關。這道開關當真能把「喪路之鼠」變成長驅直入的勝利者嗎？

科學家先在小鼠腦中某處特定位置植入電線，再經電線導入雷射光，藉此「打開」或「關閉」附近的神經元。他們為敗方小鼠做好這項準備後，安排牠們與前次贏家重新對戰；這一回，由於敗方小鼠的意志開關被打開了，結果有八到九成的前輸家在重賽時擠贏了對手。

我個人認為，這個「小鼠擂台賽」跟道格拉斯的故事同樣令人振奮。道格拉斯的故事告訴我們：只要懷抱足夠的決心，我們就能推動自己成為超越舊我的「超人」；但小鼠的故事讓我確定「信念並非妄想」——只要找到正確的神經元並給與刺激，真的可以提升韌性與決心。

史丹佛神經學家的發現意味著一件事：每個人應付困境的能力，其實和執行控制網絡在構造及功能上的先天差異有關。「這種與生俱來的差異說不定在小時候就能看出來了，」帕維茲說，「而且還能透過行為治療、藥物或前面提到的電流刺激加以校正調整。」自帕維茲等人發表成果以來，不少人開始著手研究各種五花八門、能強化執行控制網絡的方法；而你我也很幸運，現在我們不必失去親人、也不用把雷射光束照進腦子，就能提升自己的意志力了。

目前最常用的方法有兩種。如果你缺乏運動、經常久坐不動，那麼光靠有氧運動就能強化決心迴路。近年研究顯示，就算每天只運動十五分鐘也能改善心肺功能，讓我們的執行控制力變得更好。[12]兩者看似毫無關聯，但目前已知運動能增加「腦源性神經滋養因子」（BDNF）這種生長因子的分泌量。生長因子猶如大腦的肥料，有助於新增神經連結；大體來說，只要神經連結變多，運算能力也會變好，這也是大腦學習和適應的必要條件（動物實驗顯示，提高腦源性神經滋養因子濃度能降低沮喪，強化心理韌性）。當然，要沒有運動習慣的人開始運動本就是一場奮戰：如果你的執行控制力原本就不好，你大概也不會下定決心開始運動。但如果你能設法逼自己開始運動，那麼透過運動逐漸累積的執行力會使你更容易做出「做運動」的決定，進而產生對你有利的正回饋循環。

另一個提升意志力的方法是靜觀冥想。靜觀冥想教你控制注意力，調節情緒，提升自我意識。某項研究安排一群老菸槍進行靜觀訓練，兩週後有六成學員減少吸菸量，這是非常難得的成果。[13]經腦部顯像確認，冥想課程結束後，學員的執行控制網絡活躍程度明顯增加。

有些人天生執行控制力高，生來就是個「行動派」，沒有任何事物能阻撓他們邁向目標；對他們來說，決心跟呼吸一樣自然。至於我們其他人，知道決心能藉由某些方法提升強化，也是相當不錯的收穫。

無動於衷的電腦

情緒系統能決定個體何時必須行動——這是人類（及其他動物）和電腦最大的區別之一。就拿機器人「蘇菲亞」來說吧，它是「漢森機器人公司」（Hanson Robotics）二〇一五年研發問世的產品。蘇菲亞的類人類表情仿自已故演員奧黛莉．赫本，它長得像人，聲音像人，臉部表情更是教人印象深刻，但它真的很不像人。

蘇菲亞內建大量資料庫，能針對每一種外在刺激做出特定反應；譬如它的對話能力就來自程式裡的好幾套制式回應。儘管蘇菲亞的外型與一般電腦截然不同，但它依然像其他電腦一樣，不會獨立思考、也無法自主行動。如果你帶它來到一間屋子、一處花園或一條車水馬龍的大街上，再打開電源，猜猜它會有什麼反應？它會開始探索屋子嗎？不會，因為那需要好奇心。它會凝視園子裡的美麗花朵嗎？不會，因為它不懂小確幸。

它會小心翼翼離開馬路、走上安全的紅磚道嗎？不會，蘇菲亞沒有避開危險的動機。

像蘇菲亞這樣的機器人也可以很迷人：它會講幾句俏皮話，開幾個輕鬆玩笑讓你產生好感。可是它不會像人類那樣，「決定」去做一件事。它只會執行固定的內建指令，在程式啟動時開始動作、程式跑完時結束動作。因為如此，假如蘇菲亞在哪次外出時碰上程式沒寫的突發狀況，它不會有反應──若是火災警報響了，它不會逃；如果有人問它要不要巧克力，它亦無動於衷。

針對已有定義的誘因執行預設行為反應，這是動物在演化早期便擁有的技能，至今仍寫在所有動物（包括人類）的生存腳本上。可是，高等動物與較原始的生命形式（包括機器人蘇菲亞）不同的是，前者還具備**做決定**的能力──高等動物會根據自己對未顯示既知誘因的**新**情境進行評估，然後決定是否採取行動。要想啟動這種能力，必須經過一層層複雜度越來越高的反應程序。首先是我們在第三章讀過的，最最原始的動物具有感受二元性的能力──意即將所有經驗一切為二，只分好壞，心理學家稱之為「核心情緒」。再來是恐懼、焦慮、悲傷、飢餓、痛苦等基本情緒，而人類的腦迴路則進一步產生自豪、尷尬、內疚、嫉妒等更精細複雜的社交情緒。最後，在這三種情緒層次交互作用之下，大腦產生一種想要行動或遏止行動的迫切感──我們會決定要或不要採取行動，即使追求目標的過程艱辛或不愉快，我們也會激勵自我、繼續嘗試，這正是情緒送給你我最棒的禮物之一。

決斷力測驗

若想在生存環境裡自在穿梭，動物必須時時刻刻評估每一項可能行動的代價和效益——這正是明白決心／意志力在大腦中的地位的最佳辦法。決心迴路能幫助我們決定眼前的目標重不重要，決定哪些可能行動值得我們進一步關注或作為、哪些應該不予理會。接著，決心迴路再和思緒、感覺及運動迴路匯流，改變神經處理程序，讓大腦運作得更有效率。不論我們要挑戰什麼樣的任務、解決哪些問題，若受到「達成目標」這股動力驅使，我們與生俱來的身心能力都會變得更加強大。

每個人下定決心的程度因時因勢而異，但人人都有自己的基準；心理學家也為此設計了一份問卷，方便評估。[14] 這份問卷主要由心理治療人員、或任何一位熟知這個主題的人來填寫；但它也可以用於自我評估，也就是我提供的這個版本。至於有心理障礙或相關疾患的人，建議請朋友或家人代為填寫，如此應該會得到比較精確的評估意見。

一位研究動機的科學家曾寫道：「對事物漠不關心……身心功能／狀態不佳的人不只在心理診所看得到，你我身邊肯定也有一些愣坐在電視機前好幾個小時，或是呆呆望著教室黑板，或是上班渾渾噩噩、茫然等待週末的人。」[15]所以，你是個有決心的人嗎？你的意志力有多堅定？各位不妨試試底下這份測驗。每一題皆請依指示評分作答。

作答指示：完全就是我＝1分　有點像我＝2分　不太像我＝3分
完全不是我＝4分

＿ 1. 我對每件事都感興趣。
＿ 2. 我奉行今日事今日畢。
＿ 3. 對我來說，自動自發是很重要的做事態度。
＿ 4. 我渴望擁有新體驗。
＿ 5. 我喜歡學習新事物。
＿ 6. 我總是全力以赴。
＿ 7. 我盡情投入生活。

____ 8. 對我來說，堅持做完一件事非常重要。

____ 9. 我會花時間做我感興趣的事。

____ 10. 我不需要別人告訴我每天該做什麼。

____ 11. 對於該擔心該注意的問題，我不會置之不理。

____ 12. 我有朋友。

____ 13. 和朋友碰面聚會，對我來說很重要。

____ 14. 發生好事的時候，我會很開心。

____ 15. 我對自己有哪些毛病，了解得很透徹。

____ 16. 今日事今日畢，對我來說很重要。

____ 17. 我積極進取。

____ 18. 我做事有幹勁。

總分：____

問卷分數高代表對大多事物沒興趣或不關心，分數低代表有決心。本問卷最低分為18分。年輕成年人的平均分數為24分，六十歲的平均分數略升至28分。在所有答題者中，約有一半的人得分比同齡組平均值低4分，三分之二比同齡組平均值低6分。

這份問卷的設計宗旨是評估每個人的決心基準。這個基準一般來說變化不大，然而在你必須「做一件事」的那個當下，你會明顯感覺到它；此外，如同我先前提過的，我們可以透過運動、冥想等技巧和習慣來提升決心基準。疾病會削弱、破壞你的決心基準，所以這份量表不僅能用於評估健康的人，因腦傷、憂鬱、阿茲海默症等疾病而蒙受意志不堅之苦的人，也同樣適用這份量表。有腦部外傷、且年齡介於三十到五十歲的答題者平均分數為37分，憂鬱症患者均分42，中度阿茲海默症患者則為49分。

意志力下降

有些極端案例——譬如罹患「額顳葉失智症」（fronto-temporal dementia）的病人——會因為情緒警覺網絡功能衰退而導致嚴重呆滯、冷漠，症狀表現跟阿曼多差不多。不過，阿曼多的無動於衷來得突然，而且是術後腦水腫造成的暫時傷害；相較之下，失智症是漸進發生，因此或許讓科學家有機會能一步步長期觀察，了解人類行為如何隨著情緒警覺網絡逐漸沉默而發生變化。

這也是我在母親身上看到的變化。小時候，我和雙親及兩個兄弟住在一間小小的無電梯公寓；若不是整個生活空間有三分之一是「禁區」，這種擠在一起的生活可能還比較好忍受。我家的客餐廳複合區禁止進入，這裡的擺設有別於使用打折家具的其他空間：不僅地上鋪地毯，桌上有保護氈，沙發和安樂椅的塑膠套亦不曾拆下（我的高中同學戲稱那是「家具保險套」）。雖然區域邊緣沒有任何物品阻擋，但「禁入」的指令強烈到跟用黃色警示帶圍起來沒有兩樣。

禁區唯有在「逾越節」（Passover）和我們猶太人稱為「至聖節日」（High Holidays）的那幾天才開放使用。在我成長的過程中，猶太節日代表你必須蹺課、必須去會堂敬拜、晚餐也必須按規定吃猶太潔食（燉牛腩配馬鈴薯）。若有誰膽敢在逾越節那十八天、或猶太新年至贖罪日那幾天以外的時間擅入禁區，必遭如看門犬一般的我母親痛斥飆罵。我之所以提及母親對禁區的態度，理由並非這樣的她很反常——這種「狂熱」對她來說很正常。假如母親認為地板髒了，她不會找抹布或拿拖把，她會直接跪在地上擦，彷彿我家是手術室一樣。她的膝蓋因年紀大而腫痛不舒服，但若是出門散步，她絕不只是簡單繞附近一圈而已，而是不走個幾哩路不罷休。如果電視上出現她討厭的政治人物，她不會搖頭表示不悅，她會喃喃說起意第緒語、直接詛咒這人生病拉肚子。小時候，每當她說完她愛我，她不會輕吻我一下，而是親遍我整個額頭。我母親從來不對任何事無動於衷。我猜，要想在九死一生的納粹集中營活下來，她可能非常需要這份特質。

父親過世後，高齡八十的母親便搬來加州、住進我家主屋旁的客宅，她還把那套「年過半百」的客餐廳家具也一塊兒帶過來了。好些年後，我開始在她身上注意到一些原以為是「上了年紀、磨了個性」的變化：如果我們在非節日坐上禁區沙發，她似乎沒那麼介意了；她甚至同意我把包在家具上超過五十年的塑膠套拆下來。漸漸地，我意識到她的改變跟年紀大、個性變溫和不太一樣。她並非性子被磨鈍了，應該也不是憂鬱（因為她沒有悲傷、絕望或情緒不佳等常見症狀）；但她明顯變得「不問世事」，彷彿她漸漸枯萎、一年比一年沒了個性。然後在某個猶太節日早晨，以往都會罵我拖拖拉拉、趕不上敬拜的母親竟然穿著睡衣來開門，甚至對我要帶她去參加至聖節日敬拜不怎麼感興趣時，我知道情況不對了。

不出幾年，母親變得需要人幫忙打理、照料日常起居，於是我決定送她去有輔助設施的老人中心。有一天（那時她才搬過去不久），我經過老人中心，想找她喝咖啡。我在用餐室找到她，發現她坐在大桌旁吃培根蛋——我母親謹守猶太食物律，這輩子從不吃豬肉。由於她始終堅持守戒，以致我當下震驚得說不出話來，只能瞪著她瞧（如果她僅著內衣坐在那裡，我大概還不會這麼驚訝）。「什麼事啊？」她說。我不知道該怎麼說，只好陳述事實：「媽，您在吃培根欸。」但她只是聳聳肩，「他們給我的，我喜歡。」又過了幾年，她已經到了「如果讓她一個人待著，她會坐在椅子上瞪著電視一整天」的狀態，我想我該為她找個照護等級更高的安養院了。

母親腦力衰退的過程悠長緩慢，過去那個固執己見、極度情緒化的她終於進入停滯狀態。在我寫書的當下，如果你問她想不想做點什麼，她只會微笑，問她想不想吃點什麼，她只會聳聳肩膀；但如果你把食物放在她面前，她通常都會自己動手吃，如果把食物切成小塊，她會更樂意進食。我的母親跟阿曼多不同，她會主動把食物放進嘴裡，咀嚼並享受它的滋味，然後繼續吃下一口；而且，我最開心的是她還能跟我簡單對話，前提是你得先開口問她。雖然，跟過去那個「別擔心，我保證你一定會搞得一團糟」的母親比起來，她現在這副「別擔心，開心就好」的模樣確實令我耳目一新，但這種改變代表的內在衰退也同樣教我感傷。

人的動機似乎會隨著高齡、認知能力衰退而改變。科學家對這方面相當感興趣，因為研究它有助於了解大腦結構與功能之間的關聯；至於我們其他人，體認這項事實亦有其意義，因為它會促使我們正視年老帶來的改變，讓我們透過良好的健康習慣力挽狂瀾，避免或延緩心智衰退。

除了老化，還有一種既非損傷也不是疾病的生理狀況，同樣也會對決心造成負面影響，那就是「睡眠不足」。[16]不知各位有沒有發現，若你睡眠不足，不久前還認為很重要的事，此刻竟覺得可有可無？譬如，我原本設定咖啡機會在我早上九點起床時煮好咖啡，這主意看起來相當不錯；結果到了凌晨兩點，我突然覺得這件事好像沒那麼重要了，我可以起床以後再張羅。我在工作上也注意到類似的情形。通常，我每寫完一章就會從頭到尾讀一遍，這時我會發現有些句子卡卡的，迫切地想馬上改得通順一點；可是，如果拖到深夜才開始做這件事，我會覺得那些瑕疵好像沒那麼重要，甚至自欺欺人地認為自己寫得很好（至少在一夜好眠、翌日重讀之前我都這麼覺得）。因為我意識到這個問題，所以我從來不在需要睡眠的時候修稿。

適足的睡眠對於維持動力——更廣泛來說是「情緒健康」——至為重要。譬如科學家就透過腦部影像研究發現，人類處於「快速動眼睡眠」（REM）時，每一處有情緒警覺網絡節點分布的構造皆明顯呈現活躍狀態；於是研究人員推測，他們偵測到的大腦活動可能跟這幾處關鍵區域的夜間重置功能有關。有位研究人員請二十九名受試者詳細記錄自己從事的活動和感受，為期兩週；[17]同時他也請大家勤寫日記、記述夢境。根據受試者回報，他們日間的情緒困擾有三分之一至一半會出現在當晚的夢境中，但大部分的人都認為他們不記得自己做過什麼夢。這是一項極具說服力的證據，顯示睡眠能讓大腦在夜間重新調整、回復情緒警覺網絡的反應設定，如此才能給出適切的決策與行動指引。

所以，睡眠不足可能會引發哪些狀況？一言難盡。譬如，科學家透過功能性磁振造影發現，光是一個晚上沒睡飽即可能放大杏仁核對負面情緒的反應（提高百分之六十）。另一項相關研究也指出，少睡一晚會提高受試者對於低壓力情境的憤怒、焦慮、壓力等反應。睡眠不足也跟挑釁、攻擊情緒有關。如果每天限制只睡五小時、持續一週，光從受試者的每日紀錄和問卷調查即可發現，諸如過度恐懼和焦慮等情緒障礙似乎有越來越明顯的趨勢。

科學家從「決心」和「無動於衷」這兩種相對情緒所體察到的洞見，讓世人得以一窺情緒的最基本功能。決心的影響層面比愛憎、快樂悲傷、或甚至恐懼和焦慮更貼近根源，繼而敦促我們展開行動——試著主動處理一件事、與人共事溝通、或僅僅只是開口說話或移動，並且賦予我們足夠的精力，讓我們能克服萬難、達成目標。

人類是情緒動物，也有欲望。欲望促使我們訂定主要目標和次要目標，不論是寫小說這類崇高意圖或洗臉刷牙這種芝麻小事皆然。但不管目標大小，在達成目標以前，我們都必須下定決心、開始行動，這正是情緒警覺網絡的功能所在。

若竭盡所能，人類無疑是活力充沛、精神抖擻、能自我鞭策的動物。我們努力付出、採取行動、展現決心與承諾，而這份積極主動和堅持不懈的能力正是你我真真切切活著的證據之一。不只人類有決心，就連最原始的動物也有——像果蠅這種低等動物也不需要其他果蠅告訴牠們該做什麼。牠們知道怎麼做選擇才能避開掠食者、追求伴侶，在求偶遭拒時也懂得借酒澆愁，自我安慰。

第三部

情緒的管理：情緒傾向與情緒控制

第八章
情緒特徵

「每個人都是獨一無二的。」葛戈里・柯漢（Gregory Cohen）說。「無論心理或智性都是，情緒也是。」柯漢是洛杉磯的執業心理醫師。這人個兒高，態度真誠，眼神感性溫暖，嗓音沉穩（但提到工作時會熱情地微微上揚）。「每個人都有不同的情緒反應模式。雖然大家都有同一套『情緒工具箱』，但每一種工具的用法可能稍有不同——就像每個人的心理特質一樣，因人而異。有時候，因為遺傳的古怪影響或個人的過去經驗，這個工具箱不見得能發揮良好效用。所以我每天的工作就是幫助那些受自己情緒模式困擾或阻礙的人。」

柯漢告訴我，最近有個新病人（吉姆）來找他治療，因為他發現他太太打算跟他離婚。「我好生氣。」吉姆跟柯漢說，好像他的憤怒還不夠明顯似的。

首次諮商時，吉姆說明現任妻子已是他的第三任妻子。「我們的婚姻挺幸福的呀。」他說。「然後有一天，我回到家，發現她已經收拾好行李、就這樣走了。她沒給我任何警告，我根本不曉得她一直在盤算著要離開我。」

吉姆說，他不明白妻子為何想離婚。他完全不了解妻子的感受，即使現在她都已經離開了，他還是想不透兩人的婚姻到底哪裡觸礁。柯漢並未刺探。他不喜歡打斷病人陳述。他傾向看著他們自己會把話題帶到哪個方向去。

「我愛她，她也愛我。」吉姆繼續。「她不曾像愛我那樣愛過別的男人。」最重要的是，吉姆說，他們生了三個孩子。「都是很棒的孩子。」所以她沒道理離開他呀？

吉姆說得斬釘截鐵。但柯漢非常確定，吉姆不是他自認的那種理想伴侶。柯漢稍微施壓，吉姆終於坦承他有過幾次外遇。

「可是那要怪她，」吉姆說，「是她先不理我的。」他繼續往下說。「我覺得我太太有酒癮。她才是那個有問題的人。我認為這就是一切問題的根源。」到了諮商快結束時，柯漢才發現原來吉姆的孩子也不跟他說話。關於這一點，吉姆同樣覺得這跟他太太離開他一樣莫名其妙。「我是個很棒的爸爸。」他特別強調。

柯漢注意到我翻了翻白眼。他知道我認為這傢伙是混蛋，滿口謊言。但事情沒這麼簡單，柯漢如此告訴我。

「對，從表面上來看，吉姆似乎不怎麼老實。可是他沒有說謊，他只是做錯了。」柯漢說。「在吉姆自己的意識裡，他真心相信他是個完美的丈夫和父親，是個好人。然而在他的潛意識深處，他知道自己完全不是這樣的人：他討人厭，沒人要愛他。」

柯漢解釋，這是「否認」（denial）的典型案例：當事人會繞一大圈、花一堆心思掩蓋痛苦事實，即使代價是他必須一輩子欺騙自己。

依柯漢所言，主宰吉姆心理狀態的並非我們表面上看到的誇大和盛氣凌人，而是「羞恥」——這種源於負面自我評價、讓人渴望逃跑或躲起來的痛苦或羞辱，左右了吉姆的人生。「否認」是最具殺傷力的情緒之一，而吉姆為了保護自己，只好創造一副「自戀」的殼（自戀是一種原始防衛機制），讓他可以逃避，不用去察覺潛意識中那個無法忍受的自己。

每一種情緒都是我們對環境或情境的反應：情緒升起，引導思考，然後消褪。可是吉姆對羞恥太敏感了，所以就算是再小的事（譬如一般人在日常生活經常遇到、也不會放在心上的小批評）都會引起他強烈的羞恥反應。於是乎，吉姆經常處於羞恥狀態：羞恥是他內心的暗流，他做的每一件事無不受其影響。

在經歷不同情緒時，我們每個人都有不同的反應傾向。柯漢說，每個人都有自己的一套情緒傾向集合，也就是「情緒特徵」（emotional profile）。目前學界已累積不少各形各色的相關概念及研究文獻，諸如氣質、個體對環境脈絡的生物敏感性、壓力反應、情感類型、情緒類型等等。

吉姆的情感特徵強烈指向「羞恥」。由於程度太過強烈，故柯漢表示羞恥可謂吉姆的「主導情緒」。每個人的情緒特徵可能以單一或一組情緒為主，這個概念源自古希臘羅馬時代的醫學家。當時他們把人格分成四種類型：「熱血型」（sanguine）的人積極外向，「憂鬱型」（melancholic）的人容易感到恐懼和憂傷，「激進型」（choleric）的人行事衝動、暴躁易怒，而「遲鈍冷淡型」（phlegmatic）的人則相當「慢熱」；但這種分類過於簡化，絕大多數的人並非只由一種情緒主宰。我們的情緒特徵更多元，情感生活也更為平衡。

「情緒特徵」描述的是哪些因素會挑起哪種特定情緒，以及這種情緒的發展速度有多快、強度偏強偏弱，一般需要多久才消褪；心理學家會用「臨界點」（threshold）、「醞釀期」（latency to peak）、「量級」（magnitude）和「復原時間」（recovery）等詞彙來描述。[1]這幾個面向在每個人身上的表現都不一樣，依個人有問題、或比較特別（不論好壞）的情緒狀態而定。

有些人可能動不動就尷尬或傷心，但不太容易感到害怕；有些人可能需要更極端的情境才會挑起困窘或受傷的情緒，膽子卻很小。有人光是聽到「你看起來很累、氣色不太好」這種話便深覺受辱，有人則是聳聳肩，不放在心上。我們每個人對每一種情緒都有各自不同的反應臨界點。

「醞釀期」指的是特定情緒發展至最高點的這段時間。有人可能很快就開始焦慮，也有人的焦慮感來得很緩慢。至於每個人的「情緒量級」差異也很大：塞車或排隊結帳時遇到有人插隊，有人不會太生氣，有人直接暴怒咆哮。最後，「復原時間」代表當事人多快回到情緒基準值，有些人能迅速放下某些情緒，有些人則緊抓不放。不過在描述正向情緒時，使用「復原」一詞或許令人疑惑：譬如你很開心有人稱讚你，如果用「復原期」來描述開心感消褪的時間，聽起來挺奇怪的，但心理學家還是會這麼說。

總括來說，你對每一種情緒的反應傾向組成某種「情緒指紋」，這就是你的情緒特徵。那麼，這份情緒特徵會如何變化發展，而你又要怎麼做才能意識到它，或甚至——如果你想要的話——進一步改變它？

先天與後天

讀大學的時候，有一次我帶女朋友回家見父母。女友問我母親，我小時候是個什麼樣的孩子；應該很可愛吧，女友說。聞言，我母親以她濃濃的波蘭口音回答：「可愛？是啦，但是呀，你以為這小子只有**現在**會惹麻煩？那你真該見見小時候的他！別誤會我的意思，他是個好孩子，不過他三歲那年竟然想用我先生的刮鬍刀刮鬍子！他把臉刮傷了不說，但那只是開始——後來我們好幾次帶他跑急診室，再不然就是去校長辦公室把他領回來。總之這傢伙永遠不學乖，你受得了他真是太了不起了！」於是我趕緊拉著她去做其他比較好玩的事，譬如剷雪。

我母親深信，她始終知道我們這幾個孩子長大以後會是什麼模樣。她說我哥從小就容易害羞和緊張，我弟則是笑臉迎人、很愛說話，而我生來就是好奇寶寶——但不是討人喜歡的那種，因為我總是做出「好奇心殺死貓」之類的危險行徑。如她所言，我哥長大以後確實比較孤僻內向，我弟當上醫師，但他老是被上司責備花太多時間在病人身上；我大概也符合我媽的理論——那個剛學會走路就拿刮鬍刀做實驗的孩子，後來成為科學家。

一如我母親所相信的，人的情緒特徵或性格似乎有些面向是天生的，確實如此。兩三個月大的嬰兒會哭會笑，也會表現挫折與憤怒，但不同的小寶寶在不同的情緒維度上會有不同反應。[2]但同樣的，我們的人生經驗也會影響性格發展，影響程度也越來越大。

以吉姆的案例來說，他之所以對羞恥如此敏感，肇因於他有個愛批評愛挑剔的母親。在他還是個奶娃兒的時候，如果他吸奶時咬得用力了些，他母親會高聲尖叫、立刻把他扔回搖籃並氣沖沖地走掉。高中時，吉姆要買畢業舞會禮服，他母親相中一件她喜歡的、拿給他看；吉姆對母親的選擇反應平平，於是她掉頭就走，拋下吉姆駕車離去，讓他自己想辦法回家。在過去數十年間的無數事件裡，類似情況一再發生，一次又一次向他傳達相同的訊息：你糟透了。

「吉姆雖是個成年人，」柯漢說，「但他還囚禁在自己的童年裡。他這種無時無刻、無所不在的羞恥感確實極端，不過，這類因為童年遭遇導致成年後經常萌生羞恥感的案例，倒是很常見。其他的情緒也一樣。我們的情緒特徵無非就是童年經驗和基因組成交互作用的結果。」

基因和經驗究竟哪個佔優勢、哪邊影響大，儘管目前尚無定論，但心理學家普遍接受先天後天都會影響情緒發展的看法。今天，多虧神經科學興起，讓我們能找到情緒特徵與大腦處理經驗歷程、還有相關神經網絡之間的關聯，對先天後天的交互作用有了更深一層的認識。

一九九〇年代，加拿大麥基爾大學的麥可．米尼（Michael Meaney）是首批投入先天後天影響研究的科學家之一（可能也是最有洞見的一位）。米尼是現稱「表觀遺傳學」（Epigenetics）的先鋒研究者，他發現後天如何透過與先天遺傳相似的機制，強力展現影響力。[3]

表觀遺傳學的重點如下：雖然生物體的遺傳特質以密碼形式寫在DNA上，然而生物體若要表現這些特質，必須先啟動載有相關密碼的DNA區段才行；過去，科學家以為這些DNA會自動啟動活化，但現在我們知道，這些區段能被「打開」、也能「關閉」，而開與關通常由我們的環境和經驗來決定。雖然我們一輩子都得跟基因綁在一起，但這不代表我們無法擺脫基因箝制：基因是可以被修飾、調整的，而表觀遺傳學研究的正是這段修飾與調整的過程。透過表觀遺傳，我們的環境和經驗就能改變DNA帶來的影響。

引導米尼投入表觀遺傳研究的契機，始於一場馬德里的國際科學會議。他在會議上結識另一位同樣來自麥基爾大學的科學家莫什．席義夫（Moshe Szyf）。席義夫是研究

「化學調控DNA並影響基因活性」的專家。儘管兩人在同一所大學服務，卻未曾謀面，所以兩人相約去酒吧喝杯啤酒。「結果一喝就停不下來了。」席義夫說。[4]

把酒言歡之際，米尼向席義夫提起他最近正在做的大鼠實驗。他發現被母性較差的大鼠養大的寶寶，會比有母鼠呵護的大鼠寶寶更容易焦慮；另外他也提到，這些年幼時期未得到良好照顧的大鼠寶寶，牠們身上與壓力有關的基因活性也改變了——就在這時候，席義夫腦袋裡的燈泡亮了：母性好與母性差導致仔鼠在焦慮表現上的差異，是否肇因於表觀遺傳？但這個想法不僅違背神經科學的傳統思維，也和表觀遺傳學當時的認知不符。那時候，研究表觀遺傳的科學家認為，表觀遺傳的影響範圍僅限胚胎時期或癌細胞的基因表現；同時，絕大多數的神經科學家亦抱持「長期的行為改變乃是神經迴路發生變化所致，與DNA表現無關」的看法。不過，席義夫的直覺挑起了米尼的興趣，他決定查明真相，最後也促成兩人展開合作。

行為表觀遺傳學

米尼向席義夫提及的那群實驗鼠，牠們的焦慮基準比其他大鼠高：這群大鼠對環境威脅過度敏感，即使是不熟悉的物品或預期以外的事件都能引發強烈反應。若是被放進不熟悉的環境，牠們連動都不敢動；如果牠們被你嚇一跳，這一跳少說十五公分高。這群大鼠一旦遭遇緊迫，便會釋出大量「糖皮質素」（glucocorticoids）；這種荷爾蒙會使心跳變快、同時讓肌肉做好「抵抗或逃跑」的準備。這群大鼠中的母鼠經常處於焦慮狀態，導致牠們沒有心思照顧幼鼠，無法給予寶寶正常的關注。

米尼手上還有一批處於焦慮光譜另一端的實驗鼠：一把牠們放進新環境，牠們會立刻開始探索；即使給予電擊，牠們也只會釋出少量糖皮質素。此外，這一組的母鼠非常認真照顧寶寶。

米尼注意到，不焦慮鼠寶寶的母親會花很多時間舔舐、梳整牠們的毛，這表示母鼠本身也是溫和派；反觀焦慮鼠寶寶的母親幾乎不舔也不梳理孩子的毛，代表有其母必有其仔，母仔都是焦慮派。大鼠焦慮或溫和的性格特質似乎會透過遺傳一代代傳下去，但假如席義夫是對的，那麼真相肯定沒有這麼簡單。

於是米尼設計了一套巧妙實驗來驗證這個想法：母鼠一分娩，他就把兩邊的鼠寶寶掉包，讓焦慮的母鼠養育溫和母鼠所生的大鼠寶寶，而焦慮母鼠生下的鼠寶寶則交由溫和母鼠照料。如果溫和或焦慮的情緒特質是可遺傳的，那麼掉包仔鼠應該不會造成任何差異。結果正好相反：鼠寶寶長大以後的個性不像「生母」，而是跟「養母」一樣。米尼從其他研究得知遺傳會影響個性，但他的實驗似乎透露不一樣的訊息：左右大鼠情緒特徵的因子並非基因，而是母鼠的行為。這到底是怎麼回事？

米尼和研究夥伴們先為大鼠進行生理檢查，發現大鼠的早期（幼年）生活經驗會改變腦內掌管「壓力荷爾蒙受體」的基因（也就是某種「致溫和基因」）。母鼠舔拭、理毛的行為會活化這種致溫和基因，但母鼠若疏於照料，一團名為「甲基」的原子群就會黏附在載有致溫和基因的DNA區段上，抑制該基因表現，導致大鼠變得敏感焦慮。

米尼等人的成果為先天後天論辯找到遺漏的環節，顯示先天與後天如何交互作用，以及經驗如何調控DNA表現。只不過在當時，「經驗能調控基因表現」算是革命性的觀念，許多科學家雖然接受，卻仍質疑發生在大鼠身上的事不一定會在人類身上重演。所以米尼只好進行另一組試驗。

他和同事設法取得幾名童年受虐、爾後因故自殺者的腦組織樣本和生理及醫療紀錄。將這幾份樣本和童年正常者的腦組織樣本比對之後，他發現前者掌管壓力荷爾蒙受體的基因「甲基化」的程度明顯偏高，這和大鼠的情況一模一樣：童年時期精神壓力大的人，長大之後多半不太能適應逆境，自然也比較容易自殺。米尼發現，我們的情緒特徵是以先天遺傳為基底，再透過表觀遺傳發揮後天效應，這顯示表觀遺傳似乎是一套相當重要的機制。

米尼和同僚的研究成果開啟「行為表觀遺傳學」（behavioral epigenetics）這門新領域，為深受情緒問題所苦的人們帶來巨大希望：即使情緒傾向會遺傳，我們依然可以透過改變大腦的方式克服情緒障礙。

童年早期經驗對情緒特徵的影響最深；到了成年時期，一般人的情緒特徵通常變化不大。我們的行事風格多半隨年紀增長而逐漸定型，伴著我們一頭栽進成人世界；但米尼的研究顯示，若真心求變，你還真**能**改變它。你我承襲自年幼時期的情緒特徵不一定會跟著我們一輩子——我們可以改造大腦。而改造的第一步就是找出你的情緒特徵。

側寫情緒特徵

我們的思緒、決定、行為經常受情緒影響，理由不少，然而對任何一類情緒「免疫」都不是好事。話說回來，感受過於強烈也可能把生活搞得太複雜。情緒特徵沒有對錯好壞之分，不過有些特質確實能讓我們的人生更輕鬆如意，有一些則會引致不必要的痛苦、或打亂你想擁有的人生。我們會在下一章探討如何調節情緒，以及我們對他人情緒的影響力，但各位得先了解自己的情緒特徵，這不僅好玩也很實用。有些人讀這本書是想在生活中實踐、應用這些方法，有些人只是單純對這個主題感興趣，想更了解人類天性，但即使你屬於後者這個族群也沒關係，因為，若能透過情緒側寫了解自己，你會更明白也更能體會其他人的感受。

不論臨床醫師或情緒研究人員都會特別強調，人類情緒最明顯且值得注意的一點是：因人而異。情緒特徵的描述範圍極大，每個人在面對相似的情況和挑戰時，反應可能相當不同。為了研究情緒反應的個體差異，心理學家和心理醫師近年設計了不少「情緒量表」，並發表在學術期刊上。這類評量問卷能參照多種維度歸納並描述你的情緒特徵，不過它們並非系統性研究的一部分；說得更確切一點，這些量表都是不同的研究人員為了探討各自專攻的情緒主題，按需要所設計出來的。我以這類量表在學術期刊上的熱門程度為判定標準，選出最具影響力的七份問卷放進書裡，分別評估羞恥、罪惡感、焦慮、憤怒、攻擊性、欣喜／快樂、浪漫情感／情感依附。問卷裡的問題能幫助你找出你在面對日常生活各種各樣可能勾起情緒反應的情境時，你傾向以哪些方式回應。

這些量表亦非出自「自我成長作家」之流，它們全都是志在了解人類核心精神的科學家們所精心設計的。雖然，有些量表的設計宗旨是研究情緒生活遭生理或心理疾患擾亂、影響的人，即便如此，科學家也必須先研究沒有這類疾患的個案反應，以茲驗證量表的有效性。研究人員無非是透過大規模試誤研究（通常必須進行數百或數千份個案研究，有人甚至做了一萬份），才得以編寫制定這每一份問卷；有了這些數據資料，心理學家就能確認受試者答題分數的一致性和穩定性。我所謂的「一致性」是指，你在星期二的作答分數和星期四再做一遍所得的分數，照理說應該要差不多；至於「穩定性」則是你間隔六個月所做的兩次得分也應該要差不多（除非這段時間發生足以改變人生的重大事件、或接受治療）。

接下來，我會逐一介紹這些經研究驗證的評估工具。也許各位不想每一份都作答，又或者你想先續讀下一章，然後找一段時間分次做完問卷，如此皆可；各位不需要深刻的洞察力，人人都能填寫這些問卷，但前提是你必須真誠面對自己一直以來的行為和感受。若能誠實回答這些問題，各位一定會更認識自己。

許多人對自己的情緒特徵幾乎一無所知，這點挺教人意外的。若你覺得結果不正確，大可採取保留態度，但我希望你至少考慮一下評量正確的可能性：因為，這些令你意外的結果說不定能打開你的眼界，讓你看見自己不曾意識到的情緒傾向。

這幾份問卷也能用來洞悉他人的情緒傾向，前提是你得跟此人夠熟、夠親近，大致能掌握對方會如何回答這一系列、各種各樣的問題。相反的，各位也可以找一位在你心中有特別地位、或關係親近的人，請對方試著從你的角度回答問題，然後再跟你自己的答案比對一番。這麼做不僅好玩也深具啟發意義，不妨當作一次「事實查核」——確認你對自己誠不誠實。

問卷的格式和評分方法不完全一致，因為每一份問卷皆由不同的研究團隊設計開發，各有各的方法，但都大同小異。特別要注意的是：有些陳述措辭傾向正面、有些傾向負面，請各位作答前務必仔細閱讀量表簡介與說明。

每一題的答題時間不要太長。答案沒有對錯，題目也不是腦筋急轉彎，只要依你平時或大多時候的真實反應作答即可。還有，雖然各位可以自由選擇要或不要回答哪一份問卷，但請務必完整回答問卷裡的所有問題。答題不完整會影響最後的分數，導致評量無效。

有些問題一開始的陳述可能是你平時不會做的事，譬如有一題是「你把公司的東西弄壞了，藏起來不讓人知道」，然後要求你對幾種可能的反應方式評分。即使題目描述的情境對你而言不太可能發生、或你認為自己永遠不可能面臨這種處境，仍請各位盡可能揣想你在這種時候會如何處理，因為問卷想探知的是你的「反應」。

有時候，有些題目可能讓你很難做決定：我對題目描述的情境到底是「2，我多半不會這樣」，還是「3，我偶爾會這樣」？這種情形很正常，選哪一個都沒關係。理由是問卷裡有不少這類模稜兩可的問題，它們會抵消彼此的不確定性；更何況，量表本就不求精」，多一分或少一分其實並無實際意義。所以請各位千萬不要多想：浮上心頭的第一個答案說不定就是最適合你的回答。最後還有一點很重要：研究人員設計這些問卷的目的是估量你的傾向和潛性，而非評判你的行為、或你當下一閃而過的情緒感受。請各位務必謹記在心。

你常感到羞恥嗎？你的愧疚感有多重？讓問卷告訴你[5]

以下這十一種情境都是日常生活可能出現的突發狀況，請試著想像你置身題目描述的處境。題目針對每一種情境列出兩種常見的反應方式（a和b），各位要做的不是二選一，而是評估你表現這兩種反應的傾向和程度：你可能兩種反應都有，並且都給5分，也可能兩種都沒有、都給1分，這都是可以接受的。

作答方式：每一題以1到5分表示。

1分代表「完全不是我」，2分代表「我多半不會這樣」，3分代表「我偶爾會這樣」，4分代表「我還滿常這樣的」，5分則是「根本就是我」。

1. 你跟朋友相約吃午餐，結果到了下午五點，你才發現你失約了。這時你心裡怎麼想？

a) 我真差勁。____

b) 我得趕快跟朋友道歉。____

2. 你把公司的東西弄壞了，並且把它藏起來，不讓人知道。這時你心裡怎麼想？

a) 考慮辭職。____

b) 弄壞東西讓我很焦慮。我要嘛自己解決，要嘛趕快找人幫忙。____

3. 你拖到最後一分鐘才擬定工作計畫，成果慘不忍睹。這時你心裡怎麼想？

a) 我真沒用。____

b) 我工作管理不當，活該受罰。____

4. 你在工作上犯了錯，卻發現同事替你挨罵了。這時你心裡怎麼想？

a) 閉上嘴巴，盡可能避開那位同事。____

b) 覺得不開心，很想把事情說清楚、導回正軌。____

5. 你跟朋友玩球，結果失手把球砸在人家臉上。這時你心裡怎麼想？

a) 我竟然連個球都扔不好，真遜。____

b) 趕快道歉，確認朋友沒事、不生你的氣。____

6. 你開車上路，不小心撞到小動物了。這時你心裡怎麼想？

a) 我是兇手。____

b) 我怎麼這麼不注意路況，沒有警覺心。____

7. 你剛考完試，以為自己考得非常好。結果你考得爛透了。這時你心裡怎麼想？

a) 我是笨蛋。____

b) 我應該再用功一點的。____

8. 你跟一群朋友出去玩，而你脫口取笑一位不在場的朋友。這時你心裡怎麼想？

a) 不好意思，覺得自己有點卑鄙。____

b) 馬上道歉，多說幾句朋友的好話。____

9. 你在重要的專案計畫犯了大錯。同事原本很看好你，結果你被老闆罵到臭頭。這時你心裡怎麼想？

a) 想躲起來。＿＿

b) 我早該發現問題、把事情做好的。＿＿

10. 你幫出門度假的朋友照顧小狗，結果狗跑掉了。這時你心裡怎麼想？

a) 我真是不負責任又沒用的人。＿＿

b) 我發誓下一次會更小心。＿＿

11. 你參加同事的喬遷派對，不小心把紅酒灑在新鋪的奶油色地毯上，但應該沒人發現。這時你心裡怎麼想？

a) 好想馬上離開現場。＿＿

b) 在派對結束後留下來，幫忙把污漬清理乾淨。＿＿

答案(a)總分：＿＿（羞恥指數）

答案(b)總分：＿＿（愧疚指數）

羞恥指數與愧疚指數最低皆為11分，最高55分。在目前取得的問卷結果中，約有半數作答者的羞恥指數落在25至33分之間、愧疚指數則為42至50分。女性在這兩項測驗的得分都比平均分數略高，男性則略低於平均分數。[6]

截至目前為止，學界對於羞恥和愧疚的系統性實證研究還不夠多，而這份量表是該領域頂尖研究人員為了彌補這一點而設計的。每個人在與他人互動時，羞恥與愧疚是關聯頗深的兩種情緒：[7]羞恥代表你擔心自己和別人如何看待你，愧疚則與你在意自己的行動如何影響他人有關。一如我稍早提到的，羞恥常和「隱瞞或逃避」的欲望相連，愧疚則傾向道歉與修補關係。在人與人的社交互動中，這兩種情緒主要用來抑制不當與不法行為，促進關係修補、致歉與贖罪等行動。舉個值得玩味的例子：研究人員針對一群五年級生進行縱向研究*，結果發現，愧疚感比較重的孩子在長大以後比較不容易受到酒精影響，也更樂於從事社區服務活動。

羞恥或愧疚這兩種傾向皆源自你我的早期家庭經驗，而且似乎承襲自雙親——尤其是父親。羞恥感約在兩歲開始萌芽，愧疚感則因為需要更強的認知能力，一般要到八歲左右才看得出來。羞恥會讓人感覺痛苦，通常也會對人際關係造成負面衝擊。遭逢逆境時，容易感覺羞恥的人大多傾向責怪他人，也可能愛生氣或對人有敵意，通常不太有同理心。另一方面，動不動就愧疚的人多半不會亂生氣，而是傾向以更率直的方式表達怒意，似乎也比較能同理其他人的感受；不僅如此，這類人也比較願意接受負面結果，承擔責任。

焦慮量表[8]

作答方式：根據題目描述，寫下最貼近你日常感受的分數。

1分代表「幾乎沒有」，2分代表「偶爾」，3分代表「常常」，4分代表「幾乎都是這樣」。

1. 我有安全感。＿＿＿

---

* 譯註：在一段時間內針對相同變量進行重複觀察。

2. 我冷靜、不慌張，泰然自若。＿＿
3. 做決定對我來說並不難。＿＿
4. 我覺得滿足。＿＿
5. 我很快樂。＿＿
6. 我對自己挺滿意的。＿＿
7. 我性情穩定。＿＿
8. 我覺得心情愉快。＿＿
9. 我精力充沛。＿＿
10. 對於一些不重要的小事，我也會擔心過頭。＿＿
11. 我覺得焦躁不安。＿＿
12. 若仔細思考最近掛心或在意的事，我會越想越緊張，心煩意亂。＿＿
13. 我缺乏自信。＿＿
14. 我遇到的難題越積越多，克服不了。＿＿
15. 我覺得自己好失敗。＿＿
16. 我的失落感很重，沒辦法拋諸腦後。＿＿

17. 真希望我能像別人一樣開心快樂。＿＿

18. 我會沒來由地冒出一些不重要的念頭，並覺得困擾。＿＿

19. 我常常煩這煩那的。＿＿

20. 我覺得自己不夠好。＿＿

這份焦慮問卷的1至9題代表低度焦慮，10到20題為已有焦慮問題；因為如此，這份問卷的評分方式比羞恥／愧疚問卷稍微複雜。以下是焦慮量表的判讀方式：

1) 將1～9題的分數相加，得分為：＿＿

2) 以45減去1)所得的分數，結果為：＿＿

3) 將10～20題的分數相加，得分為：＿＿

4) 將2)所得的結果與3)分數相加，答案就是你的**焦慮指數**：＿＿。

焦慮問卷的得分範圍為20至80分，平均35分。約半數答題者得分在31至39之間。[9]憂鬱症患者比一般人容易焦慮，得分多為40幾分或50幾分。[10]

威脅始於察覺焦慮。焦慮與恐懼不同，恐懼是針對特定可辨且立即的危險所產生的反應，但焦慮來自察覺潛在、無法預測的威脅，而這種威脅不一定會造成實質傷害（或可能性偏低），威脅本身亦可能模糊難辨、或甚至來源不明。因為如此，慢性焦慮比長期恐懼更為普遍。從演化的角度來看，這兩種情緒都能保護我們抵禦傷害，但方式截然不同：恐懼會激發防衛反應，即「抵抗或逃跑」，一旦威脅消失，恐懼感也迅速消褪。然而焦慮的應對方式通常不那麼直截了當，而且會持續一段時間，故焦慮乃是透過預期心理及做好準備來保護個體不受傷害。

太容易焦慮有害身體健康，因為焦慮會造成壓力，而壓力荷爾蒙長期且過度分泌會引發多種健康問題。但是，雖然高度焦慮會提高死亡風險，焦慮感異常過低的人，死亡率同樣偏高，這是因為低焦慮個體在面對威脅時比較不會尋求幫助，或傾向採取莽撞行動以規避焦慮。譬如焦慮感低的人若發現皮膚有腫塊，他們可能不會馬上衝去看醫生；這類人也可能比較容易有菸癮，或從事一些風險較高的行為。

憤怒與攻擊量表

誠如羞恥和愧疚關係密切、必須一併考量，憤怒與攻擊同樣互有關聯，因為攻擊是回應憤怒的一種方式。底下這份憤怒與攻擊量表在情緒側寫方面有其關聯性，應併同視之。

作答方式：根據題目，寫下描述最貼近的分數。

1分：非常不像我。
2分：不太像我。
3分：有點像又有點不像我。
4分：有點像我。
5分：根本就是我。

1. 我容易生氣，但脾氣來得快、去得也快。＿＿

2. 我會直接發洩挫折感，表現不耐煩。＿＿

3. 有時候，我覺得自己像一座隨時會爆炸的火藥庫。＿＿

4. 我**不是**好脾氣的人。＿＿

5. 有些朋友覺得我性子很急。＿＿

6. 我偶爾會沒來由地大發雷霆。＿＿

7. 我不太能控制自己的脾氣。＿＿

憤怒指數：＿＿

1. 如果我不同意朋友的看法，我會直接說出來。＿＿

2. 我發現自己常跟別人意見不合。＿＿

3. 如果有人激怒我，我可能會把他們惹毛我的地方說出來。＿＿

4. 如果有人跟我意見不同，我總是忍不住跟對方辯到底。＿＿

5. 朋友說我挺好辯的。＿＿

攻擊指數：——

憤怒量表得分最低為7分，最高35分，平均17分。約有一半的人得分落在13至21之間。

攻擊量表得分範圍為5至25分，平均15分。半數作答者得分介於12至18分之間。[11]

一般人大多認為憤怒、攻擊是有害的情緒，或至少容易造成反效果。然而若從演化的角度來看，唯有能促進生存繁衍的情緒方能發展成形，延續至今。因此為了解人類的憤怒與攻擊心理，從這兩種情緒的演化源頭下手或許是個好辦法。

放眼整個動物界，食物、水和交配對象等資源的取得方式決定哪些動物得以生存，將基因一代代傳遞下去。雖然現代人的世界通常不會以武力威脅決定資源分配，但是在人類演化的過程中、以及在絕大多數的動物社會裡，武力威脅仍是主要的決定方式；因此，為個體及其後代建立取得資源的必要途徑，說不定才是憤怒和攻擊演化成形的最關鍵功能。

當我們的生存機會受到挑戰、或有人阻礙我們達成目標時，憤怒會刺激我們採取行動。跟引發憤怒的「誘因」相比，憤怒「反應」似乎強烈得不成比例；然而從求存的觀點來看，這種不成比例倒是合情合理，因為憤怒激起的報復行動不僅能嚇阻當下的威脅，也能阻絕因不採取強烈行動而可能衍生的所有類似威脅。

攻擊是一種重要防禦機制。能誘發攻擊的情境種類繁多，譬如幼子遭威脅時，通常會引發母親的攻擊反應。不過前面這份量表評估的是「言語攻擊」——數萬年前大概不存在這種攻擊形式，但言語攻擊肯定與現代社會高度相關。攻擊分數低代表你不太會堅持自己的主張，若得分偏高，則表示你在他人眼中可能是個好辯、愛爭吵的人。

憤怒與攻擊在今日社會造成的效果，不必然與老祖宗們所處的時空環境完全相同，甚至可能失靈或失控。憤怒或攻擊指數偏高、或生活壓力大的人（壓力會降低這兩種情緒的爆發臨界點），可能就得特別注意、隨時調整自己的情緒了。因為這樣的人比較容易做出讓自己後悔的事，甚至也會因為過度憤怒而出現偏頭痛、腸胃不舒服、高血壓等毛病。研究顯示，習慣以憤怒或攻擊反應處事的人，明顯比脾氣溫和冷靜的人更早出現心臟問題。

我會在下一章聊聊調整或控制情緒的常用方法；不過，針對憤怒和攻擊這兩種情緒，另外有兩套特別管用的法子。其一是「離開現場」：休息一下，散散步，做幾次深呼吸，讓時間帶著你慢慢冷靜下來。其二是「慈悲」，同情你憤怒的對象。譬如有人拿著武器要搶你的錢，你極可能大發雷霆、痛斥貶低這個人，但你也可以把焦點放在「究竟是什麼悲哀處境逼得這人做出此等極端行動」上——NBA球員「魯長老」威廉斯（Lou Williams）就是這麼做的。威廉斯在北費城停車等紅燈的時候，搶匪拿槍撲上車窗、要他把錢交出來。威廉斯嘗試與搶匪交涉。對方告訴他：「我剛出獄，肚子很餓，心裡很苦。我什麼都沒有，只有這把槍。」最後搶匪放過威廉斯，威廉斯請他吃了一頓晚餐。達賴喇嘛也提倡慈悲。有天，一名女士在前去聽達賴喇嘛弘法的路上，看見有人在打狗。[12]後來她向達賴喇嘛提起這件事。達賴喇嘛說：「你為狗難過，也要為人惋惜。這才是慈悲。」慈悲能化解憤怒，涉事各方也會因此受益。

牛津大學問卷：你快樂嗎？[13]

作答方式：以下各項描述都跟「快樂」有關，請評分表達你的同意程度。

1分：非常不同意。2分：不同意。3分：有點不同意。
4分：還算同意。5分：同意。6分：非常同意。

1. 我不太喜歡自己的行事作風。＿＿
2. 每天早上醒來，我鮮少覺得精神飽滿。＿＿
3. 我對未來並不特別感到樂觀。＿＿
4. 我並不覺得世界有多美好。＿＿
5. 我的長相沒什麼吸引力。＿＿
6. 我想做的事跟我至今的成就有一段差距。＿＿
7. 我覺得我不太能控制自己的人生。＿＿
8. 對我來說，做決定不是件容易的事。＿＿
9. 我覺得我的人生不特別有意義，也不覺得有什麼目標。＿＿
10. 我跟其他人相處的時候並不特別覺得開心。＿＿
11. 我不覺得自己有多健康。＿＿
12. 我沒有什麼特別開心的回憶。＿＿

13. 我對其他人非常感興趣。＿＿
14. 我覺得人生非常有意義。＿＿
15. 我幾乎對每一個人懷抱善意。＿＿
16. 我覺得大部分的事都挺有趣的。＿＿
17. 我總是全力以赴，積極參與。＿＿
18. 人生真美好。＿＿
19. 我經常大笑。＿＿
20. 我對自己的人生、對一切都挺滿意的。＿＿
21. 我很快樂。＿＿
22. 我能看見事物美好的一面。＿＿
23. 我總是能鼓舞身旁的人。＿＿
24. 只要我願意，沒有我不能適應的環境。＿＿
25. 我覺得沒什麼事能難倒我。＿＿
26. 我自認頭腦清楚，作風穩健。＿＿
27. 我總是開開心心、神采奕奕。＿＿

28. 我覺得我有源源不絕的精力。＿＿

29. 我通常能把事情帶往好的方向。＿＿

這份量表中，1至12題描述的幸福感或快樂程度偏低，13至29題代表心情幸福快樂。因為如此，這份量表的評分方式略為複雜。以下是快樂量表的判讀方式：

1) 將1～12題的分數相加，得分為：＿＿

2) 以72減去1)所得的分數，結果為：＿＿

3) 將13～29題的分數相加，得分為：＿＿

4) 將2)所得的結果與3)分數相加，答案就是你的**快樂指數：**＿＿。

牛津幸福感問卷的得分範圍為29至174分，平均分數為115分。多數答題者的得分落在95至135之間。[14]

這份問卷估量的是「快樂基準」。這是寫在DNA上的設定值，決定你「感受」快樂的能力。至於你是否快樂，或者有多快樂、多不快樂，不能單看這道基準，還得參考外在環境、你的行為等多項因素而定。

世人大多高估外在環境的影響，認為我們會因為生活中的大小事而開心或不開心。我們以為賺更多錢、開好一點的車、或甚至喜歡的球隊獲勝都能帶給我們比實際上更多的快樂；又或者失業、失戀，喜歡的球隊在重要比賽失常敗北亦會讓我們格外傷心。但研究顯示，雖然我們會受到情境或外在事件影響，影響程度並沒有我們以為的那麼大，時間也不會太長。就拿接下來這個經典研究來說吧：研究人員詢問一百位名列《富比士》美國富豪名單上的有錢人，請他們評估自己的快樂程度；另外再從電話號碼簿隨機挑選一百人作為對照組。[15]結果從平均值來看，這些每年賺進好幾千萬美元、堪稱美國最有錢的大富豪，他們也只比一般老百姓快樂一點點罷了。

研究人員主張，快樂基準、外在條件和近期事件決定了我們的快樂程度，但並非唯一依據。還有什麼因素能左右快樂？這就看你怎麼「做」了。好消息是，「行為」跟前三項因素不同，行為相當程度受意識腦控制；關於行為對快樂程度的影響，近年研究人員已做了頗為廣泛的研究。[16]所以，如果你的快樂量表分數比預期稍低，又或者你純粹只是想變得更快樂，以下是「幸福領域」頂尖科學家頌雅・隆博米爾斯基教授（Sonja

Lyubomirsky）的衷心建議：花時間陪伴家人和朋友，專注於你擁有的一切、心懷感激，時時刻刻表現善意或定期行善，樂觀看待未來，感受生活中的小確幸、盡力活在當下，每週或每天固定運動，試著找出能努力一輩子的目標（不論是社會運動或者教小孩讀書都可以）並全力以赴，寫書、寫小說或認真打理花園。[17] 隆博米爾斯基說：「想想你身邊有多少人下定決心、花時間活動筋骨——上健身房也好，打拳、做瑜伽也罷……若你渴望讓自己更快樂，你也應該選擇類似做法。換句話說就是，要想讓幸福感一直維持下去，你必須徹底改變自己——只要懷抱決心、持之以恆，你一定做得到。」

浪漫情感與情感依附量表

這份量表評估的是你對愛與依附感的「易感程度」，也就是你親近他人、身處親密或愛情關係時的舒適程度。如果你碰巧正在談戀愛，那麼請不要以目前這段關係為準、而是以一般狀況來回答以下問題。

作答方式：請以1分（非常不同意）、2、3、4、5、6到7分（非常同意）表達你對各題敘述的同意程度。

1. 我能自在地跟我的伴侶分享我的個人感受和想法。＿＿
2. 我能十分自在地親近我的伴侶。＿＿
3. 我覺得跟另一半親近還挺容易的。＿＿
4. 親近伴侶對我來說不算太困難。＿＿
5. 我常常跟我的另一半討論我遇到的問題和擔憂。＿＿
6. 每當我需要的時候，找我的另一半尋求支持總是很有用。＿＿
7. 我跟我的伴侶幾乎無話不說。＿＿
8. 我會跟我的伴侶好好把事情談清楚。＿＿
9. 我會依賴我的另一半，感覺很自在。＿＿
10. 我很容易就放開矜持、依賴自己的伴侶。＿＿
11. 我很容易對伴侶產生愛意。＿＿
12. 我的伴侶真的懂我、了解我的需求。＿＿
13. 我比較不會對伴侶表達我最真實的感受。＿＿

14. 我發現我很難讓自己放心依賴我的伴侶。＿＿

15. 我沒辦法很自在地對另一半敞開心懷。＿＿

16. 我傾向不要太膩著我的伴侶。＿＿

17. 如果我的伴侶想要非常親暱的關係，我會因此不太自在。＿＿

18. 如果我的伴侶太黏人，我會緊張。＿＿

這份量表中的1至12題代表依附程度高，13至18傾向逃避。計分方式如下：

1) 將1～12題的分數相加，得分為：＿＿

2) 將13～18題的分數相加，得分為：＿＿

3) 以48減去2)所得的分數，結果為：＿＿

4) 將1)所得的結果與3)分數相加，答案就是你的**愛與情感依附指數**：＿＿。

這份愛與情感依附量表的得分範圍為18至126分，平均分數91.5分。約有一半的答題者得分落在78至106之間。因此，假如你的分數低於這個範圍，表示你對親密情感的依附態度比大多數人不開放；若得分高於這個範圍，表示你比大多數人更接納親暱關係。[18]

「愛」這種情緒對大腦化學反應影響甚巨。[19]各位應該猜得到，光是見到心愛的人便足以令大腦釋放多巴胺、活化酬賞系統的欲求機制。不過，「愛」對於大腦的不活化效應也同樣出色——其中一個被不活化的區域跟負面情緒有關，所以我們才會產生「彷彿登上九重天」的狂喜心情；另一個與愛有關的區域是社交判斷，「滿眼愛心」的人通常比較不會挑剔別人。愛也會影響個體區別「自我」與「他者」的能力，產生自己與所愛「同為一體」的感受。因此，當你深陷愛河時，你的心智狀態會異常偏頗——比起重視自己，你會更重視所愛之人。大自然為何賦予我們這種複雜得足以改變人生的精神狀態？這種狀態對人類的生存繁衍又有哪些正面影響？

人類學家指出，「愛」這種浪漫情懷是一種非常古老的情緒，據說是從一百八十萬年前逐漸演化形成的。哺乳動物的繁殖行為包含一段必須對特定對象（幼獸／嬰兒）投注強烈母愛、精力與奉獻的時光。與雄性產生情感依附不僅能提升這對伴侶本身的生存能力，對其子代也有相同好處；如果男性能藉由採集食物、尋找或建立庇護處並提供保護以協助女性，並且將這些技能傳遞下去，女性就能更有餘裕照顧下一代，有利生存。

今天，世界各地對於「愛」的定義稍有不同。人類學家已在一百四十七種不同文化中找到浪漫愛的明確證據。[20]即使在坦尚尼亞「哈扎」（Hadza）這個遺世獨立、依然過著打獵與採集生活的原始部落，他們也有愛、有婚姻關係，懂得彼此承諾。不僅如此，演化心理學家還發現，哈扎伴侶對彼此付出的程度與下一代的生存數目有關，具有「繁衍成功」的意義。[21]又或者如以「超難搞」聞名的詩人菲立普・拉金（Philip Larkin）所言：唯有愛能讓人續命，別無他方。[22]

你的情緒特徵

現在各位已大致評估了自己的情緒傾向，這會兒可以把每張量表拿出來，好好研究你的情緒特徵。你在快樂與愛方面的得分可能很高，挺開心的，但你也可能發現自己有容易感覺羞恥和愧疚的傾向。或者你說不定能因此正視或確認，其實你經常處於焦慮狀態。

這些分數沒有對錯之別。每個人生來都不一樣，而這些差異都是構成你我人格的一部分。當然，我們無須在情緒特徵的每一面都力求中庸平衡。譬如，我有幾位朋友總是焦慮，但他們覺得這樣還不錯；他們認為焦慮有助於處事謹慎、避開麻煩。我知道還有些人是徹頭徹尾的開心果、樂觀得無藥可救，雖然他們經常因此做出不太恰當的決定，卻也無損其快樂幸福的生活日常。有人在做了這些評量之後驟然領悟，讓他們更覺知自己的感受及某些行動背後的理由；一旦覺悟，有時他們甚至會嘗試改變自己的某些面向，幫助自己邁向更充實富足的人生。

情緒特徵是先天後天互相影響所產生的複雜結果，也是大腦這個實質構造和影響大腦的各種經驗兩相結合的產物。我們都會對自己的情緒狀態有所反應，但我們也有能力反過來控制情緒，而這股控制或調整的能力不僅涉及意識，也和潛意識有關。更重要的是，只要多加練習，這些原本出於意識和主動的調控程序會變得越來越「自動自發」，無須意識介入即可完成。不論你的情緒特徵為何，認識自己的真實面貌是理解情緒如何影響人生、決定你是否要邁向改變的第一步——而這正是我們最後一章要探討的主題。

第九章
情緒管理

二〇一一年十月，紐約西區樂羅高中的一名啦啦隊員午覺醒來，發現自己整張臉嚴重抽筋且下巴前突，無法控制。[1]幾星期後，她的症狀仍不見好轉，而且她最要好的朋友（她也是高年級啦啦隊員）某日假寐醒來竟突然口吃，一會兒之後，她的臉也開始痙攣，兩隻手也失去控制，腦袋更是誇張地前後抽搐。兩星期後，第三個人中標。最後有將近十來位少女在短時間內相繼出現相同症狀。

這類症狀的起因極可能是神經出問題，或者中毒。某神經學家懷疑這是鏈球菌感染引發的一種罕見免疫反應，也有人認為是學校的飲水或操場土壤受污染，又或者是學校附近一處四十年歷史的氰化物掩埋場有毒物滲出。調查人員翻遍所有跟「傳染性神經抽擂」有關的學術文獻，不僅紐約州健康部門介入調查，著名環保人士艾琳．布羅克維奇（Erin Brockovich）也出手協助（布羅克維奇從未受過法律專業訓練，卻打贏對抗太平洋煤氣公司〔Pacific Gas and Electric〕的環污官司，成功爭取三億三千三百萬美元的和解金）。* 在歷經數月的調查過程中，研究人員仔細審閱女孩們的家族病史及醫療紀錄，確認她們是否可能接觸有毒物質。他們從學校大樓採集飲水樣本，檢驗四十八種有機物、六十三種殺蟲劑或除草劑和十一種金屬；就連室內空氣品質也列入調查範圍，尋找黴菌感染的可能性。

醫學調查未發現任何不尋常之處，留下幾個惱人疑點：這種病症為何幾乎只出現在青春期少女身上？她們的父母或手足為何未被傳染？還有，如果是中毒，那為什麼會在毒物存在數年或數十年之後，突然發生這些症狀？最後，多數專家不得不同意，這些女孩可能得了一種「心理傳染病」。

雖然這種事不太常上新聞，但學術上稱為「集體心因性疾病」的事件可能比各位以為的還要普遍。舉例來說，二〇〇二年就有十名北卡羅萊納州的高中女生出現類似症狀；二〇〇七年，維吉尼亞州也有九個高中女生病例。不過，這種現象其實並不局限於任何年齡層、性別或特定文化，全球各地都曾觀察到類似病症，就連新幾內亞以狩獵、採集維生的原始部落也有紀錄。[2]不論任何族群，只要其組成分子彼此有社交連結，處於長期或高度焦慮狀態，就有可能出現這類症狀。

一七五九年，亞當・史密斯（Adam Smith）描述了一種症狀輕微許多、而且幾乎天天都能看到的心理傳染症：「我們看見別人的手或腳因為中風而行動不便時，通常都會下意識往後退、或不自覺……縮一下我們自己的手或腳。」[3]他說的完全正確。我們會「感同身受」。事實上，研究人員透過腦部造影發現，若我們在他人身上觀察到某種情緒，我們會因此受到刺激並自動產生相同情緒，活化專責的大腦區域。[4]

研究情緒如何在人與人之間、同一組織或甚至整個社會中散播傳遞，是情緒這門新科學相當重要的次領域；近年來，這個領域的相關研究幾乎逐年以十倍速成長。心理學家把這種疾症稱為「情緒傳染」（emotional contagion）。

你跟同事聊天。你注意到自己似乎不太舒服，你越來越焦慮。等你聊完離開之後，你想起自己在開始這段談話以前並無異狀。你意識到這名同事常常對你有這種影響：她容易焦慮，於是跟她聊完之後，你也開始焦慮了。怎麼會這樣？

＊ 譯註：電影《永不妥協》（*Erin Brockovich*）即取材自布羅克維奇的真實故事。

從歷史角度來看，人類生存取決於彼此能在社群架構下順暢運作的能力。我們必須理解他人，設法建立關係，而「情緒同步」（synchronizing emotions）可以促進這個過程。因為如此，人類和其他靈長類一樣，生來就有模仿的能力：交談中的兩個人會順應彼此的節奏，寶寶張開嘴巴的時候，做媽媽的也常不自覺做出一樣的動作。[5] 我們會模仿彼此微笑、疼痛、感動、尷尬、不自在和噁心的表情，就連大笑都有傳染力——這也是喜劇節目為什麼會播放罐頭笑聲，深夜脫口秀主持人之所以能在攝影棚觀眾面前說個不停的原因（有些觀眾是安排好的笑聲部隊）。對於坐在電視機前的觀眾來說，若是沒了背景笑聲回應，那些原本聽來引人發噱的笑話突然就變得不好笑了。

前面提到的模仿行為並非出於意識，而是源自潛意識：我們並未意識到自己在模仿別人。有些模仿甚至能在意識反應不及的時間內疾速完成。譬如某項研究就顯示，拳王阿里得花一百九十毫秒才對交通號誌起反應，卻只要四十毫秒就能出拳回擊；[6] 幾份以大學生為對象的社會互動研究顯示，有時候他們在二十一毫秒內就能讓臉部表情和身體動作趨於一致。這種快如光速的同步效應之所以可能發生，理由是這類效應來自非意識／潛意識區，不受大腦意識控制。事實上，若是有意識地模仿他人，這類言行舉止看起來通常都很假。

親朋好友或鄰居熟人的心情好壞，偶爾也會透過我們的快樂程度反映出來，這也是情緒感染引發的效應之一。就某種程度來說，你我都是同伴的情緒分身，至少哈佛大學與加大聖地牙哥分校近期的合作研究確實推導出這樣的結論：他們追蹤四千七百三十九人的日常生活，時間長達二十年；[7]這群研究對象並非隨機挑選的陌生人，而是某個大型社會組織裡的成員。每一位成員平均跟組織裡的另外十．四人有社交關係——對方可能是家人、鄰居、朋友或甚至朋友的朋友；若以直線表示任兩個人的關係，這群人的互聯關係總數超過五萬三千條。研究團隊每隔二到四年就會訪談這群人，評估其快樂或幸福程度，記錄他們在社交關係上的變化，再利用電腦整合這些數據資料，並以相當複雜的數學模式進行網絡分析，結果得出：如果身邊的人都很快樂，受訪者本人大多也很快樂，未來繼續保持這種快樂傾向的比例也比較高；原因不單只是人以群分、物以類聚，而是**幸福傳染效應**。

這些新近研究成果最令人訝異的是，情緒傳染其實非常容易發生。我們不需要直接接觸到另一個人，或甚至不用跟對方交談、講電話，光是文字或社群媒體就足以影響我們的情緒。各位不妨想想二〇一二年，「臉書」在未告知使用者的情況下進行的那場頗具爭議的情緒操控實驗。在那次實驗中，這家社群媒體公司安排六十八萬九千名用戶讀到刻意過濾、情緒偏正面或負面的網路消息。[8]據研究人員回報，當他們減少正面消息資訊量，用戶貼出正向內容的次數會減少、負向貼文會增加；若減少負面消息，用戶行為就會呈現相反的情況。推特也做過類似實驗（但他們並未操控任何人的推文），結果發現喜歡看負面消息的人，推文大多比較負面；較常看正面推文的人，他們的發文則以正面居多。[9]

情緒傳染跟情緒本身一樣，有些層面或特質對人類演化十分有利，有時卻不適合今天的現代社會。不過，情緒傳染倒是給我們上了非常重要且樂觀的一課：如果別人光是皺個眉頭、發條簡訊就能左右我們的情緒，那麼我們靠自己做到應該更不成問題。研究顯示，我們確實有能力控制自己的情緒。

讓意念凌駕情緒

情緒能帶我們跌入悲傷深淵，也能拉著我們攀上喜悅高峰。情緒是左右你我選擇和行為的影子手，也是我們制定並達成目標的理由，但它也可能是排名第一的最大阻礙。為逝去的所愛之人痛心悲傷，實屬正常；如果只是因為打不開義式蕃茄醬的罐子便泫然欲泣，那就不太妙了。情緒是維繫人類存在的必要成分、且大多有利生存，然而卻非總是如此——這是情緒研究以及本書反覆出現的主題之一。最主要的原因在於，情緒是從與現代社會截然不同的遠古時代演化而來的，注定在某些時刻不太符合今日需求，尤其是過度強烈的情緒幾乎無可避免地會造成反效果。焦慮演化的目的是讓我們更小心謹慎，但焦慮也可能引起恐慌。失去的悲傷讓我們明白什麼才是最重要的，但悲傷也可能排擠樂觀或希望的念頭，使人意志消沉。憤怒能促使你著手處理或解決引發憤怒的事件情境，也會提高血液中的腎上腺素濃度、賦予你強大的爆發力，但憤怒也可能使你做出破壞人際關係的舉動，甚至搞砸你的目標。

我們都會碰上這類狀況。這時候，調節情緒便有其效用了。隱藏或壓抑情緒感受在某些時候確實是上上之策，因為這些情緒在他人眼中可能象徵不專業或不適任；若純粹為自己著想，那我們也可能只是想降低情緒負擔，讓感受不要太強烈罷了。不少情商研究顯示，成功的企業家、政治家或宗教領袖通常都能控制自己的情緒，並且把情緒當作與他人互動的工具。智商或許跟認知能力有關，但察覺並掌握自己的情緒狀態才是在專業及個人領域成功致勝的重要關鍵。

這份調節情緒的能力也是人之所以為人的特質之一。構造簡單的生物會使用一些和你我相同的神經傳導物質，不少高等動物的情緒也都源自與人類相似的大腦電流活動；焦慮小鼠吃「煩寧」（Valium）會平靜下來，你給章魚吃「搖頭丸」牠也會性欲高漲，人類服用的精神治療藥物通常也都能在大鼠身上收得相同效果。即便如此，這些動物依舊無法單靠自己做出這些改變，也沒有能力調整、延遲或隱藏牠們當下的感受。大部分的動物都是立即反應，不會隱藏內心感受：譬如人會調整、增強、假裝或壓抑情緒，但貓咪不會佯裝喜歡牠真心討厭的食物，若你惹毛牠，牠也同樣不會隱忍。這是人類情緒系統和其他動物最明顯的差異所在。

對人類來說，調節情緒有生理上的好處，也有心理上的益處。舉例來說，情緒穩定有益身體健康，對防範心血管疾病的成效尤其明顯。[10]某項為期十三年、以老年人為對象的追蹤研究顯示，情緒調節能力最差的人比懂得自我調節的人更容易罹患心臟疾病，機率高出百分之六十。儘管科學家還沒找到確切機制，不過他們懷疑，調節情緒應該能降低壓力反應系統被刺激活化的頻率：在身體面臨即刻危險時，壓力反應系統會協助我們進入備戰狀態，使血壓上升、心跳變快、肌肉繃緊，還會放大瞳孔讓我們看得更清楚。如果是人類老祖宗在草原上突遭鬣狗圍攻，這一連串反應肯定非常有用；但假如發動攻擊的是你老闆、而且他只動口不動手，那麼這些壓力反應根本沒用。不僅如此，我們還得為此付出代價：這一連串反應始於身體釋出壓力荷爾蒙，這種荷爾蒙造成的發炎反應跟心血管疾病及其他多種毛病關係密切。

鑒於情緒管理能帶來的諸多好處，自然有不少人願意花時間嘗試，透過各種方法達成目標。這些方法有些管用，有些則否，一直要到最近這十幾二十年，心理學家才開始研究並驗證這些方法的效果，將其分門別類。接下來就讓我們談談其中最有效的三種方法：接受（acceptance）、再評估（reappraisal）和表達。

接受：斯多噶哲學的力量

以下是詹姆斯．史托戴爾（James Stockdale）的故事。一九六五年九月，時任美國海軍艦載機作戰指揮官的史托戴爾飛進北越，第三度執行攻擊任務。[11]他駕駛A－4天鷹式攻擊機、以近六百英里的時速緊貼樹冠低飛，卻不慎衝進防空火砲彈幕。砲彈摧毀天鷹的控制系統，導致飛機失控、引擎著火，史托戴爾決定跳傘逃生。

在這段穿著降落傘、滑進下方小村落的短暫飛行途中，史托戴爾心想：他可以預見接下來的命運，但他幾乎無能為力。他還記得，當時他是這麼想的：「此時此刻，我就要從一個享受各式各樣尊榮地位、天知道有多少好處且動輒指揮上千人的機隊指揮官……變成眾人鄙視的對象。變成敵人眼中的罪犯。」

他的新人生沒過多久就成真了。落地後，史托戴爾被一群人痛打圍毆，斷了一條腿（導致他一輩子都得跛腳走路）。一陣拳打腳踢之後，他被五花大綁（綁得跟止血帶一樣緊）、送進北越監獄，一關就是七年半，甚至比晚一點被關進去的獄友──美國聯邦參議員馬侃（John McCain）──待的時間還長。蹲牢期間，他被刑求十五次。

經年累月的刑求與身心虐待肯定讓他付出極大的情緒代價，他實在很難不被恐懼、疼痛、悲傷、憤怒和焦慮擊垮。可是，在獄友眼中，史托戴爾簡直太帥：身為唯一彈射生還的機隊指揮官，他漸漸成為近五百名被俘飛行員的地下長官兼大隊長。越戰結束後，史托戴爾甚至還能重振旗鼓、一路晉升至海軍中將，並於一九九二年成為羅斯・佩洛（Ross Perot）競選總統大位的搭檔。他如何挺過慘烈的戰俘生涯？為什麼能應付得這麼好？

史托戴爾說，在彈出戰機的那一刻，他知道自己只剩大概三十秒鐘的時間思考，然後就會掉在小村落的主街上了。於是，他寫道：「我低聲對自己說：『這趟下去至少得待五年。現在我要離開科技世界，進入愛比克泰德（Epictetus）的時代。』」

在史丹佛大學求學期間，史托戴爾的教授給他一本這位斯多噶派古希臘哲學家的小集子《愛比克泰德手冊》（*Enchiridion of Epictetus*），這本書從此成為他的聖經——在航空母艦服役的這三年間、一直到他被擊落以前，這本小書亦始終擺在床頭。

世人對斯多噶派總是有所誤解。斯多噶派認為，財富或甚至舒適是不好的，不過他們並非厭惡財富或舒適——斯多噶哲人只是告誡我們：切莫沉迷於財富，也不要過度崇尚身體或任何物質享受；但他們不會妖魔化這些事物。也有人說斯多噶派要人摒除情緒，這個說法也同樣不正確。斯多噶哲人認為，我們不該成為情緒的奴隸：我們的心理不該受情緒操縱，一味聽令情緒指揮。

愛比克泰德寫道：「成為自己的主宰，意即能確認並接受自身尋求、或摒除其所避絕之事物。」[12]若不仰賴他人、僅憑己身滿足所求，那麼除了你自己，無人能成為你的主宰，你也就自由了。斯多噶哲學提倡：對自己的人生負責，學會成就自己能力所及或能改變者，不要浪費精力在你無能為力的事物上。

斯多噶哲人特別叮囑：切莫以情緒回應超出你能控制的事物。愛比克泰德的論點是，使我們不開心的大多不是環境或命運，而是我們對環境和命運的判斷。就拿憤怒來說吧：突如其來的大雨毀了我們的野餐計畫，但我們不會對老天生氣；因為我們根本拿老天沒辦法，為此發怒未免傻氣。可是我們卻經常為了別人錯待我們而生氣。要想控制或改變他人，大概就跟祈求老天下雨或放晴差不多，同樣不切實際。

說得再概括一點：要想藉由改變他人行為來建立自己的幸福感，無異於讓天氣決定心情好壞。愛比克泰德寫道：「若你擔憂的事物完全不在你的控制之中，那就告訴自己這件事對你來說毫無意義。」[13] 如果能真心接受這套哲學並將其融入生活，我們應該能避掉或減少許多耗費心神的情緒事件。不過，我們得先訓練自己的心智能真正擁抱這套哲學——不只是智性的知，還要打從心裡相信它。若能做到這一點，就能改變我們的情緒反應系統。

史托戴爾被送進戰犯營後，這套哲學幫助他接受他的新人生：他不擔心眼前的恐怖困境，轉而把注意力放在如何讓自己活下來，而且要活得更好。他放開焦慮，不去思考接下來會發生什麼事；他接受自己無力阻止刑求，也預期刑求會再度發生，藉此克服對刑求的恐懼並專注於設法熬過去。

「接受」是斯多噶的奧義：若你接受隨時可能發生的「最糟糕」後果，並且把全副注意力放在如何正面回應這種狀況，那麼你就能減輕情緒上的痛苦。這種做法能讓情緒成為你的驅策力，而不是讓自己變成情緒的俘虜。雖然史托戴爾的故事只是個案，但研究人員近年做的不少情緒控制實驗也證實這套方法確實管用。

其中一項是找學生來玩簡單的配對遊戲。[14]學生在遊戲期間不時遭研究人員打斷，並且每一次都必須選擇：要嘛繼續遊戲，但是得接受電擊；要嘛直接放棄，不能打完遊戲。此外，電擊的程度和時間也會逐次增加。這群學生被分成兩組。實驗開始前，研究人員先簡單說明遊戲規則，並且傳授這兩組學生克服電擊疼痛的不同方法。其中一組學生學的是「分心」：假設你必須徒步越過濕冷的沼澤地，那麼應付這種情況最好的辦法就是在腦中想像另一片令你欣喜愉悅的風景。另一組學生也接受疼痛克服訓練，但他們學的方法是「接受」：就算電擊強度持續增強，他們也有能力繼續承受、不做反抗。研究人員同樣以橫渡沼澤為例，但這回不是建議學生想像愉悅風景，而是告訴他們：對抗逆境最好的辦法是覺知並接受不愉快的事物，不反抗事物本身、也不反抗事物引起的不適感受。

結果證明，採取「接受法」的學生撐得比較久——意即他們明顯比另一組學生玩遊戲玩得更久、更晚放棄。這種精神勝利法正是理智和情緒合作無間的經典例證：前額葉皮質的執行控制網絡影響了許多和情緒有關、位於皮質底下的其他構造。[15]斯多噶哲人雖無法解釋這種方法涉及的大腦運作模式，卻下意識做到了。若能成功執行這套模式、指揮大腦，我們就能調節情緒了。

再評估：轉念的力量

想像你開車去參加一場商業會議，途中遇到道路施工；你遵循繞道指引卻迷了路，最後遲了二十分鐘才趕到。你也許會這麼想：「那些白癡為什麼不能把標示做得清楚一點？」而這個想法可能激發你的怒氣。但你也可能反過來責怪自己：「我為什麼老是迷路？我到底有什麼毛病？」這個念頭可能令你心情沮喪。又或者，你說不定會想像其他與會者有多氣你怎麼還沒出現，使你因此焦慮不安。上述每一項針對道路施工及其影響所做的負面評估有可能都是真的，且各佔一定比例，而你極可能以其中一種版本為主，並因此決定了你的情緒。

情緒就是這麼來的。情緒反應啟動初期，大腦會歷經一段「理解事況」的過程，心理學家稱之為「評估」。有些評估發生在非意識層次，有些則由意識腦完成——於是，機會來了：如果我們對每一件事能有不同看法、亦分別引發不同的情緒，那你何不訓練自己用「能導引至你想要的情緒」的方式來思考問題？就前面這個例子來說，你或許可以這麼想：「參加這場會議的人很多，應該不會有人注意或在意我遲到了。」或是：「大家應該不會生我的氣，因為他們知道我一向準時。」又或者：「幸好碰上道路施工，讓我有藉口躲掉這場無聊會議的前二十分鐘。」調整大腦解析事理的途徑是一種「人為短路」，讓我們跳過不想要的情緒。心理學家把這種引導式思考稱為「再評估」。

有些情緒反應能增強自信，有些則會削弱你的信心。前者能幫助你在一次次境遇中汲取經驗，後者則讓你無法擺脫負面想法、阻礙你達成目標。「再評估」即是在逐漸成形的念頭中辨識出可能的負面模式，將其轉化成比較令你渴望或嚮往、不超出事實範圍的思考方式。

再評估研究顯示，我們有能力選擇並決定為生活中的種種情境、事件、經驗賦予哪些意義。若侍者始終不來招呼你，你可以選擇對他生氣，但也可以同情他，因為他有太多客人要服務了。某人總是自吹自擂、說自己多會賺錢，你大可嫌他粗鄙，也可以當他是個沒有安全感的人，因為在你們的社交圈裡，其他人的工作都比他的有趣。就算你的負面想法不會完全消失，正向再評估仍會發揮影響力，讓你思索新的可能性、調整看待事物的負面傾向。

以下這個例子就是再評估發揮正向影響的明證。最近，麻州「美國陸軍納提克士兵系統中心」（NSSC）的認知科學小組做了一項研究，[16]找來二十四名身體健康的年輕士兵，請他們進實驗室跑跑步機。他們每次都必須跑九十分鐘，總共要跑三次。在他們開始跑步三十分鐘、六十分鐘和跑完全程後，研究人員會請他們評估自己的疲累程度，以及有沒有哪裡痛或心情不愉快等等。

第一次上跑步機的時候，所有受試者皆未收到任何關於跑步的特別指示。第二次跑步時，研究人員要求一半的受試者使用認知再評估法，試著緩解負面感受——譬如請他們專心思考運動對心臟的好處、或是跑完九十分鐘將會感到何等驕傲。而另一半受試者（對照組）採用的則是類似前段「接受研究」中的「分心法」，想像自己躺在沙灘上或其他地方享受陽光。研究結果一如預期，分心法並不管用，但是採行再評估法的組員回報，他們疲累和不愉快的感受明顯降低了。

再評估不只能讓當下的處境更舒服愉快，它也是職場致勝的關鍵技巧。由於情緒能微調心智計算的結果，因此對於不少從事高壓行業的人來說，這種舒緩緊張情緒的能力非常重要。英國開放大學（Open University，位於牛津東北的米爾頓凱恩斯市）商學院教授馬克・芬頓歐克維（Mark Fenton-O'Creevy）即以此為題，做了一次個案研究。[17]

芬頓歐克維教授輕聲細語、白髮漸疏，他的職涯經歷頗為豐富精彩：在進入商學院成為大學教師以前，他做過校管、當過廚師，也曾擔任戶外運動教練、數學老師、青少年情緒治療師和管理顧問，甚至還以數學家的身分任職政府研究單位。二〇一〇年，他和幾位同事深入倫敦幾家投資銀行的真實世界，探索情緒及情緒調節策略的角色與功能。基於芬頓歐克維等人與銀行界的共同背景，他們明顯比其他研究單位更能接觸到大量且位高權重的金融專業人士。

這項研究以三家美國及一家歐盟投資銀行為對象，訪談四家銀行的一百一十八名專業操盤手和十位高階經理人。這群人的經歷足以代表在股市、債市、衍生性金融市場的就職概況：所有人皆同意提供年資與薪資數字，而薪資多半依公司的薪酬制度而定，直接反映受訪者操盤績效。受訪者的年資從六個月到三十年不等，年薪（包含獎金）介於十萬美元至一百萬美元之間。

心理學家認為，人有「系統一」和「系統二」兩套各自獨立的決策系統——這是諾貝爾獎得主丹尼爾．康納曼在《快思慢想》發表的理論。[18]系統一是以非意識為基礎的「快思」，能夠處理大量且複雜的資訊；系統二則是涉及意識思考的「慢想」，受限於一定時間內能考量的資訊量，而且容易導致精神疲勞。

在證券債券交易這種複雜緊張的世界裡，「快思」是成功的基本要件，因為交易市場快速且精細複雜的資訊流量完全超出意識腦的負荷程度。正如同棒球員不可能靠意識控制揮棒、擊中以時速九十英里朝他飛來的小球，這群金融交易員同樣高度仰賴非意識腦，引導他們做出抉擇。

情緒就是在這種時候登場發揮的。情緒能在非意識層次援引過去經驗，扮演雷達的角色——指引你該專注的方向、形塑你對威脅和機會的見解。在情緒調節之下，過去的資訊和結果穩定注入非意識腦，形成直覺，讓你能迅速選出最恰當的行動。

想想「厭惡」在記錄「哪些食物令你噁心想吐」這方面所扮演的角色吧。你正準備大口吞下生蠔，卻一眼瞄見上頭爬滿寄生蟲；這時你肯定不會停下來分析思考，回想你是否見過或聽過類似狀況，你會厭惡且噁心地立刻扔掉它。同樣的，這群金融專業人員過去的交易經驗也被情緒濃縮處理過了。「大家都以為頂著博士光環一定比較厲害，因為你懂選擇權理論；其實不然。」受訪的一位經理人如此表示。「你還得擁有準確的直覺才行。」

這是情緒對決策有利的一面。然而當情緒抓狂時，不利的那一面就顯現出來了。芬頓歐克維的研究團隊發現，表現較不理想的交易員（大多資歷較淺），他們控制情緒的能力通常也比較差。

金融交易屬於步調極快、極耗神的行業，交易員必須在短時間內做出重要且複雜的決定，隨時都可能踏錯一步、粉身碎骨。「這對情緒是很大的壓力。」某位交易員說，「有些時候，你這組一賠就是一億。」另一名交易員坦承：「賠錢的時候，你可能會直接坐下來哭。股市交易員的日常就在狂喜或極度沮喪之間來回擺盪。」第三位交易員補充：「有時候我的壓力實在太大，大到我覺得身體很不舒服。」他們顯然都在跟自己的情緒對抗。不過，這幾位、以及另外幾位相對不成功的交易員普遍否認自己的工作受到情緒影響。他們努力壓抑情緒，卻又不承認情緒會影響他們做決策。

最厲害的幾位交易員則明顯表現截然不同的態度：他們知道自己有情緒，也樂於承認自己的行為受情緒驅策或影響。他們深知情緒和好決策密不可分，坦然接受情緒是提高業績的必要條件——這群人傾向謹慎區別哪些決策源自直覺，哪些受情緒影響。他們正面看待並接納基本情緒；當情緒太緊繃時，他們懂得如何緩和情緒、也知道這麼做有其效用。這些金融交易員的成功祕訣並非避免表現情緒，而是調節並駕馭情緒。

芬頓歐克維還注意到一件事。金融交易員用得最上手、也最成功的情緒調節法是「再評估」。如果某筆交易損失嚴重，他們會告訴自己「人生不如意十常八九，偶爾就是會發生這種事」。或者，就如同一筆成功交易並不代表什麼，一筆高額損失也不致毀天滅地；誰沒見過同事的交易報表上沖下洗，高低震盪？一時失意不等於世界末日。

負責管理這些操盤手的高階經理人更是明白情緒、以及有效調節情緒的重要性。其中一位說：「我得負責開導他們的情緒。」但我們不需要靠上司幫忙，我們可以自己來：調節情緒第一步、也是最決定性的一步是「自覺」。每個人都有辨識及觀察自我感受的能力，大多數人只要認真起來，幾乎都會發現他們做得比自己預期的還要好。於是，一旦跟自己的真實感受搭上線，各位就能使用我提過的那些方法，一步步駕馭情緒。若能培養並全方位開發情緒智商，我們就能成為自己的情緒導師，把「再評估」當作能有效調節情緒的關鍵利器。

表達：語言和文字的力量

凱倫是好萊塢某中型製片公司的營運長。製片是個需要十八般武藝又耗神費勁的競爭行業，凱倫經常得應付一堆難搞的傢伙；為了成為這一行的佼佼者，即使遭到不公平待遇、或客戶失信食言，她多半都得忍氣吞聲，繼續跟對方維持良好關係；有時她實在忍不住發脾氣，結果大多害她工作更不順利。後來，她找到了解決辦法：她會寫電子郵件給惹毛她的人，詳細描述她感覺到的不公正，開誠布公、發自肺腑、毫不修飾地寫下她的感受——但是，她不會把這封信寄出去。她會存進草稿匣，答應自己過幾天再把信打開來看一遍；但她從沒這麼做過。她發現，光是「表達自己的感受」這個簡單動作就已經把問題解決了。這個方法讓她很快就能克服使她疲憊無力的憤怒，重新專注在工作上。

討論情緒、或把感受寫下來，當真能幫助我們克服情緒障礙？知道這個法子的人其實不少，然而根據心理學家調查，大多數人認為這個方法沒什麼用。[19]相反的，他們認為說出來反而會放大情緒效應，願意表達情緒感受的男性更是少之又少。雖然在小嬰兒時期，男嬰比女嬰活潑外向（他們較常盯著母親看，也更常做出生氣或高興的表情），可是等到十五、十六歲的時候，男孩子們終將屈服於我們這個族類對「男性」的刻板印象，閉口不談內心感受。[20]

然而，與大眾認知相反的是：把我們不喜歡、不想要的負面情緒表達出來，確實有助於化解負面感受。臨床心理學家發現，若能跟信任的朋友、或是對當事人而言有意義的對象（特別是有過相似經歷的人）討論這類情緒，效果更好。另外，找對談話時機也很重要。暴露自己的感受雖然重要，但也可能很嚇人；因此，如果聆聽的一方有事分心、或者沒時間認真聆聽，都可能讓情況變得更糟糕。

研究心理學家與臨床心理學家不同，他們無法從實際案例汲取經驗，不過他們倒是能進行多種學術研究，試著了解「把心事說出來」到底有沒有用、以及原因何在。在心理學研究的世界裡，我們把「談論」或「書寫」感受稱為「貼上情緒標籤」（affect labeling）。

近期研究顯示，貼上情緒標籤的效用寬廣多元，譬如在看到令人不舒服的照片或影片後，貼上情緒標籤能降低不舒服的感受；對公開演講容易緊張的人，也能藉此平息焦慮；情緒標籤亦有助於減緩創傷後壓力症候群的嚴重程度。「聊聊你的感受」能活化大腦前額葉皮質、降低杏仁核活性——人們使用「再評估」法調節情緒時，也會在大腦造成類似效應。[21]就算只是像凱倫一樣、把令自己惱怒的體驗寫下來，也明顯具有降低血壓、舒緩慢性疼痛、增強免疫的效果。

表達不滿情緒具有良好且持久的影響，最近我就有過一次親身經歷。某天我停車等紅燈，一輛計程車從後方全速衝上來——差點輾過我的車——然後在路邊撞得稀爛。在那之後，每次開車我就心神不寧，神經兮兮，好像隨時可能會有另一輛車不知從哪裡冒出來、沒有任何警告直接撞上我；我在交通繁忙的大街上等紅燈時尤其焦慮。後來，我向朋友及幾個熟人說起這件意外，發現「把感受說出來」讓我的不安漸漸消褪了；而且，我不只在說出來的當下感覺平靜，這種效應繼續維持了好一段時間，幫助我慢慢克服心理創傷。

雖然大家都說「聊聊」有用，臨床工作人員也為其著述背書，然而一直要到最近幾年，支持「情緒標籤有用」的科學證據才真正走出實驗室，成為能在「活體內」（in vivo）實踐、意即能讓我們在自己家裡或工作場所運用的技巧。這項重大轉變發生在二〇一九年，七名科學家在知名科學期刊《自然》連袂發表一篇令人振奮的實境研究成果。[22]

這群科學家研究推特「動態推文的情緒表現」。一般來說，實驗室的樣本對象頂多數十至數百人，但這幾位則是以十萬九千九百四十三名使用者為對象，分析他們在十二個小時內的發文情緒。這些推文呈現使用者在真實生活中的想法、對實際發生事件的反應，這一切資訊都被推特伺服器捕捉保存下來了。

關於這總計超過一百萬小時的推文量，各位會怎麼分析推文情緒度？現在有人專門從事這類資料的自動化分析，甚至已經成為一門行業了。這種分析叫作「文本情感分析」（sentiment analysis），目前已廣泛應用於廣告行銷、語言學、政治學、社會學及其他多種領域。你只要把整串訊息輸入電腦，專門用來分析文本情感的軟體就會評估每一條訊息的情緒度（正向或負向），以及發文者當時的感受強烈程度。

這篇《自然》論文作者們用的是「維達」（VADER）這套軟體。核心程式由喬治亞理工學院研發，並經過數千則取自「爛番茄」、《紐約時報》讀者回饋、科技產品線上評論及其他來源的發文驗證。對於這些數量大到令人吃不消的試驗條目，「維達」的評分結果跟受過訓練的評分員所做的判斷幾乎一致。

剛開始，研究人員先過濾超過六十萬名用戶的十億多筆資料，找出所有隱約帶有情緒陳述（譬如「我好難過」或「我超開心」等字眼）的推文。他們之所以選擇這十萬九千九百四十三名使用者為分析對象，是因為這些用戶發過這類推文。接下來，研究人員設法取得這群使用者在這則情緒推文前後六小時內的其他推文，再將資料全數餵進「維達」；「維達」便根據這些推文內容，建立每一位使用者在這十二小時內的情緒特徵。

分析結果令人大為驚嘆。在負面情緒案例方面：推文的情緒緊張度會先維持一定基準，然後負面程度會在主情緒推文（譬如「我好難過」）出現前半小時或一小時內急遽升高；據推測，這種負面情緒累積並達到最高點的現象，應該是使用者針對令他們不悅的事件或訊息所起的反應。在使用者寫出內心感受之後，接下來數則推文的情緒度驟降，顯示主推文提及的負面感受已逐漸消解。

至於正面情緒推文——這種情緒顯然沒有消解的必要，故曲線較趨近平緩。在「我超開心」這類主文出現之前，使用者的發文確實也出現情緒累積效應，不過在發文後並沒有驟降的情形，一般多隨著發文主題逐漸轉移而緩慢消解。

不論以往的實驗證據或世俗觀點為何，現在都能透過這十萬多名推特使用者的情緒起伏獲得驗證。莎士比亞的《馬克白》有這麼一句話：「傾吐你的悲傷。無言的悲痛只能向滿懷憂傷的心傾吐，催人心碎。」[23] 莎士比亞和其他所有劇作家一樣，都是偉大的心理學家。他早就知道，願意發文傾吐悲傷的推特使用者終能釋懷，找到情緒出口。

情緒之悅

小時候，我常惹麻煩。不光是為了我幹過的蠢事，也包括一些與我無關的作為。「別人之所以把事情怪到你頭上，是因為你給人家留下壞印象。」我母親總是這樣說我。「一旦別人對你印象不好，要改變他們的想法可就難囉。」在我研究情緒科學的過程中，我經常想起這件事。過去數百年來，情緒在學術研究及一般人的印象中亦可謂聲名狼藉，故要改變這一點確實很難。可是近年來——絕大部分拜神經科學研究突飛猛進之賜——學界已相當程度重塑我們對情緒的看法。今天，我們知道「情緒成事不足、敗事有餘」的事例皆是特例，而非常態。

走過這一趟情緒新科學之旅，我誠心希望這本書能為各位解開「情緒總是適得其反」的疑惑，明確指出情緒如何幫助我們善用精神與心理資源。情緒讓我們能根據生理狀態和環境條件靈活反應，讓我們和「想要」及「喜歡」兩大系統攜手合作、驅策我們採取行動；情緒幫助我們和他人建立關係，協調合作，促使我們拓展視野、攀上高峰。情緒和理智同心協力，塑造你我腦中的每一個念頭、每一道思緒，並且不時影響我們的判斷與決定——小到要不要披件外套再出門，大到如何理財投資、為退休做好準備——若是少了情緒，我們鐵定茫然失措。

每一個物種都有獨特的「生態棲位」（ecological niche），各有適合其生存繁衍的特殊環境和習性；在地球所有物種之中，人類能適應的生態系統最是廣泛多變：我們能在沙漠裡生活，能棲居雨林，能在冰凍的極區苔原過日子，就連出了地球——「國際太空站」（ISS）——也有人類蹤跡。人類的韌性建構自心理彈性，而這份彈性有很大一部分要歸功於你我複雜精妙的情緒。

不論我們在哪裡、以何種方式營生，這個世界總是持續不斷地挑戰我們。為了克服並跨越挑戰，我們必須仰賴感官偵測環境，然後參考既有的知識和經驗、透過思考去解析這些蒐集得來的資訊——而「情緒」正是知識、經驗進入思考過程最主要的途徑之一。你在廚房煎肉排的時候，雖然不會每次都理性分析發生火災的可能性，但因火光而起的微妙恐懼總會影響你的思緒和行為，促使你在用火時格外小心。

儘管情緒是人類心理工具箱裡的一項法寶，但這項法寶因人而異；有些人的恐懼色彩比較重，有些人天不怕地不怕，而快樂開心或其他各種情緒也是一樣的。雖然情緒的演化發生有其緣由，而且多半對我們有利，但有些時候——尤其是在安定的現代社會裡——它確實會造成反效果。所以我想透過這本書告訴各位：請重視並珍惜你的情緒，試著了解專屬於你的情緒特徵；一旦有了這份自覺，你就能做好情緒管理，事事順心如意。

結語
道別

我在前面的章節提過，我的高齡老母雖離不開輪椅，但她的身體依舊健朗，多年來在老人之家過著開心滿足的生活。我通常每週去看她一兩次，陪她散散步、喝杯巧克力奶昔；可是，二〇二〇年新冠病毒大流行導致老人之家被迫封閉，不開放探視。經歷過猶太大屠殺，從此令她恐懼擔心了一輩子的大災難終於降臨：人類再次遭逢巨變，種種社會機能被迫停擺。

沒多久，中心的多名員工和老人家陸續確診。有一天，他們打電話來，表示我母親疑似感染新冠肺炎。看樣子，希特勒、二十年菸癮、多年前三度癌症復發、以及她在八十五歲那年不慎從潛水餐廳長梯摔下來都沒能辦到的事，這一回極可能在這幾束得用顯微鏡才能看到的蛋白質手中得逞。

又過了幾天，我母親的醫師打電話給我，告訴我母親病況惡化，隨時可能病危。由於母親已高齡九十八，輕微失智，故必須由我來決定是否送她就醫。醫師說，如果繼續讓她留在老人之家，她可能這兩天就會走了；如果立刻送醫，她說不定有機會活下來。

我母親認為進醫院等於受折磨——環境怪裡怪氣，病床極不舒服，她討厭打點滴、痛恨導尿管，受不了陌生人成群結隊進出病房，而且她看不到那些在老人之家照顧她的親切臉孔。上一次我送她去住院，她極度焦躁、不時想掙脫逃跑，我得陪在她身邊鼓勵她、緊握她的手，直到她再度舒適並平靜下來為止。這一次的肺炎大流行導致我不能進醫院陪病，那麼，我可以就這樣送她進醫院，讓她承受極可能是緩慢、折磨的治療過程，幾近獨自死去嗎？

就算母親這一生不見得總是幸福快樂，但我認為她值得好好地平靜安息。如果讓她留在老人之家，至少我可以隔著窗子陪伴她，告訴她我愛她。我可以讓她知道，當命定的一刻來臨時，即使我不能在房裡摟著她，我的精神依舊在她身邊，和她一起回憶我小時候跌倒或在學校打完架，她是如何撫慰我的心。我想讓她感覺我在精神上與她同在，彷彿我依然握著她的手、親吻她的額頭，直到她呼出最後一口氣息。可是，如果把她留在老人之家——雖然我可以做到上述陪伴，而她也會比較開心和舒適——亦不啻為宣判她的死亡。假使醫院有辦法救活她呢？

醫生說，她需要我在傍晚六點以前做好決定，因為她等等就得離開老人之家、回醫院值班了——這表示我只有八分鐘的時間考慮。我眼裡都是淚，哽咽地說不出話。我感覺自己在顫抖。我沒辦法理智思考。我根本沒辦法思考。我要判母親死刑嗎？我不能。我要讓母親受折磨嗎？我做不到。我花了這麼長的時間研究並寫出這本書，我知道情緒是引導思考、計算、決策的精神狀態，但此刻我的情緒似乎沒辦法引導我：情緒像鞭子一樣，無情地擊打我。

我問醫師，能不能讓我考慮一下再回她電話？她猶豫但還是答應了。她叮囑我，等她出了老人之家以後，要再找到她就很難了；所以，如果我沒有在六點以前回她電話，那就表示我決定讓母親留在老人之家等死了。

以前，我兒子尼可萊曾經跟我說，我是他認識最沉著穩重、鎮定自持的人。我對自己老早就學會情緒調節那一套感到自豪，因為這些技巧能幫助我處理親子或職場衝突，或者在投資出差錯時知道該怎麼辦。但這一次，我控制不了我自己：只要一想到得送她就醫，我便不寒而慄；於是我哭了起來，想著還是別送她去醫院吧。

我覺得自己真沒用。此刻，我坐在這裡，正好寫到如何調節激烈情緒這一段，但我卻在這個節骨眼上崩潰痛哭。五點五十八分了，我得告訴醫師我的決定，可是我還沒有決定，但我又不希望醫師沒接到我的電話就離開老人之家。

我想起金融交易員的情緒研究。想起那些沒經驗、表現不佳的菜鳥如何盡力避免感受，以及那些成功且身經百戰的老鳥又是如何接受自己的情緒，理解情緒帶給他們的好處。此刻我需要的正是接受。我必須讓自己感覺這一切，我必須停止跟自己的情緒對抗，而是讓情緒引導我、讓情緒主導全局。我面對的現實冰冷無情，我要做的決定複雜且迫在眉睫——這不是一個能用頭腦做的決定。我只能聽從我的心意決定。

我意識到自己拿起電話，準備打給醫師、宣布我的答案——即使此刻我還不知道我會怎麼決定。電話嘟嘟響，念頭逐漸成形：我想讓母親留在老人之家，平靜離世。醫師終於接起電話，問我希望她怎麼做。我請她送我母親就醫。

正如同當年我父親目送地下反抗軍同志跳上小卡車離去，我一樣做了決定，下一秒卻做出相反的行動。我被自己的出爾反爾嚇了一跳，但我並未抗拒自己的心意。醫師認為我做了正確決定，立刻請老人之家安排救護車。

母親在醫院逐漸康復。在她住院期間，我可以用手機和她視訊通話；雖然忙到不行的護理師必須四處翻找病房裡唯一一支iPhone、再套上特殊防護套讓我們使用，但我和母親依舊每隔幾天就視訊一次。護理師告訴我，母親並未像前幾次住院那般受苦或不舒服，而且她對治療的反應良好。我慶幸自己沒有剝奪她的生存機會。十多天後，醫師準備安排她出院。母親強韌的生命力令醫師讚歎不已，於是我們都暱稱她「電池兔子」（Eveready Bunny）。*

不過，老人之家暫時沒辦法接她回去。他們說，新冠肺炎讓大家不堪負荷，而且政府也規定他們每天只能接回一定額度的病人。等著回老人之家的名單很長，於是我母親只好在醫院多住一天，然後再留一天，接著又一天。幸好一切還算順利，護理師說她沒怎麼受苦。

就在老人之家似乎終於準備好要接她回去的時候，母親突然病情惡化，於是院方改變主意，決定不送她回去了。他們擔心她撐不過去。她時時刻刻都得吸氧氣，也沒辦法跟我講電話了。我就是在這種狀況下寫完這本書的。那是個週五深夜，時間還不到十二點；我把稿子寄給編輯、喝了一杯酒，上床睡覺。

凌晨三點左右，我被電話吵醒。醫院打來的。我母親剛才過世了。

---

* 譯註：電池廣告中那隻敲鑼打鼓的兔子。

現在，好幾個月過去了，我終於開始潤稿，在一頁頁文字中結束我母親的故事。想到她離世時，她所愛的人全都不在她身邊，至今仍令我心痛不已，但我並不後悔做了送醫的決定。我很高興我聽從自己的心意。現在我明白，至少就醫能給她奮力一搏的機會；如果當時我真的剝奪了她的求生機會，我肯定永遠都不會原諒我自己。

了解心智和情緒如何運作，再運用習得的知識有效管理、調控情緒，這不只是一門科學，而是藝術。我朋友迪帕克．喬布拉（Deepak Chopra）是一位冥想大師，他似乎總是能平心靜氣地接收、消化任何消息；我想，這應該是冥想帶給他的力量吧。研究顯示，冥想能改變大腦、提升執行能力，幫助你更有效地運用你選擇的任何一種情緒控制技巧。我在情緒調節這方面還有好長一段路要走，寫下這本書也幫助不少：在寫書的過程中，我更了解自己，也敦促自己要更留心日常情緒變化，結果亦獲益不少。希望這本書也能帶給各位同樣的好處。然而，改變自我的路上沒有奇蹟，要想改變自己，各位必須持之以恆、努力再努力，但你永遠都會一再遇上希望自己能處理得更好的情境與時機。科學知識能幫助你跨越失望，讓自知為你做好更充足的準備，避開將來可能的失策失算，並且在你又一次失算時——這種時刻總會發生——讓你稍感安慰：因為你知道，沒有人是完美的。

誌謝

這是我的第十一本書，感謝一路鼎力相助的諸位老友和新顧問。每次只要完成一本書，我總會欠下大量人情債。對於這本《情緒的三把鑰匙》，我虧欠最多也最感謝的就是我最好的朋友、加州理工學院神經科學家Ralph Adolphs。在我搜集資料期間，拉夫多次為我說明概念、牽線介紹我認識許多學者專家、幫我看稿、給我無與倫比的鼓勵與支持。拉夫的同事David Anderson同樣給我許多協助，而James Russell、James Gross、Lisa Feldman Barrett等同行（神經科學家或心理學家）都幫了大忙。我亦有幸能向Liz von Schlegel與Kimberly Andersen兩位臨床心理學家及司法精神醫學家Greg Cohen請益，哲學教授Nathan King也和我分享古希臘哲學的精闢觀點。感謝親朋好友Cecilia Milan、Alexei Mlodinow、Nicolai Mlodinow、Olivia Mlodinow、Sanford Perliss、Fred Rose多次閱讀我的草稿，告訴我哪些句子不通順；內人Donna Scott不只給我莫大的支持和愛，更是一位了不起的編輯，我非常珍視她的意見，各種人生大小事我亦十分仰賴她的忠告。此外，我也感激Pantheon's Books的Andrew Weber和編輯Edward Kastenmeier，謝謝他讓我能維持Pantheon's Books一貫的高標準，給我無數出色又極具建設性的建議；有機會得到Edward卓越文學技巧和經驗的大力相助，我總是感到萬分榮幸又享受；這本書也不例外。我還要感謝Writers House的Catherine Bradshaw和Susan Ginsburg，兩位從最早的概念發想到書封討論，始終給我極大的支持。我和Susan是在二〇〇〇年認識的，從此開啟這段美好的友誼和我愉快的寫作生涯。最後，我要最後一次向我親愛的母親道別——她的一生、現在再加上她的離世，留給我許多能借鑑引用的珍貴經驗，讓我得以完成這本書。

註釋與參考資料

引言

1. 某些神經反應模式甚至不涉及杏仁核。參見Justin S. Feinstein et al., "Fear and Panic in Humans with Bilateral Amygdala Damage," *Nature Neuroscience* 16 (2013): 270. 關於恐懼與焦慮，可參考Lisa Feldman Barrett, *How Emotions Are Made* (New York: Houghton Mifflin Harcourt, 2017).
2. Andrew T. Drysdale et al., "Resting-State Connectivity Biomarkers Define Neurophysiological Subtypes of Depression," *Nature Medicine* 23 (2017): 28–38.
3. James Gross and Lisa Feldman Barrett, "The Emerging Field of Affective Neuroscience," *Emotion* 13 (2013): 997–98.
4. James A. Russell, "Emotion, Core Affect, and Psychological Construction," *Cognition and Emotion* 23 (2009): 1259–83.
5. Ralph Adolphs and David J. Anderson, *The Neuroscience of Emotion: A New Synthesis* (Princeton, N.J.: Princeton University Press, 2018), 3.
6. Feldman Barrett, *How Emotions Are Made,* xv.

第一章 思考與感受

1. Charlie Burton, "After the Crash: Inside Richard Branson's $600 Million Space Mission," *GQ,* July 2017.
2. 2017年9月30日加州莫哈維沙漠，縮尺複合體公司員工匿名訪談紀錄。
3. Melissa Bateson et al., "Agitated Honeybees Exhibit Pessimistic Cognitive Biases," *Current Biology* 21 (2011): 1070–73.
4. Thomas Dixon, " 'Emotion': The History of a Keyword in Crisis," *Emotion Review* 4 (Oct. 2012): 338–44; Tiffany Watt Smith, *The Book of Human Emotions* (New York: Little, Brown, 2016), 6–7.
5. Thomas Dixon, *The History of Emotions Blog,* April 2, 2020, emotionsblog .history .qmul .ac .uk.
6. Amy Maxmen, "Sexual Competition Among Ducks Wreaks Havoc on Penis Size," *Nature* 549 (2017): 443.
7. Kate Wong, "Why Humans Give Birth to Helpless Babies," *Scientific American,* Aug. 28, 2012.
8. Lisa Feldman Barrett, *How Emotions Are Made* (New York: Houghton Mifflin Harcourt, 2017), 167.
9. Ibid., 164–65.
10. 請參考第九章Rand Swenson, *Review of Clinical and Functional Neuroscience,* Dartmouth Medical School, 2006, www .dartmouth .edu.
11. Peter Farley, "A Theory Abandoned but Still Compelling," *Yale Medicine* (Autumn 2008).
12. Michael R. Gordon, "Ex-Soviet Pilot Still Insists KAL 007 Was Spying," *New York Times,* Dec. 9, 1996.

第二章 情緒的目的

1. 可參考Ellen Langer et al., "The Mindlessness of Ostensibly Thoughtful Action: The Role of 'Placebic' Information in Interpersonal Interaction," *Journal of Personality and Social Psychology* 36 (1978): 635–42.
2. "Black Headed Cardinal Feeds Goldfish," YouTube, July 25, 2010, www .youtube .com.
3. Yanfei Liu and K. M. Passino, "Biomimicry of Social Foraging Bacteria for Distributed Optimization: Models, Principles, and Emergent Behaviors," *Journal of Optimization Theory and Applications* 115 (2002): 603–28.
4. Paul B. Rainey, "Evolution of Cooperation and Conflict in Experimental Bacterial Populations," *Nature* 425 (2003): 72; R. Craig MacLean et al., "Evaluating Evolutionary Models of Stress-Induced Mutagenesis in Bacteria," *Nature Reviews Genetics* 14 (2013): 221; Ivan Erill et al., "Aeons of Distress: An Evolutionary Perspective on the Bacterial SOS Response," *FEMS Microbiology Reviews* 31 (2007): 637–56.
5. Antonio Damasio, *The Strange Order of Things: Life, Feeling, and the Making of Cultures* (New York: Pantheon, 2018), 20.
6. Jerry M. Burger et al., "The Pique Technique: Overcoming Mindlessness or Shifting Heuristics?," *Journal of Applied Social Psychology* 37 (2007): 2086–96; Michael D. Santos et al., "Hey Buddy, Can You Spare Seventeen Cents? Mindful Persuasion and the Pique Technique," *Journal of Applied Social Psychology* 24, no. 9 (1994): 755–64.
7. Richard M. Young, "Production Systems in Cognitive Psychology," in *International Encyclopedia of the Social and Behavioral Sciences* (New

York: Elsevier, 2001).

8. F. B. M. de Waal, *Chimpanzee Politics: Power and Sex Among Apes* (Baltimore: Johns Hopkins University Press, 1982).
9. 2018年6月13日安德森訪談紀錄。
10. Kaspar D. Mossman, "Profile of David J. Anderson," *PNAS* 106 (2009): 17623–25.
11. Yael Grosjean et al., "A Glial Amino-Acid Transporter Controls Synapse Strength and Homosexual Courtship in Drosophila," *Nature Neuroscience* 11, no. 1 (2008): 54–61.
12. G. Shohat-Ophir et al., "Sexual Deprivation Increases Ethanol Intake in Drosophila," *Science* 335 (2012): 1351–55.
13. Paul R. Kleinginna and Anne M. Kleinginna, "A Categorized List of Emotion Definitions, with Suggestions for a Consensual Definition," *Motivation and Emotion* 5 (1981): 345–79. See also Carroll E. Izard, "The Many Meanings/Aspects of Emotion: Definitions, Functions, Activation, and Regulation," *Emotion Review* 2 (2010): 363–70.
14. 正確來說是一種增強作用。
15. Stephanie A. Shields and Beth A. Koster, "Emotional Stereotyping of Parents in Child Rearing Manuals, 1915–1980," *Social Psychology Quarterly* 52, no. 1 (1989): 44–55.

第三章　身心連結

1. W. B. Cannon, *The Wisdom of the Body* (New York: W. W. Norton, 1932).
2. 可參考James A. Russell, "Core Affect and the Psychological Construction

of Emotion," *Psychological Review* 110 (2003): 145–72; Michelle Yik, James A. Russell, and James H. Steiger, "A 12-Point Circumplex Structure of Core Affect," *Emotion* 11 (2011): 705. 以 及Antonio Damasio, *The Strange Order of Things: Life, Feeling, and the Making of Cultures* (New York: Pantheon, 2018). 達馬吉歐於前文描述核心情緒的基本作用，稱這種感覺為「穩態情緒」或「穩態感受」。

3. Christine D. Wilson-Mendenhall et al., "Neural Evidence That Human Emotions Share Core Affective Properties," *Psychological Science* 24 (2013): 947–56.
4. Ibid.
5. Michael L. Platt and Scott A. Huettel, "Risky Business: The Neuroeconomics of Decision Making Under Uncertainty," *Nature Neuroscience* 11 (2008): 398–403 ; Thomas Caraco, "Energy Budgets, Risk, and Foraging Preferences in Dark-Eyed Juncos (*Junco hyemalis*)," *Behavioral Ecology and Sociobiology* 8 (1981): 213–17.
6. John Donne, *Devotions upon Emergent Occasions* (Cambridge, U.K.: Cambridge University Press, 2015), 98.
7. Damasio, *Strange Order of Things,* chap. 4.
8. Shadi S. Yarandi et al., "Modulatory Effects of Gut Microbiota on the Central Nervous System: How Gut Could Play a Role in Neuropsychiatric Health and Diseases," *Journal of Neurogastroenterology and Motility* 22 (2016): 201.
9. Tal Shomrat and Michael Levin, "An Automated Training Paradigm Reveals Long-Term Memory in Planarians and Its Persistence Through Head Regeneration," *Journal of Experimental Biology* 216 (2013): 3799–810.

10. Stephen M. Collins et al., "The Adoptive Transfer of Behavioral Phenotype via the Intestinal Microbiota: Experimental Evidence and Clinical Implications," *Current Opinion in Microbiology* 16, no. 3 (2013): 240–45.
11. Peter Andrey Smith, "Brain, Meet Gut," *Nature* 526, no. 7573 (2015): 312.
12. 可參考Tyler Halverson and Kannayiram Alagiakrishnan, "Gut Microbes in Neurocognitive and Mental Health Disorders," *Annals of Medicine* 52 (2020): 423–43.
13. Gale G. Whiteneck et al., *Aging with Spinal Cord Injury* (New York: Demos Medical Publishing, 1993), vii.
14. George W. Hohmann, "Some Effects of Spinal Cord Lesions on Experienced Emotional Feelings," *Psychophysiology* 3 (1966): 143–56.
15. 可參考Francesca Pistoia et al., "Contribution of Interoceptive Information to Emotional Processing: Evidence from Individuals with Spinal Cord Injury," *Journal of Neurotrauma* 32 (2015): 1981–86.
16. Nayan Lamba et al., "The History of Head Transplantation: A Review," *Acta Neurochirurgica* 158 (2016): 2239–47.
17. Sergio Canavero, "HEAVEN: The Head Anastomosis Venture Project Outline for the First Human Head Transplantation with Spinal Linkage," *Surgical Neurology International* 4 (2013): S335–S342.
18. Paul Root Wolpe, "A Human Head Transplant Would Be Reckless and Ghastly. It's Time to Talk About It," *Vox,* June 12, 2018, www .vox .com.
19. Rainer Reisenzein et al., "The Cognitive-Evolutionary Model of Surprise: A Review of the Evidence," *Topics in Cognitive Science* 11 (2019): 50–74.
20. Shai Danziger et al., "Extraneous Factors in Judicial Decisions," *Proceedings of the National Academy of Sciences* 108 (2011): 6889–92.

21. Jeffrey A. Linder et al., "Time of Day and the Decision to Prescribe Antibiotics," *JAMA Internal Medicine* 174 (2014): 2029–31.
22. Shai Danziger et al., "Extraneous Factors in Judicial Decisions," *Proceedings of the National Academy of Sciences* 108 (2011): 6889–92.
23. Jing Chen et al., "Oh What a Beautiful Morning! Diurnal Influences on Executives and Analysts: Evidence from Conference Calls," *Management Science* (Jan. 2018).
24. Brad J. Bushman, "Low Glucose Relates to Greater Aggression in Married Couples," *PNAS* 111 (2014): 6254–57.
25. Christina Sagioglou and Tobias Greitemeyer, "Bitter Taste Causes Hostility," *Personality and Social Psychology Bulletin* 40 (2014): 1589–97.

第四章　情緒如何引導思考

1. 狄拉克的生平故事大多出自葛拉漢・法梅洛（Graham Farmelo）*The Strangest Man: The Hidden Life of Paul Dirac, Mystic of the Atom* (New York: Perseus, 2009), 252–63.
2. Ibid., 293.
3. Ibid., 438.
4. Barry Leibowitz, "Wis. Man Got Shot—Intentionally— in 'Phe nomenally Stupid' Attempt to Win Back Ex-girlfriend," CBS News, July 28, 2011, www .cbsnews .com; Paul Thompson, " 'Phenomenally Stupid' Man Has His Friends Shoot Him Three Times to Win Ex-girlfriend's Pity," *Daily Mail,* July 28, 2011.
5. 2020年12月9日裴利斯律師事務所。承辦律師訪談紀錄。

6. See John Tooby and Leda Cosmides, "The Evolutionary Psychology of the Emotions and Their Relationship to Internal Regulatory Variables," in *Handbook of Emotions,* 3rd ed., eds. Michael Lewis, Jeannette M. Haviland-Jones, and Lisa Feldman Barrett (New York: Guilford, 2008), 114–37.
7. Eric J. Johnson and Amos Tversky, "Affect, Generalization, and the Perception of Risk," *Journal of Personality and Social Psychology* 45 (1983): 20.
8. Aaron Sell et al., "Formidability and the Logic of Human Anger," *Proceedings of the National Academy of Sciences* 106 (2009): 15073–78.
9. Edward E. Smith et al., *Atkinson and Hilgard's Introduction to Psychology* (Belmont, Calif.: Wadsworth, 2003), 147; Elizabeth Loftus, *Witness for the Defense: The Accused, the Eyewitness, and the Expert Who Puts Memory on Trial* (New York: St. Martin's Press, 2015).
10. Michel Tuan Pham, "Emotion and Rationality: A Critical Review and Interpretation of Empirical Evidence," *Review of General Psychology* 11 (2007): 155.
11. Carmelo M. Vicario et al., "Core, Social, and Moral Disgust Are Bounded: A Review on Behavioral and Neural Bases of Repugnance in Clinical Disorders," *Neuroscience and Biobehavioral Reviews* 80 (2017): 185–200 ; Borg Schaich et al., "Infection, Incest, and Iniquity: Investigating the Neural Correlates of Disgust and Morality," *Journal of Cognitive Neuroscience* 20 (2008): 1529–46.
12. Simone Schnall et al., "Disgust as Embodied Moral Judgment," *Personality and Social Psychology Bulletin* 34 (2008): 1096–109.
13. Kendall J. Eskine et al., "A Bad Taste in the Mouth: Gustatory Disgust

Influences Moral Judgment," *Psychological Science* 22 (2011): 295–99.

14. Kendall J. Eskine et al., "The Bitter Truth About Morality: Virtue, Not Vice, Makes a Bland Beverage Taste Nice," *PLoS One* 7 (2012): e41159.
15. Mark Schaller and Justin H. Park, "The Behavioral Immune System (and Why It Matters)," *Current Directions in Psychological Science* 20 (2011): 99–103.
16. Dalvin Brown, " 'Fact Is I Had No Reason to Do It': Thousand Oaks Gunman Posted to Instagram During Massacre," *USA Today,* Nov. 10, 2018.
17. Pham, "Emotion and Rationality."
18. 可參考Ralph Adolphs, "Emotion," *Current Biology* 13 (2010).
19. Alison Jing Xu et al., "Hunger Promotes Acquisition of Nonfood Objects," *Proceedings of the National Academy of Sciences* (2015): 201417712.
20. Seunghee Han et al., "Disgust Promotes Disposal: Souring the Status Quo" (Faculty Research Working Paper Series, RWP10 021, John F. Kennedy School of Government, Harvard University, 2010); Jennifer S. Lerner et al., "Heart Strings and Purse Strings: Carryover Effects of Emotions on Economic Decisions," *Psychological Science* 15 (2004): 337–41.
21. Laith Al-Shawaf et al., "Human Emotions: An Evolutionary Psychological Perspective," *Emotion Review* 8 (2016): 173–86.
22. Dan Ariely and George Loewenstein, "The Heat of the Moment: The Effect of Sexual Arousal on Sexual Decision Making," *Journal of Behavioral Decision Making* 19 (2006): 87–98.
23. 建議可參考Martie G. Haselton and David M. Buss, "The Affective Shift Hypothesis: The Functions of Emotional Changes Following Sexual Intercourse," *Personal Relationships* 8 (2001): 357–69.

24. 可參考B. Kyu Kim and Gal Zauberman, "Can Victoria's Secret Change the Future? A Subjective Time Perception Account of Sexual-Cue Effects on Impatience," *Journal of Experimental Psychology: General* 142 (2013): 328.
25. Donald Symons, *The Evolution of Human Sexuality* (New York: Oxford University Press, 1979), 212–13.
26. Shayna Skakoon-Sparling et al., "The Impact of Sexual Arousal on Sexual Risk-Taking and Decision-Making in Men and Women," *Archives of Sexual Behavior* 45 (2016): 33–42.
27. Charmaine Borg and Peter J. de Jong, "Feelings of Disgust and Disgust-Induced Avoidance Weaken Following Induced Sexual Arousal in Women," *PLoS One* 7 (Sept. 2012): 1–7.
28. Hassan H. López et al., "Attractive Men Induce Testosterone and Cortisol Release in Women," *Hormones and Behavior* 56 (2009): 84–92.
29. Sir Ernest Shackleton, *The Heart of the Antarctic* (London: Wordsworth Editions, 2007), 574.
30. Michelle N. Shiota et al., "Beyond Happiness: Building a Science of Discrete Positive Emotions," *American Psychologist* 72 (2017): 617–43.
31. Barbara L. Fredrickson and Christine Branigan, "Positive Emotions Broaden the Scope of Attention and Thought-Action Repertoires," *Cognition and Emotion* 19 (2005): 313–32.
32. Barbara L. Fredrickson, "The Role of Positive Emotions in Positive Psychology: The Broaden-and-Build Theory of Positive Emotions," *American Psychologist* 56 (2001): 218; Barbara L. Fredrickson, "What Good Are Positive Emotions?," *Review of General Psychology* 2 (1998): 300.

33. Paul Piff and Dachar Keltner, "Why Do We Experience Awe?," *New York Times,* May 22, 2015.

34. Samantha Dockray and Andrew Steptoe, "Positive Affect and Psychobiological Processes," *Neuroscience and Biobehavioral Reviews* 35 (2010): 69–75.

35. Andrew Steptoe et al., "Positive Affect and Health-Related Neuroendocrine, Cardiovascular, and Inflammatory Processes," *Proceedings of the National Academy of Sciences* 102 (2005): 6508–12.

36. Sheldon Cohen et al., "Emotional Style and Susceptibility to the Common Cold," *Psychosomatic Medicine* 65 (2003): 652–57.

37. B. Grinde, "Happiness in the Perspective of Evolutionary Psychology," *Journal of Happiness Studies* 3 (2002): 331–54.

38. Chris Tkach and Sonja Lyubomirsky, "How Do People Pursue Happiness? Relating Personality, Happiness-Increasing Strategies, and Well-Being," *Journal of Happiness Studies* 7 (2006): 183–225.

39. Melissa M. Karnaze and Linda J. Levine, "Sadness, the Architect of Cognitive Change," in *The Function of Emotions,* ed. Heather C. Lench (New York: Springer, 2018).

40. Kevin Au et al., "Mood in Foreign Exchange Trading: Cognitive Processes and Performance," *Organizational Behavior and Human Decision Processes* 91 (2003): 322–38.

第五章　感受從何來

1. Anton J. M. De Craen et al., "Placebos and Placebo Effects in Medicine:

Historical Overview," *Journal of the Royal Society of Medicine* 92 (1999): 511–15.

2. Leonard A. Cobb et al., "An Evaluation of Internal-Mammary-Artery Ligation by a Double-Blind Technic," *New England Journal of Medicine* 260 (1959): 1115–18 ; E. Dimond et al., "Comparison of Internal Mammary Artery Ligation and Sham Operation for Angina Pectoris," *American Journal of Cardiology* 5 (1960): 483–86.
3. Rasha Al-Lamee et al., "Percutaneous Coronary Intervention in Stable Angina (ORBITA): A Double-Blind, Randomised Controlled Trial," *Lancet* 39 (2018): 31–40.
4. Gina Kolata, " 'Unbelievable': Heart Stents Fail to Ease Chest Pain," *New York Times,* Nov. 2, 2017.
5. Michael Boiger and Batja Mesquita, "A Socio-dynamic Perspective on the Construction of Emotion," in *The Psychological Construction of Emotions,* ed. Lisa Feldman Barrett and James A. Russell (New York: Guilford Press, 2015), 377–98.
6. Rainer Reisenstein, "The Schachter Theory of Emotion: Two Decades Later," *Psychological Bulletin* 94 (1983): 239–64; Randall L. Rose and Mandy Neidermeyer, "From Rudeness to Road Rage: The Antecedents and Consequences of Consumer Aggression," in *Advances in Consumer Research,* ed. Eric J. Arnould and Linda M. Scott (Provo, Utah: Association for Consumer Research, 1999), 12–17.
7. Richard M. Warren, "Perceptual Restoration of Missing Speech Sounds," *Science,* Jan. 23, 1970, 392–93; Richard M. Warren and Roselyn P. Warren, "Auditory Illusions and Confusions," *Scientific American* 223 (1970): 30–36.

8. Robin Goldstein et al., "Do More Expensive Wines Taste Better? Evidence from a Large Sample of Blind Tastings," *Journal of Wine Economics* 3, no. 1 (Spring 2008): 1–9.
9. William James, "The Physical Basis of Emotion," *Psychological Review* 1 (1894): 516–29.
10. J. S. Feinstein et al., "Fear and Panic in Humans with Bilateral Amygdala Damage," *Nature Neuroscience* 16 (2013): 270–72.
11. Lisa Feldman Barrett, "Variety Is the Spice of Life: A Psychological Construction Approach to Understanding Variability in Emotion," *Cognition and Emotion* 23 (2009): 1284–306.
12. Ibid.
13. Boiger and Mesquita, "Socio-dynamic Perspective on the Construction of Emotion."
14. R. I. Levy, *Tahitians: Mind and Experience in the Society Islands* (Chicago: University of Chicago Press, 1975).
15. James A. Russell, "Culture and the Categorization of Emotions," *Psychological Bulletin* 110 (1991): 426; James A. Russell, "Natural Language Concepts of Emotion," *Perspectives in Personality* 3 (1991): 119–37.
16. Ralph Adolphs et al., "What Is an Emotion?," *Current Biology* 29 (2019): R1060–R1064.
17. David Strege, "Elephant's Road Rage Results in Fatality," *USA Today,* Nov. 30, 2018.
18. Peter Salovey and John D. Mayer, "Emotional Intelligence," *Imagination, Cognition, and Personality* 9 (1990): 185–211.

19. Adam D. Galinsky et al., "Why It Pays to Get Inside the Head of Your Opponent: The Differential Effect of Perspective Taking and Empathy in Strategic Interactions," *Psychological Science* 19 (2008): 378–84.
20. Diana I. Tamir and Jason P. Mitchell, "Disclosing Information About the Self Is Intrinsically Rewarding," *Proceedings of the National Academy of Sciences* 109 (2012): 8038–43.

第六章　動機：想要和喜歡

1. Sophie Roberts, "You Can't Eat It," *Sun,* May 16, 2017, www .thesun .co .uk.
2. Ella P. Lacey, "Broadening the Perspective of Pica: Literature Review," *Public Health Reports* 105, no. 1 (1990): 29.
3. Tom Lorenzo, "Michel Lotito: The Man Who Ate Everything," CBS Local, Oct. 1, 2012, tailgatefan .cbslocal .com.
4. Junko Hara et al., "Genetic Ablation of Orexin Neurons in Mice Results in Narcolepsy, Hypophagia, and Obesity," *Neuron* 30 (2001): 345–54.
5. Robert G. Heath, "Pleasure and Brain Activity in Man," *Journal of Nervous and Mental Disease* 154 (1972): 3–17.
6. For Heath's story, see Robert Colville, "The 'Gay Cure' Experiments That Were Written out of Scientific History," *Mosaic,* July 4, 2016, mosaicscience .com; Judith Hooper and Dick Teresi, *The Three-Pound Universe* (New York: Tarcher, 1991), 152–61; Christen O'Neal et al., "Dr. Robert G. Heath: A Controversial Figure in the History of Deep Brain Stimulation," *Neurosurgery Focus* 43 (2017): 1–8; John Gardner, "A History of Deep

Brain Stimulation: Technological Innovation and the Role of Clinical Assessment Tools," *Social Studies of Science* 43 (2013): 707–28.

7. Dominik Gross and Gereon Schäfer, "Egas Moniz (1874–1955) and the 'Invention' of Modern Psychosurgery: A Historical and Ethical Reanalysis Under Special Consideration of Portuguese Original Sources," *Neurosurgical Focus* 30, no. 2 (2011): E8.
8. Elizabeth Johnston and Leah Olsson, *The Feeling Brain: The Biology and Psychology of Emotions* (New York: W. W. Norton, 2015), 125; Bryan Kolb and Ian Q. Whishaw, *An Introducton to Brain and Behavior,* 2nd ed. (New York: Worth Publishers, 2004), 392–94 ; Patrick Anselme and Mike J. F. Robinson, " 'Wanting,' 'Liking,' and Their Relation to Consciousness," *Journal of Experimental Psychology: Animal Learning and Cognition* 42 (2016): 123–40.
9. Johnston and Olsson, *Feeling Brain,* 125.
10. Daniel H. Geschwind and Jonathan Flint, "Genetics and Genomics of Psychiatric Disease," *Science* 349 (2015): 1489–94 ; T. D. Cannon, "How Schizophrenia Develops: Cognitive and Brain Mechanisms Underlying Onset of Psychosis," *Trends in Cognitive Science* 19 (2015): 744–56.
11. Peter Milner, "Peter M. Milner," Society for Neuroscience, www .sfn .org.
12. Lauren A. O'Connell and Hans A. Hofmann, "The Vertebrate Mesolimbic Reward System and Social Behavior Network: A Comparative Synthesis," *Journal of Comparative Neurology* 519 (2011): 3599–639.
13. Anselme and Robinson, " 'Wanting,' 'Liking,' and Their Relation to Consciousness," 123–40.
14. Amy Fleming, "The Science of Craving," *Economist,* May 7, 2015; Anselme

and Robinson, " 'Wanting,' 'Liking,' and Their Relation to Consciousness."

15. Kent C. Berridge, "Measuring Hedonic Impact in Animals and Infants: Microstructure of Affective Taste Reactivity Patterns," *Neuroscience and Biobehavioral Reviews* 24 (2000): 173–98.
16. For a summary of Berridge's early work and ideas, see Terry E. Robinson and Kent C. Berridge, "The Neural Basis of Drug Craving: An Incentive-Sensitization Theory of Addiction," *Brain Research Reviews* 18 (1993): 247–91.
17. Kent C. Berridge and Elliot S. Valenstein, "What Psychological Process Mediates Feeding Evoked by Electrical Stimulation of the Lateral Hypothalamus?," *Behavioral Neuroscience* 105 (1991).
18. Anselme and Robinson, " 'Wanting,' 'Liking,' and Their Relation to Consciousness," 123–140 ; see also Berridge website, and Johnston and Olsson, *Feeling Brain,* 123–43.
19. For a review, see Kent C. Berridge and Morten L. Kringelbach, "Neuroscience of Affect: Brain Mechanisms of Pleasure and Displeasure," *Current Opinion in Neurobiology* 23 (2013): 294–303; Anselme and Robinson, " 'Wanting,' 'Liking,' and Their Relation to Consciousness," 123–40.
20. Ab Litt, Uzma Khan, and Baba Shiv, "Lusting While Loathing: Parallel Counterdriving of Wanting and Liking," *Psychological Science* 21, no. 1 (2010): 118–25, dx .doi .org/ 10.1177 / 0956797609355633.
21. M. J. F. Robinson et al., "Roles of 'Wanting' and 'Liking' in Motivating Behavior: Gambling, Food, and Drug Addictions," in *Behavioral Neuroscience of Motivation,* eds. Eleanor H. Simpson and Peter D. Balsam

(New York: Springer, 2016), 105–36.

22. Xianchi Dai, Ping Dong, and Jayson S. Jia, "When Does Playing Hard to Get Increase Romantic Attraction?," *Journal of Experimental Psychology: General* 143 (2014): 521.
23. *The History of Xenophon,* trans. Henry Graham Dakyns (New York: Tandy-Thomas, 1909), 4:64–71.
24. Fleming, "Science of Craving."
25. Anselme and Robinson, " 'Wanting,' 'Liking,' and Their Relation to Consciousness," 123–40.
26. Wilhelm Hofmann et al., "Desire and Desire Regulation," in *The Psychology of Desire,* ed. Wilhelm Hofmann and Loran F. Nordgren (New York: Guilford Press, 2015).
27. Anselme and Robinson, " 'Wanting,' 'Liking,' and Their Relation to Consciousness," 123–40; Todd Love et al., "Neuroscience of Internet Pornography Addiction: A Review and Update," *Behavioral Sciences* 5, no. 3 (2015): 388–433. The nucleus accumbens receives the dopamine signal from the ventral tegmental area. All drugs of abuse affect that "mesolimbic dopamine (DA) pathway," from the ventral tegmental area into the nucleus accumbens.
28. Morton Kringelbach and Kent Berridge, "Motivation and Pleasure in the Brain," in Hofmann and Nordgren, *Psychology of Desire.*
29. Wendy Foulds Mathes et al., "The Biology of Binge Eating," *Appetite* 52 (2009): 545–53.
30. "Sara Lee Corp.," *Advertising Age,* Sept. 2003, adage .com.
31. Paul M. Johnson and Paul J. Kenny, "Addiction-Like Reward Dys function

and Compulsive Eating in Obese Rats: Role for Dopamine D2 Receptors," *Nature Neuroscience* 13 (2010): 635.

32. 莎莉雪藏蛋糕成份包括：鮮乳起司、糖、蛋、營養添加麵粉、高果糖玉米糖漿、部分氫化油PHOs（大豆或棉花籽油）、葡萄糖、麥芽糊精、全麥麵粉、水、發酵脫脂牛奶、奶油、玉米粉、脫脂牛奶、鹽、膨鬆劑（酸性焦磷酸鈉、小蘇打粉、單磷酸鈣、硫酸鈣）、變性玉米粉、木薯粉、黃原膠、刺槐豆膠、關華豆膠、香草精、糖蜜、肉桂、鹿角菜膠、氯化鉀、黃豆粉。
33. Michael Moss, "The Extraordinary Science of Addictive Junk Food," *New York Times,* Feb. 20, 2013.
34. Ashley N. Gearhardt et al., "The Addiction Potential of Hyperpalatable Foods," *Current Drug Abuse Reviews* 4 (2011): 140–45.
35. Robinson et al., "Roles of 'Wanting' and 'Liking' in Motivating Behavior."
36. Bernard Le Foll et al., "Genetics of Dopamine Receptors and Drug Addiction: A Comprehensive Review," *Behavioural Pharmacology* 20 (2009): 1–17.
37. Nikolaas Tinbergen, *The Study of Instinct* (New York: Oxford University Press, 1951); Deirdre Barrett, *Supernormal Stimuli: How Primal Urges Overran Their Evolutionary Purpose* (New York: W. W. Norton, 2010).
38. Gearhardt et al., "Addiction Potential of Hyperpalatable Foods."
39. Moss, "Extraordinary Science of Addictive Junk Food."
40. K. M. Flegal et al., "Estimating Deaths Attributable to Obesity in the United States," *American Journal of Public Health* 94 (2004): 1486–89.

第七章 決心

1. 故事資料及出處包括：John Johnson and Bill Long, *Tyson-Douglas: The Inside Story of the Upset of the Century* (Lincoln, Neb.: Potomac Books, 2008), and Joe Layden, *The Last Great Fight: The Extraordinary Tale of Two Men and How One Fight Changed Their Lives Forever* (New York: Macmillan, 2008); Martin Domin, "Buster Douglas Reveals His Mum Was the Motivation for Mike Tyson Upset as Former World Champion Recalls Fight 25 Years On," *Mail Online,* Feb. 11, 2015, www .dailymail .co .uk.
2. Muhammad Ali, *The Greatest: My Own Story,* with Richard Durham (New York: Random House, 1975).
3. Martin Fritz Huber, "A Brief History of the Sub-4-Minute Mile," *Outside,* June 9, 2017, www .outsideonline .com.
4. William Shakespeare, *The Tragedy of Hamlet, Prince of Denmark,* act 3, scene 1.
5. David D. Daly and J. Grafton Love, "Akinetic Mutism," *Neurology* 8 (1958).
6. William W. Seeley et al., "Dissociable Intrinsic Connectivity Networks for Salience Processing and Executive Control," *Journal of Neuroscience* 27 (2007): 2349–56.
7. Emily Singer, "Inside a Brain Circuit, the Will to Press On," *Quanta Magazine,* Dec. 5, 2013, www .quantamagazine .org.
8. Josef Parvizi et al., "The Will to Persevere Induced by Electrical Stimulation of the Human Cingulate Gyrus," *Neuron* 80 (2013): 1259–367.
9. Singer, "Inside a Brain Circuit, the Will to Press On."
10. Erno J. Hermans et al., "Stress-Related Noradrenergic Activity Prompts

Large-Scale Neural Network Reconfiguration," *Science* 334 (2011): 1151–53; Andrea N. Goldstein and Matthew P. Walker, "The Role of Sleep in Emotional Brain Function," *Annual Review of Clinical Psychology* 10 (2014): 679–708.

11. Tingting Zhou et al., "History of Winning Remodels Thalamo-PFC Circuit to Reinforce Social Dominance," *Science* 357 (2017): 162–68.
12. 可參考M. C. Pensel et al., "Executive Control Processes Are Associated with Individual Fitness Outcomes Following Regular Exercise Training: Blood Lactate Profile Curves and Neuroimaging Findings," *Science Reports* 8 (2018): 4893; S. F. Sleiman et al., "Exercise Promotes the Expression of Brain Derived Neurotrophic Factor (BDNF) Through the Action of the Ketone Body β-hydroxybutyrate," *eLife* 5 (2016): e15092.
13. Y. Y. Tang et al., "Brief Meditation Training Induces Smoking Reduction," *Proceedings of the National Academy of Sciences, USA* 110 (2013): 13971–75.
14. Robert S. Marin, Ruth C. Biedrzycki, and Sekip Firinciogullari, "Reliability and Validity of the Apathy Evaluation Scale," *Psychiatry Research* 38 (1991): 143–62; Robert S. Marin and Patricia A. Wilkosz, "Disorders of Diminished Motivation," *Journal of Head Trauma Rehabilitation* 20 (2005): 377–88; Brendan J. Guercio, "The Apathy Evaluation Scale: A Comparison of Subject, Informant, and Clinician Report in Cognitively Normal Elderly and Mild Cognitive Impairment," *Journal of Alzheimer's Disease* 47 (2015): 421–32; Richard Levy and Bruno Dubois, "Apathy and the Functional Anatomy of the Prefrontal Cortex–Basal Ganglia Circuits," *Cerebral Cortex* 16 (2006): 916–28.

15. Goldstein and Walker, "Role of Sleep in Emotional Brain Function."
16. Ibid.
17. Matthew Walker, *Why We Sleep: Unlocking the Power of Sleep and Dreams* (New York: Scribner, 2017), 204.

第八章　情緒特徵

1. 可參考Richard J. Davidson, "Well-Being and Affective Style: Neural Substrates and Biobehavioural Correlates," *Philosophical Transactions of the Royal Society of London, Series B: Biological Sciences* 359 (2004): 1395–411.
2. Mary K. Rothbart, "Temperament, Development, and Personality," *Current Directions in Psychological Science* 16 (2007): 207–12.
3. Richard J. Davidson and Sharon Begley, *The Emotional Life of Your Brain* (New York: Plume, 2012), 97–102.
4. Greg Miller, "The Seductive Allure of Behavioral Epigenetics," *Science* 329 (2010): 24–29.
5. June Price Tangney and Ronda L. Dearing, *Shame and Guilt* (New York: Guilford Press, 2002), 207–14.
6. 可參考以下論文對照組實驗資料：Giorgio Coricelli, Elena Rusconi, and Marie Claire Villeval, "Tax Evasion and Emotions: An Empirical Test of Re-integrative Shaming Theory," *Journal of Economic Psychology* 40 (2014): 49–61; Jessica R. Peters and Paul J. Geiger, "Borderline Personality Disorder and Self-Conscious Affect: Too Much Shame but Not Enough Guilt?," *Personality Disorders: Theory, Research, and Treatment* 7, no.

3 (2016): 303; Kristian L. Alton, "Exploring the Guilt-Proneness of Non-traditional Students" (master's thesis, Southern Illinois University at Carbondale, 2012); Nicolas Rüsch et al., "Measuring Shame and Guilt by Self-Report Questionnaires: A Validation Study," *Psychiatry Research* 150, no. 3 (2007): 313–25.

7. Tangney and Dearing, *Shame and Guilt*.
8. 可參考Souheil Hallit et al., "Validation of the Hamilton Anxiety Rating Scale and State Trait Anxiety Inventory A and B in Arabic Among the Lebanese Population," *Clinical Epidemiology and Global Health* 7 (2019): 464–70 ; Ana Carolina Monnerat Fioravanti-Bastos, Elie Cheniaux, and J. Landeira-Fernandez, "Development and Validation of a Short-Form Version of the Brazilian State-Trait Anxiety Inventory," *Psicologia: Reflexão e Crítica* 24 (2011): 485–94.
9. Konstantinos N. Fountoulakis et al., "Reliability and Psychometric Properties of the Greek Translation of the State-Trait Anxiety Inventory Form Y: Preliminary Data," *Annals of General Psychiatry* 5, no. 2 (2006): 6.
10. 亦可參考前一篇文獻，以及Tracy A. Dennis, "Interactions Between Emotion Regulation Strategies and Affective Style: Implications for Trait Anxiety Versus Depressed Mood," *Motivation and Emotion* 31 (2007): 203.
11. Arnold H. Buss and Mark Perry, "The Aggression Questionnaire," *Journal of Personality and Social Psychology* 63 (1992): 452–59.
12. Judith Orloff, *Emotional Freedom* (New York: Three Rivers Press, 2009), 346.
13. Peter Hills and Michael Argyle, "The Oxford Happiness Questionnaire: Compact Scale for the Measurement of Psychological Well-Being,"

Personality and Individual Differences 33 (2002): 1073–82.

14. 全球各地、不同行業從業人員所做的「牛津幸福感問券」平均分數竟驚人地相似。請參考以下多篇文獻：Ellen Chung, Vloreen Nity Mathew, and Geetha Subramaniam, "In the Pursuit of Happiness: The Role of Personality," *International Journal of Academic Research in Business and Social Sciences* 9 (2019): 10–19; Nicole Hadjiloucas and Julie M. Fagan, "Measuring Happiness and Its Effect on Health in Individuals That Share Their Time and Talent While Participating in 'Time Banking' " (2014); Madeline Romaniuk, Justine Evans, and Chloe Kidd, "Evaluation of an Equine-Assisted Therapy Program for Veterans Who Identify as 'Wounded, Injured, or Ill' and Their Partners," *PLoS One* 13 (2018); Leslie J. Francis and Giuseppe Crea, "Happiness Matters: Exploring the Linkages Between Personality, Personal Happiness, and Work-Related Psychological Health Among Priests and Sisters in Italy," *Pastoral Psychology* 67 (2018): 17–32 ; Mandy Robbins, Leslie J. Francis, and Bethan Edwards, "Prayer, Personality, and Happiness: A Study Among Undergraduate Students in Wales," *Mental Health, Religion, and Culture* 11 (2008): 93–99.
15. Ed Diener et al., "Happiness of the Very Wealthy," *Social Indicators Research* 16 (1985): 263–74.
16. Kennon M. Sheldon and Sonja Lyubomirsky, "Revisiting the Sustainable Happiness Model and Pie Chart: Can Happiness Be Successfully Pursued?," *Journal of Positive Psychology* (2019): 1–10.
17. Sonja Lyubomirsky, *The How of Happiness: A Scientific Approach to Getting the Life You Want* (New York: Penguin Press, 2008).
18. R. Chris Fraley, "Information on the Experiences in Close Relationships-

Revised (ECR-R) Adult Attachment Questionnaire," labs .psychology .illinois .edu.

19. Semir Zeki, "The Neurobiology of Love," *FEBS Letters* 581 (2007): 2575–79.
20. T. Joel Wade, Gretchen Auer, and Tanya M. Roth, "What Is Love: Further Investigation of Love Acts," *Journal of Social, Evolutionary, and Cultural Psychology* 3 (2009): 290.
21. Piotr Sorokowski et al., "Love Influences Reproductive Success in Humans," *Frontiers in Psychology* 8 (2017): 1922.
22. Jeremy Axelrod, "Philip Larkin: 'An Arundel Tomb,' " www .poetryfoundation .org.

第九章　情緒管理

1. Robert E. Bartholomew et al., "Mass Psychogenic Illness and the Social Network: Is It Changing the Pattern of Outbreaks?," *Journal of the Royal Society of Medicine* 105 (2012): 509–12; Donna M. Goldstein and Kira Hall, "Mass Hysteria in Le Roy, New York," *American Ethologist* 42 (2015): 640–57 ; Susan Dominus, "What Happened to the Girls in Le Roy," *New York Times,* March 7, 2012.
2. L. L. Langness, "Hysterical Psychosis: The Cross-Cultural Evidence," *American Journal of Psychiatry* 124 (Aug. 1967): 143–52.
3. Adam Smith, *The Theory of Moral Sentiments* (1759; New York: Augustus M. Kelley, 1966).
4. Frederique de Vignemont and Tania Singer, "The Empathic Brain: How,

When, and Why?," *Trends in Cognitive Sciences* 10 (2006): 435–41.

5. Elaine Hatfield et al., "Primitive Emotional Contagion," *Review of Personality and Social Psychology* 14 (1992): 151–77.
6. W. S. Condon and W. D. Ogston, "Sound Film Analysis of Normal and Pathological Behavior Patterns," *Journal of Nervous Mental Disorders* 143 (1966): 338–47.
7. James H. Fowler and Nicholas A. Christakis, "Dynamic Spread of Happiness in a Large Social Network: Longitudinal Analysis over 20 Years in the Framingham Heart Study," *BMJ* 337 (2008): a2338.
8. Adam D. I. Kramer, Jamie E. Guillory, and Jeffrey T. Hancock, "Experimental Evidence of Massive-Scale Emotional Contagion Through Social Networks," *Proceedings of the National Academy of Sciences* 111 (2014): 8788–90.
9. Emilio Ferrara and Zeyao Yang, "Measuring Emotional Contagion in Social Media," *PLoS One* 10 (2015): e0142390.
10. Allison A. Appleton and Laura D. Kubzansky, "Emotion Regulation and Cardiovascular Disease Risk," in *Handbook of Emotion Regulation,* ed. J. J. Gross (New York: Guilford Press, 2014), 596–612.
11. James Stockdale, "Tranquility, Fearlessness, and Freedom" (a lecture given to the Marine Amphibious Warfare School, Quantico, Va., April 18, 1995); "Vice Admiral James Stockdale," obituary, *Guardian,* July 7, 2005.
12. Epictetus, *The Enchiridion* (New York: Dover, 2004), 6.
13. Ibid., 1; note that "control" is translated here as "power."
14. J. McMullen et al., "Acceptance Versus Distraction: Brief Instructions, Metaphors, and Exercises in Increasing Tolerance for Self-Delivered Electric

Shocks," *Behavior Research and Therapy* 46 (2008): 122–29.

15. Amit Etkin et al., "The Neural Bases of Emotion Regulation," *Nature Reviews Neuroscience* 16 (2015): 693–700.
16. Grace E. Giles et al., "Cognitive Reappraisal Reduces Perceived Exertion During Endurance Exercise," *Motivation and Emotion* 42 (2018): 482–96.
17. Mark Fenton-O'Creevy et al., "Thinking, Feeling, and Deciding: The Influence of Emotions on the Decision Making and Performance of Traders," *Journal of Organizational Behavior* 32 (2010): 1044–61.
18. Daniel Kahneman, *Thinking, Fast and Slow* (New York: Farrar, Straus and Giroux, 2011).
19. Matthew D. Lieberman et al., "Subjective Responses to Emotional Stimuli During Labeling, Reappraisal, and Distraction," *Emotion* 11 (2011): 468–80.
20. Andrew Reiner, "Teaching Men to Be Emotionally Honest," *New York Times,* April 4, 2016.
21. Matthew D. Lieberman et al., "Putting Feelings into Words," *Psychological Science* 18 (2007): 421–28.
22. Rui Fan et al., "The Minute-Scale Dynamics of Online Emotions Reveal the Effects of Affect Labeling," *Nature Human Behaviour* 3 (2019): 92.
23. William Shakespeare, *Macbeth,* act 4, scene 3.

FOR2 60

情緒的三把鑰匙

情緒的面貌、情緒的力量、情緒的管理，情緒如何影響思考決策？

Emotional : How Feelings Shape Our Thinking

作者　雷納・曼羅迪諾（Leonard Mlodinow）
譯者　黎湛平
責任編輯　江灝
封面設計　兒日設計
排版　李秀菊

出版　英屬蓋曼群島商網路與書股份有限公司臺灣分公司
發行　大塊文化出版股份有限公司
臺北市105022南京東路四段25號11樓
www.locuspublishing.com
TEL: (02)8712-3898　FAX: (02)8712-3897
讀者服務專線：0800-006689
郵撥帳號：18955675　戶名：大塊文化出版股份有限公司
法律顧問：董安丹律師、顧慕堯律師

總經銷　大和書報圖書股份有限公司
新北市24890新莊區五工五路2號
TEL: (02)8990-2588　FAX: (02)2290-1658
製版　中原造像股份有限公司

初版一刷：2022年9月
定價：新臺幣480元
ISBN：978-626-7063-18-7

Printed in Taiwan

國家圖書館出版品預行編目（CIP）資料

情緒的三把鑰匙：情緒的面貌、情緒的力量、情緒的管理，情緒如何影響思考決策？／雷納．曼羅迪諾（Leonard Mlodinow）作；黎湛平譯. -- 初版. -- 臺北市：英屬蓋曼群島商網路與書股份有限公司臺灣分公司出版：大塊文化出版股份有限公司發行, 2022.09

面；　公分. --（For2；60）

譯自：Emotional : How Feelings Shape Our Thinking

ISBN 978-626-7063-18-7（平裝）

1.CST：情緒理論　2. CST：情緒管理

176.5　　　　111011960